MIGRACIONES

la historia de dónde venimos

MIGRACIONES

la historia de dónde venimos

BLUME

Prólogo de David Olusoga

Título original *Migrations*

DK LONDRES
Dirección editorial Gareth Jones, Jonathan Metcalf
Edición Kathryn Hennessy, Polly Boyd, Anna Cheifetz,
Lydia Halliday, Scarlett O'Hara,
Victoria Pyke, Helen Ridge, Lucy Sienkowska, Debra Wolter,
Abigail Mitchell
Dirección de arte Lee Griffiths, Karen Self
Edición de arte Mark Cavanagh
Documentación iconográfica Sarah Smithies
Producción Andy Hilliard, Rachel Ng
Diseño de cubierta Surabhi Wadhwa-Gandhi, Sophia M. T. T.
Dirección de publicidad Liz Wheeler

DK DELHI
Edición Tina Jindal, Aashirwad Jain, Soma B. Chowdhury
Edición de arte Vikas Sachdeva, Ira Sharma, Anukriti Arora,
Tanvi Sahu, Ankita Das, Arunesh Talapatra
Documentación iconográfica Meenakshi Nihlani, Vagisha Pushp,
Surya Sankash Sarangi, Taiyaba Khatoon
Cartografía Mohammad Hassan, Suresh Kumar
Diseño Harish Aggarwal, Vishal Bhatia, Vijay Kandwal
Preimpresión Balwant Singh
Producción Pankaj Sharma
Cubierta Priyanka Sharma
Dirección editorial DK India Glenda Fernandes
Dirección de diseño DK India Malavika Talukder

Traducción Alfonso Rodríguez Arias, Antonio Díaz Pérez
Coordinación de la edición en lengua española
Cristina Rodríguez Fischer

Primera edición en lengua española 2024

©2024 Naturart, S.A. Editado por BLUME
Carrer de les Alberes, 52, 2.°, Vallvidrera
08017 Barcelona
Tel. +34 93 205 40 00 e-mail: info@blume.net
© 2022 Dorling Kindersley Limited, Penguin Random House,
Londres

I.S.B.N.: 978-84-19785-70-1
Depósito legal: B. 18725-2023
Impreso en Dubái

www.blume.net
www.dk.com

Imágenes de portada y contraportada: Getty Images / iStock: DigitalVision Vectors / smartboy10 (Footprint); portada: Alamy Stock Photo: Sabena Jane Blackbird ic, CPA Media Pte Ltd / Pictures From History sd, Falkensteinfoto cd, Granger Historical Picture Archive, Nueva York sc, Hemis.fr / Franck Charton sc / (camello), incamerastock / ICP cdi; Ricardo García Vilanova, de *The Libyan Crossroads* (BLUME) ciiz; Sanna Dullaway: Time / Getty siz; Getty Images / iStock: DigitalVision Vectors / Keith Lance ca; Leibniz-Institut fr Lnderkunde (IfL): Collection Alphons Stbel / Alberto Henschel ci; Library of Congress, Washington D.C.: LC-DIG-fsa-8b29516 / Lange, Dorothea iiz; Shutterstock.com: The LIFE Picture Collection / J. R. Eyerman ciza; www.mediadrumworld.com: Tom Marshall id; Lomo: Alamy Stock Photo: Hemis.fr / Franck Charton i; Getty Images / iStock: DigitalVision Vectors / Keith Lance c; Library of Congress, Washington D.C.: LC-DIG-fsa-8b29516 / Lange, Dorothea s. Todas las demás imágenes © Dorling Kindersley.

Las primeras migraciones
Prehistoria

El profesor David Olusoga, oficial de la Orden del Imperio británico, es un historiador británico-nigeriano, locutor y cineasta. Entre sus series televisivas se encuentran *A House Through Time* (BBC2), *Black and British: A Forgotten History* (BBC2) y *Britain's Forgotten Slave Owners* (BBC2), galardonada con un premio BAFTA. David es también el autor de *Black and British: A Forgotten History*, que recibió tanto el premio Longman-History Today como el PEN Hessell-Tiltmann. Colabora en *The Guardian*, es columnista en *The Observer* y catedrático de Historia Pública en la Universidad de Mánchester.

Imperios antiguos
h. 2600 a. C.-375 d. C.

Contactos transcontinentales
375-1400 d. C.

CONSULTOR Y COLABORADOR

Philip Parker es autor, editor e historiador especializado en el mundo clásico y medieval, aclamado por la crítica. Es diplomado en Relaciones internacionales por la Escuela de Estudios Internacionales Avanzados de la Universidad Johns Hopkins.

CONSULTORES ESPECIALIZADOS

Anoushka Alexander-Rose es investigadora de posgrado en inglés en la Universidad de Southampton, Reino Unido, con el Instituto Parkes para el Estudio de las relaciones judías/no judías.

La Dra. Vivian Delgado (Yaqui/Tiwa-Tewa) es profesora ayudante en el Departamento de Lenguas y Estudios Indígenas en la Universidad estatal Bemidji de Minnesota.

La Dra. Gabriela Ramos es profesora titular de Historia Latinoamericana en la Universidad de Cambridge, donde también es directora del Centro de Estudios Latinoamericanos. Su trabajo se centra, en particular, en la región andina.

Frank Starling es especialista en Diversidad, Equidad e Inclusión, además de periodista. En 2020 fue nombrado una de las principales personalidades negras por el programa Pathways to Success.

Colonización y conquista
1400-1800

Movimientos y libertades
1700-1900

COLABORADORES

John Farndon es poeta, compositor y autor de más de mil libros. Asimismo, es un traductor galardonado de literatura euroasiática y consejero de la Eurasian People's Assembly (Asamblea Popular Euroasiática).

Mireille Harper es una galardonada editora, escritora, editora de autenticidad y consultora de comunicaciones. Sus trabajos han aparecido en *Vogue*, *Digital Spy* y *Good Housekeeping*, entre otras publicaciones. Colaboró en *Timelines of Everyone* y *The Black History Book*, y es autora de *Timelines from Black History*.

Yuka Maeno es una escritora y traductora literaria y de subtítulos en japonés-inglés que ahora reside en Irlanda. Ha colaborado en diversas publicaciones en Reino Unido y Japón, y es la traductora al inglés de *Ground*, de Tomoko Sasaki.

Shafik Meghji es un galardonado escritor de viajes, periodista y autor. Especializado en América Latina y el sur de Asia, colabora con publicaciones como *BBC Travel*, *Wanderlust* y *Lonely Planet*; es coautor de más de cuarenta guías para *DK Eyewitness* y *Rough Guides*, y diserta sobre viajes en televisión, radio y pódcasts.

Descolonización y diásporas
1900-actualidad

Chitra Ramaswamy es una periodista independiente, escritora y locutora. *Homelands: The History of A Friendship*, narra la historia de una poco probable amistad entre la hija de unos inmigrantes indios y un refugiado judío del *kindertransport*, el «Transporte de niños».

George Swainston estudió árabe y persa en la Universidad de Oxford. Es periodista televisivo, productor de pódcasts y realizador de documentales con un interés particular en la historia de Oriente Medio y África, lugares en los que ha vivido y trabajado. Fue colaborador de *The Black History Book*.

Phillip Tang es un escritor de viajes que creció en Marrickville, Sídney, se trasladó a Melbourne para estudiar chino y español en la Universidad de Monash y ha residido en Londres y Ciudad de México. Ha colaborado en *Lonely Planet*, *Rough Guides*, *BBC Travel* y otros.

Ben White es un periodista, analista y escritor con más de cuatrocientos artículos publicados en varios medios de comunicación, como *The Independent* y *Al Jazeera*. Es autor de cuatro libros sobre el conflicto israelí-palestino y ha trabajado como investigador y escritor en el *Journal of Palestine Studies* (University of California Press).

Refugiados vietnamitas abordan el buque estadounidense *Montague* desde una lancha de desembarco francesa en Hai Phong, al principio de la guerra de Vietnam.

Prólogo

La migración es uno de los fenómenos más importantes que han presidido la historia de la humanidad y que conformará el mundo en el siglo XXI. Se inició hace más de 100 000 años, cuando nuestros ancestros humanos emergieron por primera vez en África y, gracias a ella, llegaron a ocupar la mayor parte del mundo, con comunidades de migrantes que realizaron viajes épicos por tierra y arriesgadas travesías por los grandes océanos en simples botes y barcos de madera.

Dado que la migración siempre ha formado parte de la historia de la humanidad, vivimos en un mundo que ha sido moldeado por ella de muy distintas maneras. Los idiomas, las culturas y las religiones se han transmitido por todo el mundo a través de la migración, exportados tanto por los refugiados como por los colonizadores que construyeron imperios. Muchos de los alimentos que ahora cultivamos y comemos pasaron a ser parte de nuestra dieta después de su introducción por parte de los inmigrantes. En todo el mundo, millones de personas tienen antepasados que, en un momento u otro, fueron inmigrantes, mientras que otras tantas viven en naciones como Estados Unidos y Australia, que fueron fundadas por inmigrantes, que superaron en número a los pueblos indígenas y los despojaron de sus tierras. La migración es una historia tan antigua y tan amplia que es una realidad de fondo en nuestro mundo.

Existen aspectos de la historia que no siempre han sido reconocidos como hechos migratorios, aunque, en ellos, el reasentamiento de grandes grupos haya sido fundamental. La Revolución Industrial, que tuvo sus inicios en la Inglaterra del siglo XVIII, marcó el comienzo de una de las formas más importantes de migración: el desplazamiento de las personas de los pueblos a las ciudades. A mediados del siglo XX, se había convertido en el primer país con más habitantes en las ciudades que en el campo. En las últimas décadas, casi ochocientos millones de personas han seguido el mismo camino, de las zonas rurales a centros urbanos. En la actualidad, la mayor parte de la población mundial reside en ciudades.

Este libro revela que no todas las migraciones globales han sido voluntarias. La trata transatlántica y el comercio de esclavos africanos a través del desierto del Sáhara y el océano Índico fueron algunos de los mayores crímenes contra la humanidad jamás cometidos. También pueden verse como parte de una tendencia más amplia de migración forzada. Tras la abolición de la esclavitud, el Imperio británico alentó a miles de personas de India a viajar grandes distancias para hacer los trabajos que antes realizaban los esclavos africanos y, más tarde, para construir nuevas líneas de ferrocarril. Los chinos también se convirtieron en trabajadores migrantes en los imperios construidos por las naciones europeas. Muchas migraciones han tenido lugar como consecuencia del desplazamiento y, después, la migración involuntaria de los pueblos indígenas. Por ejemplo, los colonos europeos que crearon nuevos asentamientos en gran parte de Norteamérica obligaron a los pueblos indígenas a migrar, a veces a reservas, y sus tierras originales se entregaron a los nuevos colonos.

En la actualidad, muchas naciones dependen de los trabajadores migrantes, sin los cuales sus economías no podrían funcionar de manera eficiente. Muchos de ellos mantienen relaciones muy estrechas con sus países de origen, y un gran número envía regularmente dinero a los miembros de su familia que residen todavía en los lugares que los vieron nacer. Para algunos de los países más pobres, las remesas de sus emigrados representan una parte importante de su renta nacional.

En el siglo XXI, los migrantes abandonan sus países de origen por las mismas razones que lo hicieron muchos en el pasado: encontrar trabajo y una vida mejor para ellos y sus familias, o para huir de guerras y conflictos. Sin embargo, una nueva «migración climática» ha empezado a modificar los patrones de la migración. A medida que empieza a cambiar el panorama climático del mundo, con un aumento de los niveles del mar, y el hecho de que los terrenos de cultivo en muchos lugares ahora resulten demasiado secos para la agricultura o el forrajeo de los animales, millones de personas corren el riesgo de perder sus hogares y su sustento. Las migraciones y el cambio climático se muestran cada vez más interrelacionados, y las migraciones climáticas conformarán el futuro de nuestro mundo.

DAVID OLUSOGA

1
Las primeras migraciones

PREHISTORIA

Las primeras migraciones

PREHISTORIA

Casi desde el momento en que los antepasados humanos evolucionaron en los límites de los bosques de las praderas de África Oriental, comenzaron a migrar. Un grupo, *Homo erectus*, salió de África hace unos dos millones de años y llegó hasta el este de Asia. Los humanos modernos, *Homo sapiens*, abandonaron el continente en dos oleadas. El primer movimiento, hace unos 100 000 años, no tuvo éxito, pero en el segundo, hace 60 000, *Homo sapiens* entró en Asia Occidental y más allá. Generación tras generación siguieron avanzando. Llegaron a Australia hace unos 55 000 años y, poco después, al este de Asia; entraron en Europa hace 48 000 años

y, finalmente, cruzaron un puente terrestre desde Siberia hacia América hace más de 20 000 años. Estos primeros migrantes se trasladaban en busca de mejores perspectivas y terrenos de caza, impulsados, a veces, por el cambio climático o la hostilidad de otros grupos. Eran pueblos nómadas, que vivían en tiendas de campaña u otras estructuras que se podían desmontar sobre la marcha, y se desplazaban a pie o en sencillas embarcaciones.

Hacia 9000 a. C. se desarrollaron nuevos asentamientos permanentes en Oriente Medio a medida que los humanos empezaban a sembrar gramíneas como el farro (una especie primitiva

Homo erectus, primeros en abandonar África, usan herramientas y el fuego (págs. 16-19)

Estas primeras figuras rupestres australianas datan de hace 50 000 años (págs. 16-19)

«Nuestro ADN no se desvanece como un viejo pergamino. [...] Es un viajero de una antigua tierra que vive dentro de todos nosotros».

Brian Sykes, *The Seven Daughters of Eve: The Science that Reveals our Genetic Ancestry*, 2001

del trigo) y a criar animales como las cabras, las vacas y las ovejas. Estos pueblos establecieron aldeas agrícolas en aquel «Creciente Fértil» de Oriente Medio, mientras que la agricultura se desarrolló más tarde, por separado, en China y América. Con la expansión de los asentamientos fijos, surgieron tensiones entre grupos vecinos de campesinos, que ahora tenían recursos que defender.

A medida que aparecieron y prosperaron las ciudades y los imperios en Egipto, Mesopotamia, India y China desde 3000 a. C., surgieron también los enfrentamientos entre sociedades cada vez más complejas (constituidas por artesanos, gobernantes y guerreros) y grupos nómadas que merodeaban y atacaban los asentamientos permanentes. Tales conflictos llevaron a los primeros refugiados a huir de la guerra, mientras que grupos más grandes de personas se vieron obligados a migrar, a menudo por medios violentos, cuando otros invadieron su territorio. Entonces, los emigrantes, provistos de las primeras armas metálicas de bronce y viajando con la ayuda de animales domésticos como el burro, el caballo, o la llama en América, y con embarcaciones más aptas para navegar, podían viajar más rápido y más lejos, abarcando en meses distancias que sus antepasados habían tardado generaciones en recorrer.

Antiguos migrantes, plasmados en pinturas rupestres del pueblo san (págs. 20-21)

Los pueblos del mar luchan contra los egipcios de Ramsés II (págs. 26-27)

Los primeros humanos

MIGRACIÓN DESDE ÁFRICA

CLAVE
● Lugares donde se hallaron fósiles hominini

Nuestros primeros ancestros (conocidos como hominini) tuvieron su origen en el este de África hace de unos seis a siete millones de años, cuando el linaje de los hominini divergió del de los chimpancés para caminar erguidos sobre dos piernas. Los primeros hominini (*Sahelanthropus*, *Orrorin* y *Ardipithecus*) eran todavía simiescos; vivían principalmente en los árboles y tenían pies prensiles, pero sus esqueletos muestran que también pudieron haber caminado erguidos.

Un rastro de huellas de 28 metros de longitud que quedó en la ceniza volcánica en Laetoli, Tanzania, hace 3,6 millones de años, reveló la existencia de una especie que caminaba erguida la mayor parte del tiempo, aunque puede que, debido a sus largos antebrazos, dedos de manos y pies, no caminara mucho y trepara a los árboles. Se trata de *Australopithecus afarensis* (como «Lucy», hallada en Etiopía).

Aventuras más allá de África

Hace alrededor de 1,8 millones de años, *Homo erectus*, que por lo general vivía en el suelo, había evolucionado en África. Entre las pruebas que lo confirman se encuentra el fósil del niño de Turkana, de hace 1,6 millones de años, hallado en Kenia. Las proporciones del cuerpo se parecen más a las de un humano moderno, con piernas alargadas y brazos más cortos, lo que significa que podía caminar más que sus antepasados. Tenía un cerebro mayor y utilizaba herramientas. A diferencia de sus predecesores, *Homo erectus* viajó más allá del continente, puede que en busca de alimentos, o cuando cambiaron las condiciones ambientales. Emigraron a Oriente Medio y llegaron a Jordania hace entre 1,1 y 1,4 millones de años. Desde allí, se trasladaron a China e Indonesia.

Hasta la década de 1940, los arqueólogos creían que *Homo erectus* había evolucionado hasta convertirse en nuestra especie, *Homo sapiens*, en diferentes regiones del mundo al mismo tiempo. Sin embargo, en la actualidad, Se considera que *Homo sapiens* evolucionó, en primer lugar, en África hace unos 300 000 años y, más tarde, emigró en olas, sustituyendo a otras especies ancestrales. La primera de estas migraciones data de hace 100 000 a 200 000 años. Estos primeros pioneros se dirigieron al noreste, a lo largo de la costa desde el actual Israel hasta Siria. Pero esta ola parece haberse extinguido. Una segunda ola tuvo lugar hace unos 60 000 años, quizá a lo largo de una ruta meridional a través del actual Yemen (*véanse* págs. 16-19). Todos los que están fuera de África son descendientes de los que partieron en esta segunda ola.

En el momento de estas migraciones, *Homo sapiens* aún compartía el planeta con otras especies humanas: los neandertales, que evolucionaron en Europa y Asia, y los denisovanos, que se establecieron hace unos 400 000 años en Siberia y luego se extendieron hacia el sudeste asiático y Melanesia. Ambas especies se mestizaron con *Homo sapiens*.

Nuestro ancestro común

Los científicos pueden seguir las huellas de la evolución y el movimiento de los grupos humanos a partir del ADN. El ADN mitocondrial que se transmite tan solo a través de la línea femenina indica que todos los seres humanos vivos hoy comparten el ADN de un antepasado femenino que vivió en el sur de África hace unos 200 000 años. Apodada «Eva mitocondrial», no es nuestra única antepasada, pero está relacionada con todos nosotros.

▲**La migración desde África** de *Homo sapiens* pudo haber seguido las rutas que se muestran en este mapa, según las pruebas genéticas y arqueológicas.

▼ **Las huellas encontradas en Laetoli**, Tanzania, son los primeros indicios de que las especies ancestrales se desplazaban sobre dos piernas en la era del Plio-Pleistoceno, hace más de tres millones de años.

▼**Esta pintura** representa a *Homo erectus* junto al lago Turkana, Kenia, hace aproximadamente un millón de años. Ya empleaba el fuego para calentarse y cocinar.

«La Eva mitocondrial vivió en África, por lo que, en realidad, todos somos africanos».

Desmond Tutú,
El libro del perdón, 2014

Esta ilustración de un primitivo *Homo sapiens* se basa en antiguos fósiles encontrados en Jebel Irhoud, en Marruecos.

Población del planeta

HOMO SAPIENS EN ASIA, EUROPA Y OCEANÍA

CLAVE
Período
— Hace 100 000 años
— Hace de 50 000 a 35 000 años
— Hace de 35 000 a 20 000 años
— Hace de 20 000 a 10 000 años
▪ Cubierto por glaciares
▪ Área terrestre aproximada durante las edades de hielo

En algún momento hacia 55000 a. C., *Homo sapiens*, los primeros humanos anatómicamente modernos, abandonó África e inició una migración que llevaría a nuestra especie a poblar casi todas las áreas habitables de la Tierra. Hacia 70000 a. C., tuvo lugar una erupción volcánica cerca del lago Toba, en la Indonesia actual, que provocó un enfriamiento climático temporal pero catastrófico. Aunque este fenómeno pudo haber interrumpido la forma de vida humana ancestral y reducido su número a un cuello de botella genético de unos pocos miles de individuos, las condiciones climáticas en el este de África eran más o menos benignas. Bandas de *Homo sapiens* se agruparon en torno a lugares como el refugio rocoso Magubike, en Tanzania, antes de una migración que condujo a los humanos modernos a continentes de todo el mundo.

Cruce de los estrechos

Atraído, quizá, por la riqueza de recursos marinos de las zonas costeras, *Homo sapiens* se desplazó hacia ellas y luego se encaminó al oeste de Asia. Algunos se dirigieron al norte a través de la región del Sinaí hacia el Levante (se han encontrado especímenes de *Homo sapiens* en Israel, en la cueva de Manot, que datan de 54700 a. C.), aunque es probable que la mayoría cruzara al Yemen actual a través del estrecho de Bab el Mandeb, que entonces era mucho más angosto debido a que los niveles del mar eran más bajos.

Desde esta región de Oriente Medio, el avance a lo largo de la costa hacia el sur de Asia fue más o menos rápido. Es probable que, en su marcha hacia el este, *Homo sapiens* llegara primero a India y luego al sudeste asiático, antes de dirigirse hacia el norte hasta China, donde el fósil humano más antiguo hallado, desenterrado en la cueva de Tianyuan cerca de Zhoukoudian,

data de 40000 a. C., y hacia el sur a Indonesia, donde el descubrimiento de lascas y herramientas de corte de piedra y un esqueleto masculino adolescente demuestran que los primeros humanos vivían en la cueva de Niah, en Sarawak, hacia 38000 a. C.

La colonización de Europa

Homo sapiens llegó a Europa hacia 42000 a. C., tras cruzar, primero, el Cáucaso y los Balcanes, y, más tarde, Europa Central. También es probable que algunos grupos más reducidos llegaran a la península ibérica a través del estrecho de Gibraltar. Llevaron consigo la cultura auriñaciense, una tecnología de la piedra caracterizada por herramientas más sofisticadas, como raspadores con punta en un extremo y cuchillas con bordes cóncavos, así como un arte representativo temprano, como la estatuilla de marfil del «hombre león», encontrada en una cueva en la región del Jura suabo, en Alemania.

Estos humanos llegaron a la llanura del norte de Europa hacia 31000 a. C., donde elaboraron cuentas a gran escala para el adorno personal, con las que, además, comerciaban a lo largo de cientos de kilómetros. Hace 29 000 años, habían desarrollado tecnologías más complejas, conocidas como de la cultura gravetiense, que creó proyectiles, herramientas de hueso y asta y cestería. Las comunidades comenzaron a adoptar un estilo de vida semisedentario, con sitios como Dolní Věstonice, en la actual República Checa, que estaban ocupados durante varios meses al año. El descubrimiento de algunas de las cerámicas conocidas más antiguas del mundo, entre ellas una estatuilla de «Venus» (una figura con grandes caderas y senos), y tallas de marfil, son una muestra de la habilidad de estos pobladores.

Homo sapiens se iba extendiendo para asentarse en áreas cada vez más remotas. Por ejemplo, en Gran

◀ **Este mapa** muestra las posibles rutas de migración de los primeros humanos, desde África hacia el este, Asia, Oceanía y Europa, así como hacia el oeste y el sur del continente africano, según las pruebas arqueológicas y genéticas.

◀ **Se cree que** *Homo erectus* fueron los primeros humanos que emigraron de África. Esta pintura se basa en los restos hallados en el sitio de Zhoukoudian, China. *Homo erectus* pudo haber coexistido en Asia con *Homo sapiens* antes de su extinción.

◀ **La estatuilla del «hombre león»**, encontrada en la cueva de Hohlenstein-Stadel, en Alemania, tiene una antigüedad entre 35 000 y 40 000 años. Constituye la prueba más antigua de las prácticas religiosas por parte de los humanos en el mundo.

▼ **Esta ilustración de un asentamiento de cazadores de mamuts** se basa en los hallazgos del sitio arqueológico de Dolní Věstonice, en la República Checa, que estuvo habitado hace unos 26 000 años.

«La [...] Edad de Piedra tardía es tanto un fenómeno de colonización y dispersión como una revolución tecnológica y social».

Paul Pettitt en Chris Scarre, *The Human Past: World Prehistory and the Development of Human Societies*, 2009

▶ **Estatuilla de arcilla prehistórica** de una mujer dormida, encontrada en el Hipogeo de Ħal Saflieni, que muestra la habilidad de los artistas que vivían en Malta hacia 2500 a.C.

▶ **El primer arte rupestre australiano** de Awunbarna (monte Borradaile), en el Territorio del Norte de Australia, forma parte de una tradición que se remonta a los primeros habitantes del continente, hace 50 000 años.

Bretaña, el descubrimiento de un esqueleto en la caverna de Kent en Dorset supone que los primeros humanos llegaron hacia 42000 a. C. Sin embargo, su aparición fue seguida por el inicio de un largo período glacial, durante el cual la mayor parte de Gran Bretaña quedó enterrada bajo gruesas capas de hielo. En consecuencia, los primeros pobladores abandonaron las islas hacia 14000 a. C.

Las islas del Mediterráneo, como la actual Cerdeña, fueron colonizadas alrededor de 20000 a. C., lo que sugiere que ya se construían embarcaciones (aunque los restos hallados por los arqueólogos datan de 12000 años más tarde). Los humanos llegaron a Malta hacia 5900 a. C., y 2000 años después, sus descendientes construyeron templos megalíticos, como el hipogeo de Ħal Saflieni, en el municipio de Paola.

Asentamiento en el este de Asia

Llama aún más la atención la migración desde el sudeste asiático continental hacia el norte, hacia lo que ahora es China, Siberia y Japón, y hacia el sur, hacia las actuales Indonesia y Australia. Las herramientas de piedra con pequeñas microcuchillas encontradas cerca del lago Baikal demuestran que *Homo sapiens* había llegado a Siberia en 38000 a. C., o incluso antes. Hace 25 000 años había cruzado a Japón. Primero llegó a la isla norteña de Hokkaido y, luego, unos 5000 años más tarde, a la isla principal de Honshu. Allí estableció la cultura Jōmon, caracterizada por algunas de las cerámicas más antiguas del mundo, que se decoraban presionando cuerdas sobre superficies de arcilla húmeda.

Hacia 45000 a. C., dado que los niveles del mar a su alrededor eran más bajos, gran parte del archipiélago de Indonesia estaba unido al continente, y la región de la Sonda eran llanuras con terrenos inundables, ríos y deltas sobre las que los primeros humanos podían desplazarse sin obstáculos. Los sitios arqueológicos en las tierras altas de Nueva Guinea, incluidos los hallazgos en la península de Huon en el noreste de la isla, demuestran que los primeros pueblos habían comenzado a explotar los ricos recursos de la jungla para la caza y la recolección. Alrededor de 25000 a. C., habían formado extensos asentamientos aprovechando al máximo estas oportunidades de alimento y refugio.

Los aborígenes australianos

Desde Nueva Guinea, los humanos pasaron a Australia. Debieron hacerlo en embarcaciones, ya que esta última estaba separada de la región de la Sonda por un estrecho de, como mínimo, 90 kilómetros. Aunque los sitios en el Territorio del Norte, incluido el refugio rocoso de Madjedbebe en la Tierra de Arnhem, pueden datar de hacia 65000 a. C., las huellas y los restos humanos del lago Mungo (*véase* recuadro) demuestran que los ancestros de los aborígenes australianos llegaron al continente hace, por lo menos, 42 000 años.

En Australia abundaba la fauna salvaje de gran tamaño, con especies como los canguros carnívoros y *Meiolania*, una tortuga de más de 2 metros de largo. Los humanos cazaron estas especies y aprendieron a manejar el terreno mediante incendios controlados. También desarrollaron una simbiosis con su entorno, que alimentó las creencias espirituales sobre el Tiempo del Sueño, un período en el que los espíritus ancestrales vagaban y dieron forma a la tierra, y que tiene sus raíces en esta migración prehistórica a través del mar.

Con los asentamientos de Japón, la región del Mediterráneo y Australia, casi todas las masas de tierra más importantes del mundo habían sido habitadas por humanos. Solo quedaba América.

El regreso del hombre de Mungo

El ser humano más antiguo de Australia, el hombre de Mungo, fue devuelto en un coche fúnebre al lago Mungo, en el suroeste de Nueva Gales del Sur, en 2017. Iba acompañado por sus descendientes, los bailarines indígenas Tirkandi Inaburra. Sus restos, que se cree que tienen una antigüedad de 42 000 años, se conservaron en la Universidad Nacional de Australia en Canberra desde que los arqueólogos lo descubrieron en 1974.

Los **«Hombres en marcha»** fueron pintados en la roca por los san de las montañas Drakensberg, en el sur de África, hace unos 3000 años. Los muestra caminando hacia el este, hacia la costa, para buscar alimento y recursos durante el invierno.

OCÉANO
ÁRTICO

OCÉANO
PACÍFICO

Puente de
Beringia

Siberia

NORTE-
AMÉRICA

OCÉANO
ATLÁNTICO

Puente a un nuevo mundo

LA POBLACIÓN DE AMÉRICA

▲ El puente de Beringia permitió a los pueblos antiguos pasar fácilmente de Asia a Norteamérica. Asimismo, algunos pudieron haber seguido la costa y llegar al continente en embarcaciones.

▼ Esta punta de lanza de pedernal, fabricada hacia 11000 a.C., es de un tipo utilizado por los miembros de la cultura Clovis. Solo en Norteamérica se han encontrado más de 10000 de estas puntas.

▼ Los perezosos gigantes (derecha) y los mastodontes (izquierda) constituyeron una fuente de alimento para los primeros humanos en América, pero en 9000 a.C. habían desaparecido, posiblemente tras ser cazados hasta su extinción.

Durante millones de años, América permaneció despoblada. Su aislamiento geográfico tuvo como consecuencia que nuestros ancestros *Homo sapiens* solo pudieran establecerse allí después de llegar al este de Siberia, donde se asentaron los cazadores de mamuts de la cultura Mal'ta hace unos 25000 años. En ese momento, las capas de hielo Laurentino y de la Cordillera, que cubrían la mayor parte de Norteamérica, acumulaban tanta agua que los niveles del mar eran 90 metros más bajos que en la actualidad, por lo que existía un puente terrestre entre Asia y Norteamérica. Conocido como Beringia, este puente permitió la migración a través de lo que ahora es una amplia extensión de agua. Aunque se trataba de una llanura desolada y sin árboles, era el hogar de grandes manadas de herbívoros, como mamuts, mastodontes y caribúes.

El cruce de Beringia

Una antigua hipótesis que afirmaba que los primeros pobladores pertenecían a la cultura Clovis, llamada así por un sitio en Nuevo México que prosperó hace 11500 a 11000 años, ha sido cuestionada por las recientes pruebas de la existencia de una migración anterior. Los artefactos hallados en la cueva Bluefish en Yukón (que data de hace 12000 a 15000 años), entre los que se encuentran cuchillos de piedra de doble cara, hacen suponer que Beringia se cruzó con anterioridad.

La datación por radiocarbono de los sedimentos del lecho marino del estrecho de Bering ha demostrado que el puente terrestre estuvo abierto durante una glaciación de hace 25000 a 18000 años. Luego se creó de nuevo durante varios miles de años en la siguiente glaciación, hace 15000 años. Es posible que, una vez que hubieron cruzado, pequeños grupos de humanos avanzaran a través de brechas en la capa de hielo y a lo largo de la costa en busca de marisco y otros recursos marinos. Su movimiento hacia el sur parece que fue rápido: en un sitio en Pedra Furada, en el noroeste de Brasil, se han hallado herramientas de piedra de más de 12000 años, lo mismo que en Monte Verde II, un sitio en el sur de Chile, donde los humanos ocuparon una cueva hace ya 14500 años, hicieron pequeños hogares, construyeron refugios de madera, recolectaron algas y comieron paleo-camélidos, un antepasado de la llama y la alpaca.

La cultura Clovis

Hace unos 11500 años, los miembros de la cultura Clovis estaban ya en Norteamérica. Su relación con los colonos anteriores no está clara y pueden representar una nueva ola de migración, pero, al igual que sus predecesores, casi con seguridad los pueblos Clovis procedían del este de Asia. Esta teoría está reforzada por una reciente investigación que ha vinculado haplogrupos de ADN encontrados en Siberia con los de los indígenas americanos, así como por un análisis lingüístico que muestra paralelismos entre los principales grupos lingüísticos indígenas de América y los idiomas hablados en Siberia. La genética revela una relación entre los pueblos Clovis, que se adaptaron a los cambios climáticos extremos y la desaparición de los grandes mamíferos de los que dependían para alimentarse, y las poblaciones indígenas actuales de Norte, Centro y Sudamérica.

«Un cazador de la Edad de Piedra que hubiera llegado a los límites del puente de Beringia no tendría la menor idea de que [estaba] contemplando una vía natural hacia un nuevo continente».

Brian Fragan, *The Great Journey: The Peopling of Ancient America*, 1987

◀ **La mujer de las Palmas**, que vivió hace 10 000 a 12 000 años, se encontró en una cueva cerca de Tulum, México, en 2006. La reconstrucción de su aspecto apoyó las teorías de que los primeros inmigrantes en América pudieron haber llegado desde la lejana Asia.

«[...] Alguien del extranjero [...] podría haber desempeñado un papel importante en la construcción del sitio arqueológico más famoso de Gran Bretaña».

Dr. Andrew Fitzpatrick sobre el arquero de Amesbury, *Wessex Archaeology*, 2003

➤ **El arquero de Amesbury**, cuya tumba se encontró cerca de Stonehenge, Inglaterra, es un ejemplo de las personas que llegaron de fuera y que exportaron a Gran Bretaña la cultura del vaso campaniforme. Enterrado junto con piezas de cerámica, sus restos tienen más de 4000 años de antigüedad y los análisis sugieren que creció en los Alpes.

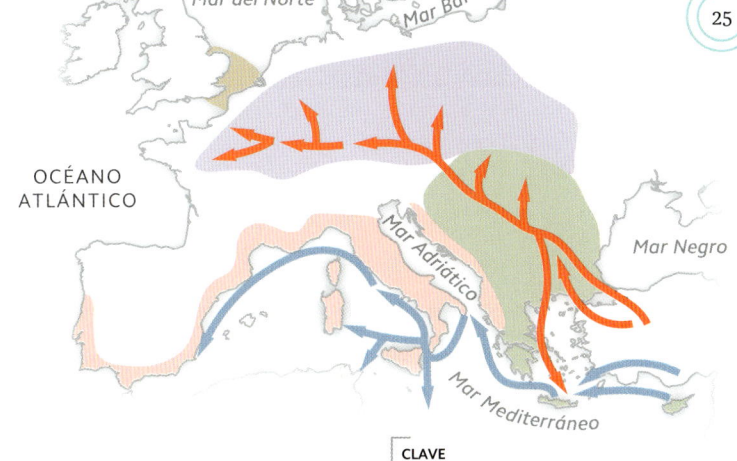

OCÉANO
ATLÁNTICO

Mar del Norte

Mar Báltico

Mar Adriático

Mar Negro

Mar Mediterráneo

Las primeras granjas europeas

LA DIFUSIÓN DE LA AGRICULTURA NEOLÍTICA

A partir de 6000 a. C. se produjeron enormes cambios en Europa a medida que una nueva forma de vida, la agrícola, se extendía por todo el continente. Nuevos pueblos agricultores se trasladaron desde el suroeste de Asia con sus rebaños, desplazando o absorbiendo a las sociedades mesolíticas que dependían de la caza y creando nuevas aldeas desde los Balcanes hasta Gran Bretaña.

La agricultura se extiende por Europa

Con el fin de la última glaciación, en torno a 9500 a. C., las condiciones climáticas más cálidas permitieron que prosperaran más plantas comestibles y abundara el marisco, pero la gran revolución fue la aparición de la agricultura. Es probable que los primeros agricultores llegaran pasando de isla a isla por el mar Egeo, hasta alcanzar Creta hacia 7000 a. C. y la Grecia continental poco después. Traían consigo animales domésticos, así como cultivos de semillas. Hacia 6500 a. C., habían establecido pequeñas aldeas con montículos de asentamiento que salpicaban las fértiles llanuras de Tesalia. Abriéndose paso por la costa mediterránea, estos agricultores se establecieron en el valle de Sava, en el norte de los Balcanes, y en la costa de Croacia en 5700 a. C. Más tarde pasaron a Italia y avanzaron a través de Europa Central, hasta que, en 4000 a. C., la agricultura llegó a Gran Bretaña, Irlanda y Escandinavia.

Los recién llegados se asentaron a menudo en áreas como Tesalia. Hubo un tiempo en el que los historiadores creían que la agricultura se había extendido mediante la difusión de las ideas en lugar de la migración, y que los cazadores-recolectores tan solo habían adoptado aquella nueva forma de vida. Sin embargo, los análisis de ADN han confirmado que se produjeron movimientos de población a gran escala que tenían su origen en el sudoeste de Asia o en las estepas del sur de Rusia, y la

presencia de nuevas culturas como la *Linearbandkeramik* (cultura de la cerámica lineal), que se propagó desde el oeste de Hungría y Polonia a través de Europa Central hacia 5500 a. C., se ha asociado firmemente con la migración más que con la adopción de la cerámica característica por parte de las sociedades preexistentes.

Parece ser que la cultura del vaso campaniforme, que era conocida por sus nuevas técnicas de trabajo del metal y la cerámica en forma de campana, y que se difundió desde Portugal y España por gran parte de Europa desde 2400 a. C., fue un caso diferente, sin migración, pero su transmisión a través de Europa Central y el norte de Gran Bretaña solo un siglo después se la debemos a colonos, personas con piel más clara, ojos más azules y un cabello más rubio que los cazadores-recolectores indígenas del Mesolítico, quienes contribuyeron hasta en un 90 por ciento al ADN de los británicos modernos.

Peligros de la migración

Entonces, la Europa neolítica era un continente en movimiento, ya que los agricultores emigraban al norte desde el Mediterráneo y al oeste desde Europa central. Es posible que fueran personas como el Hombre de Hauslabjoch, conocido como Ötzi, que murió hacia 3300 a. C. y cuyo cadáver congelado se halló en un glaciar en la frontera entre Italia y Austria en 1991. Murió como consecuencia de un flechazo en la espalda. El análisis de su esmalte dental mostró que había crecido en un valle distante. La migración neolítica trajo consigo no solo oportunidades, sino también peligros.

▲ **La agricultura se extendió a Europa** por tierra y a lo largo de la costa, hasta el sureste de Europa y las áreas en torno al Mediterráneo, y, más tarde, a Europa Central.

▼ **Stonehenge, en Wiltshire, Reino Unido**, es un círculo de enormes piedras construido por los pueblos del Neolítico. Es una notable hazaña constructiva y, aunque claramente se alinea con el sol, su propósito sigue sin estar claro.

▼ **Çatalhöyük, Turquía**, fue un pueblo agrícola neolítico en Anatolia. Aquí se puede ver un lugar de culto en la ciudad, en 7000-6000 a.C. No tenía puertas y la gente entraba por una abertura en el techo.

Alrededor del Creciente Fértil

EL ANTIGUO ORIENTE PRÓXIMO

El advenimiento de la agricultura en Oriente Próximo y África del Norte hacia 10000 a. C. animó a fundar los primeros asentamientos fijos. A medida que se acumulaban los excedentes agrícolas, las sociedades se tornaron más estratificadas y complejas, con una rígida jerarquización encabezada por sacerdotes, nobles y reyes. Sin embargo, este estilo de vida más sedentario no implicó que la gente dejara de moverse. A medida que las aldeas se iban convirtiendo en pueblos, más tarde en ciudades-estado y, finalmente, en imperios, las comunidades se esforzaron por conseguir más tierras y enviaron a su gente a asentarse en ellas. Y la riqueza de estos nuevos estados atrajo a nómadas deseosos de controlar sus recursos.

Imperios de Oriente Próximo

Las murallas de Jericó, construidas en torno a 8000 a. C., son la primera señal de las tensiones entre los pueblos ya asentados y los recién llegados. Las primeras ciudades de Mesopotamia, en el oeste asiático, como Uruk, construida por los sumerios (probablemente emigrantes de un lugar desconocido) hacia 4500 a. C., atraían a los pueblos que migraban en busca de un lugar donde asentarse. Por ejemplo, los acadios aplastaron Sumeria en 2350 a. C., solo para que su líder, Sargón, estableciera su propio imperio, que se extendió hasta Siria. Alrededor de 2000 a. C., Sumeria fue devastada por otro grupo de nómadas, los amorreos, que se trasladaban hacia el norte procedentes de Arabia, a pesar de los esfuerzos de gobernantes como el rey Shu-Sin de Ur, que había construido un muro, «el repelente de los amorreos».

El antiguo Egipto, cuya civilización es posible que fuera establecida por pueblos que se trasladaron al este para escapar de la desertificación del Sáhara, que había sido fértil hacia 6000 a. C., logró al principio mantener a raya a los forasteros. Luego, alrededor de 1650 a. C., sucumbió ante una invasión de los hicsos (que pueden haber tenido su origen en la actual Siria o Líbano), quienes conquistaron gran parte del norte de Egipto y lo gobernaron durante más de un siglo.

Guerra y deportación

Cuando Oriente Próximo se recuperó del colapso causado por los pueblos del mar (*véase* recuadro), los nuevos imperios que surgieron a partir de 900 a. C. continuaron sintiendo los efectos de las oleadas migratorias, pero también emplearon políticamente la migración forzada. Los asirios, que construyeron un imperio con Nínive como capital, lo hicieron de un modo muy violento. En 689 a. C., Sargón II destruyó la antigua ciudad de Babilonia y deportó a sus habitantes a otras provincias asirias.

Babilonia, una vez reconstruida, albergó a gran parte del pueblo judío, exiliado en el llamado «cautiverio de Babilonia» por el rey Nabucodonosor II después de que este destruyera Jerusalén en 597 a. C. Los judíos pudieron regresar a Jerusalén cuando Ciro I les permitió reconstruir allí el Templo judío después de su toma de Babilonia en 538 a. C. Su política de tolerancia en las veinte provincias del Imperio aqueménida logró un equilibrio entre los grupos étnicos que, durante un tiempo, sofocó el ciclo de migración e invasión que había dominado Oriente Próximo.

▼ **Detalle del friso** del palacio de Darío I en Susa, Irán. Data de 510 a. C., durante el Imperio aqueménida, que fue fundado por Ciro II en 550 a. C.

Los pueblos del mar

Hacia 1300 a. C., las confederaciones de los pueblos del mar atacaron los estados costeros del Mediterráneo. Aunque el faraón Ramsés II los combatió inicialmente con éxito, las incursiones siguieron durante más de un siglo, y pueblos como los shardanas, los lukkas y los filisteos destruyeron numerosas ciudades. Causaron un colapso, llevando a Egipto y a Grecia a siglos de caos político y económico.

Imperios poderosos

Los primeros asentamientos urbanos y sociedades organizadas dieron lugar a poderosos imperios que ejercían su influencia colonizando nuevas zonas y sometiendo o deportando a otras poblaciones.

CLAVE
- Imperio acadio 2300 a. C.
- Imperio babilónico 1750 a. C.
- Imperio egipcio h. 1300 a. C.
- Imperio hitita h. 1300 a. C.
- Imperio aqueménida 500 a. C.

Mar Negro

Mar Caspio

Hatussa

Halys

Nínive

Assur

Éufrates

Tigris

Mar Mediterráneo

Acad

Babilonia

Jerusalén

Jericó

Desierto de Siria

Nippur

Uruk

Ur

Susa

Menfis

Avaris

Golfo Pérsico

Nilo

Mar Rojo

Tebas

▲ **Esta copa con forma de puño** pertenece al pueblo hitita, que emigró a Anatolia, creador de un gran imperio y que alcanzó su apogeo a mediados del siglo XIV a.C.

▲ **Visitantes nómadas de Siria-Canaán** que llegan al antiguo Egipto, reproducidos en la pared de una tumba en Beni Hassan, Egipto, que data de hacia 1700 a.C.

▲ **Cabeza de bronce de Sargón**, rey de Acad entre 2334 y 2279 a.C., que utilizó las deportaciones forzosas de los grupos conquistados como medio para mantener el control de su imperio.

▲ **Esta gargantilla de oro**, con colgantes que representan deidades, muestra la riqueza y sofisticación de la antigua sociedad babilónica entre los siglos XVIII y XVII a.C.

INFLUENCIAS CULTURALES

El centro helenístico

Alejandría se convirtió en un bastión de la cultura y la erudición helénica. Los griegos, muchos de los cuales procedían de otras zonas del Mediterráneo, dominaron la sociedad, pero también asimilaron aspectos de las culturas egipcia y judía. Este dibujo muestra el faro de Alejandría, fruto de la ingeniería griega, construido hacia 280 d.C., una de las siete maravillas del mundo antiguo.

Colonia judía

La población judía de la ciudad creció durante el siglo III a.C., atraída por la floreciente economía de Alejandría. Se desarrolló un barrio judío, se construyó la gran sinagoga, se tradujeron al griego textos fundamentales del hebreo y surgieron notables eruditos. Esta pintura de 1672 muestra a un gobernante ptolemaico conversando con eruditos judíos en la Biblioteca de Alejandría.

La segunda ciudad de Roma

Tras la anexión de Egipto por parte de los romanos, Alejandría se convirtió en la segunda ciudad del imperio después de Roma, así como en un importante puerto para la exportación de cereales. Llegaron soldados, comerciantes y administradores, y se construyeron edificios públicos. Este sarcófago romano fue desenterrado en la ciudad y se exhibe en su museo grecorromano.

Alejandría

LA NOVIA DEL MEDITERRÁNEO

Alejandría, un importante puerto marítimo y centro industrial en la costa mediterránea de Egipto, fue fundada en 332 a. C. por Alejandro Magno durante su conquista del Imperio persa. Tras la muerte de Alejandro, Ptolomeo I Sóter se convirtió en el gobernante de Egipto, y su dinastía ptolemaica transformó a Alejandría en un centro de enseñanza y ciencia helénico (griego), con una famosa biblioteca y un faro. Cosmopolita desde el principio, albergó a egipcios, griegos y judíos.

Ampliación y modernización

En 30 a. C., los romanos invadieron Egipto, y Alejandría pasó a formar parte del Imperio romano. Si bien la ciudad siguió siendo un puerto comercial clave, en los siglos IV y V d. C., los cristianos persiguieron a las comunidades judías y paganas. En el siglo VII d. C. (*véanse* págs. 78-81), los ejércitos árabes conquistaron Egipto, llevaron el islam a Alejandría y provocaron la huida de muchos griegos. Bajo el dominio islámico, la vida intelectual y comercial de la ciudad prosperó hasta la época medieval.

A partir del siglo XVI, decayeron la población y el esplendor de la ciudad debido a las epidemias y a la negligencia administrativa, y una breve ocupación por parte de las fuerzas francesas en 1798 hizo aún más deplorable la vida de la ciudad. Sin embargo, de 1805 a 1922, durante el gobierno del virrey otomano de Egipto y una ocupación de cuarenta años por parte de los británicos, la ciudad se modernizó y se occidentalizó aún más, en detrimento del pueblo y la cultura egipcios.

La población se incrementó gracias a los inmigrantes del campo y a los colonos de naciones mediterráneas como Grecia, Italia, Siria y Francia, que se sintieron atraídos por los privilegios comerciales que se ofrecían. En la década de 1950, la mayoría de los egipcios de origen europeo emigraron cuando se nacionalizaron las empresas de propiedad extranjera, pero aún quedan huellas de su influencia.

▲▲ **El Sueño de Cleopatra fue un carnaval en 2017** que conmemoró la historia de Alejandría como capital durante el reinado de la famosa reina egipcia ptolemaica.

▲ **La Biblioteca Alejandrina** es una «reconstrucción» de la antigua Biblioteca de Alejandría, y alberga miles de libros griegos, hebreos y mesopotámicos.

◀ **Este colorido mosaico callejero** presenta motivos, de azulejos romanos a minaretes islámicos y dioses egipcios, que representan las diferentes culturas que han desempeñado un papel importante en la configuración de la ciudad durante los últimos 2000 años.

> «Los alejandrinos acudieron al triunfo dominados por el entusiasmo y lo aclamaron en griego y egipcio [...] encantados por el hermoso espectáculo».
>
> Constantino Cavafis (1863-1933), poeta griego, sobre las Donaciones de Alejandría en 34 a. C.

La cultura islámica

La fe islámica llegó a Alejandría en el siglo VII, después de la invasión árabe de Egipto. En los siglos posteriores, la lengua árabe y los edificios de estilo islámico, incluida la mezquita de la Ciudadela de Qaitbay, con su pavimento de baldosas geométricas (vista inferior), se extendieron por toda la ciudad. Los inmigrantes musulmanes también llegaron de Oriente Medio y el norte de África.

Mercaderes europeos

Durante un siglo de control extranjero, la ciudad se revitalizó con la creación de un nuevo puerto, nuevos muelles y un canal que la unía al Nilo. Los mercaderes europeos construyeron mansiones y almacenes hacia el exterior de la Place des Consuls (hoy Midan Tahrir). Para los 100 000 extranjeros afincados en la ciudad, así como para los egipcios cultos, la lengua franca era el francés.

Influencias griegas

Los inmigrantes griegos de la ciudad fundaron muchas de las cafeterías, pastelerías y salones de té de Alejandría. Eran lugares de reunión de moda para artistas, escritores y las relaciones sociales. Algunos cerraron tras la revolución de 1952 y el auge del nacionalismo egipcio, pero los que quedan todavía son muy populares.

2

Imperios antiguos

h. 2600 a. C.-375 d. C.

Imperios antiguos

h. 2600 a. C.-375 d. C.

El período de tres mil años que se inició hacia 2600 a. C. se caracterizó por los grandes imperios. Las personas emigraban a medida que sus territorios se ampliaban y convertían en vastos reinos, o se desplazaban dentro de nuevos límites territoriales a medida que los imperios conquistadores se apoderaban de sus territorios. Los imperios babilónico y asirio en Oriente Medio reunieron a muchos pueblos diferentes bajo un solo estado, y a veces forzaron el desplazamiento de ciertos grupos para reafirmar su control sobre las tierras fronterizas. Desde 2500 a. C., los egipcios expandieron sus territorios en dirección sur hacia Nubia; a su vez,

los nubios se dirigieron al norte, hacia el sur de Egipto. Asimismo, y por primera vez, la migración estuvo motivada por el comercio, y hubo pueblos como los fenicios que establecieron colonias comerciales alrededor del Mediterráneo desde 1000 a. C. Los griegos siguieron su ejemplo unos dos siglos más tarde, y fundaron entidades que llevaron a su gente y su cultura a través de los continentes, al norte de África, España, Francia e Italia.

En China, las primeras dinastías expandieron su territorio mediante conquistas, partiendo de un núcleo en torno a la cuenca del río Amarillo, hasta abarcar lo que más tarde se convertiría en la

Mercaderes minoicos zarpan de una ciudad costera (págs. 34-37)

Nubios se dirigen al norte para pagar tributos al faraón de Egipto (págs. 50-51)

«No nací para un rincón [del mundo] más que
para otro; todo él es mi patria».

Lucio Anneo Séneca (h. 4 a.C.-65 d.C.), filósofo romano

cultura han en las regiones del norte y centro. Otros pueblos partieron en busca de tierras. Algunos grupos de pueblos de habla bantú emigraron desde África Occidental a través del continente hacia las costas este y sur en un proceso que llevó más de dos mil años. A partir de 450 a. C., los celtas se trasladaron desde Europa central a Alemania y Francia, y, por último, a finales del siglo II a. C., pasaron a Gran Bretaña e Irlanda.

Otros migrantes viajaron por mar; los antepasados de los polinesios iniciaron un prolongado viaje en dirección este, hacia los archipiélagos del Pacífico. A partir de 1300 a. C., se establecieron en Tonga, Fiyi, Hawái y, finalmente, Rapa Nui (isla de Pascua), cruzando vastas extensiones de agua en canoas con balancines, en las que transportaban animales domésticos y plantas.

La organización de los estados mejoró y los imperios crecieron, de manera que hizo factibles las migraciones de largo recorrido: los ciudadanos romanos del norte de África y Siria se asentaron en el norte de Gran Bretaña. Aunque los individuos podían viajar con rapidez a lo largo del Imperio romano, los dominios persas y China, los grandes grupos aún se desplazaban poco a poco y necesitaban muchos años para llegar a nuevas tierras.

Chang'an estuvo influida por la arquitectura de Feng bajo la dinastía Han (págs. 58-59)

Uthina, en el actual Túnez, fue una colonia romana (págs. 60-63)

OCÉANO ATLÁNTICO

Masalia
Ampurias
Alalia
ITALIA
Taras
Bizancio
Quersoneso
Mar Negro
Córcega
Troya
Sinope
Trebison
Hemeroscopio
Sicilia
Atenas
Focea
Éfeso
Asia Mer
Siracusa
Corinto
Esparta
Creta
Mileto
Tarso
Mar Mediterráneo
Chipre
ÁFRICA
Cirene
Tiro
EGIPTO
Náucratis

Una civilización mediterránea

EL MUNDO GRIEGO ANTIGUO

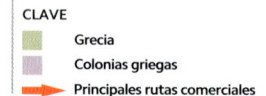

CLAVE
- Grecia
- Colonias griegas
- Principales rutas comerciales

La migración conformó la antigua Grecia. Sus llanuras y valles eran fértiles pero pequeños, y estaban separados por cadenas montañosas, por lo que, a medida que aumentó la población, empezó a faltar tierra. En consecuencia, los gobiernos de los distintos estados enviaron migrantes al extranjero en busca de nuevas tierras. Como habitaban en un país con extensas costas, los viajes marítimos y el comercio se convirtieron en una segunda naturaleza.

Minoicos y micénicos

Hacia 2000 a. C., la civilización minoica floreció en la isla de Creta. Acumuló una enorme riqueza gracias al comercio, estableció vínculos con Grecia y una red de rutas en el Mediterráneo oriental que abarcaba Egipto y Fenicia, e incluso se extendió en dirección oeste hasta Sicilia. La civilización minoica entró en declive poco después de 1450 a. C., en medio de las invasiones micénicas procedentes de la Grecia continental. Los recién llegados continuaron la tradición comercial y establecieron asentamientos satélites en el oeste, cerca de Tarento, en el sur de Italia, y en el este, a lo largo de las costas occidentales de Asia Menor.

Sin embargo, alrededor de 1100 a. C., la civilización micénica también colapsó. Ciudades-estado como Pilos y Micenas fueron víctimas de los pueblos del mar, asaltantes marítimos de origen desconocido que

▲ **La antigua Grecia fue el alma** de un poderoso imperio en torno al mar Negro y el Mediterráneo. Este mapa muestra Grecia, sus colonias y sus rutas comerciales más importantes hacia 600 a. C.

▼ **Esta moneda de plata**, un decadracma, fue acuñada en la provincia griega de Siracusa, Sicilia, en el siglo v a.C. Muestra la cabeza de Aretusa, una ninfa de la mitología griega.

extendieron la devastación por todo el Mediterráneo oriental. Entonces, unos nuevos invasores, identificados por su dialecto y conocidos por los griegos posteriores como dorios, llegaron al centro y sur de Grecia, muy probablemente desde el norte, y conquistaron los restos de la civilización micénica. La tradición relata que la invasión fue liderada por los hijos del legendario Heracles (Hércules), por lo que el hecho también se conoce como el «regreso de los heraclidas».

Ciudades-estado y colonias

En torno a 1000 a. C. comenzó a surgir un nuevo tipo de poder. La ciudades-estado (polis), entre las cuales las más famosas fueron Atenas, Esparta y Corinto, dominaron el mundo griego durante casi mil años. En todo el Mediterráneo oriental, incluida Siria, se han encontrado muestras de la cerámica protogeométrica (denominada así por sus llamativos patrones geométricos) producida en las ciudades-estado griegas, lo que indica que, en ese momento, Grecia había restablecido el comercio con esas regiones. Los colonos griegos comenzaron a regresar a las áreas abandonadas después del colapso micénico, mientras que en Chipre y muchas de las islas del este del Egeo se volvió a hablar el griego hacia 850 a. C. Importantes asentamientos griegos, como Éfeso y Mileto, aparecieron a lo largo de la costa occidental de Asia Menor, convirtiéndose en los principales centros de Jonia, una región que acogería a grandes poblaciones étnicamente griegas hasta la década de 1920. Pequeñas colonias más lejanas, como el puesto comercial de Al-Mina en el norte de Siria, que albergaba a comerciantes griegos de la isla de Eubea, vivían a la sombra de potencias más poderosas, como el Imperio asirio. Pero la verdadera expansión del mundo griego aún estaba por llegar.

A partir de 730 a. C., las ciudades-estado griegas enviaron colonos, que fundaron nuevas ciudades, en un principio en el oeste, en Sicilia, el sur de Italia, el sur de Francia y España. Lo hicieron por varias razones: a medida que sus poblaciones superaban a las de las ciudades-estado más pequeñas, las nuevas generaciones de adultos jóvenes tenían pocas oportunidades de ganarse la vida de forma independiente; la guerra constante entre las ciudades-estado y la lucha entre facciones dentro de ellas llevó a otros a buscar una vida más segura; y las oportunidades para el comercio proporcionaron un incentivo para aquellos en busca de riqueza.

◀ **Esta koré de terracota**, una estatua de una mujer joven, se creó en Creta hacia 640-625 a. C. La notable influencia egipcia de la escultura apunta al comercio entre Creta y Oriente Próximo.

«Después de dejar Pilos, la altiva ciudad de Neleo, llegamos en nuestro viaje a la largamente anhelada Asia y [...] por voluntad de los dioses tomamos la eolia Esmirna».

Mimnermo, poeta griego, Fragmento 9, siglo VII a. C.

◀ **Este fresco minoico**, de Akrotiri en Tera, Santorini, representa una expedición naval. Una erupción volcánica hacia 1650-1550 a. C. enterró el asentamiento bajo sus cenizas, pero este fresco se conservó.

«Vivimos en torno al mar[...] como ranas alrededor de una charca».

Platón, sección 109 de *Fedón*, hacia 360 a.C., que describe el mundo griego en asentamientos por las costas del Mediterráneo.

Los colonizadores griegos fundaron la ciudad costera de Paestum en la Magna Grecia (actual sur de Italia), un importante enclave de la antigua civilización griega, y construyeron este templo hacia 450 a.C.

El proceso de colonización por parte de las ciudades-estado griegas se iniciaba, por lo general, con la búsqueda, por parte de la metrópolis (que significa «ciudad madre» en griego), de la aprobación divina para sus planes mediante un oráculo, y luego, la selección de un fundador, un *oikistés*, responsable de localizar la ubicación de la nueva ciudad, la promulgación de sus leyes y la división de la tierra entre los colonos. Las ciudades-estado griegas más fuertes no fueron necesariamente las que establecieron la mayoría de las colonias o las más grandes. Esparta, que fue una de las más poderosas, solo fundó Taras (la actual Tarento en Italia) en 706 a. C. Mientras tanto, los colonos de la pequeña ciudad de Eretria (en la isla griega de Eubea) fundaron un puesto comercial en Pitecusas, al norte de Nápoles, hacia 775 a. C., atraídos por su rico suelo volcánico y sus reservas de mineral de hierro.

La mayor concentración de colonias griegas se localizaba en el sur de Italia y Sicilia, un área tan repleta de asentamientos y cultura griegos que los romanos la conocían como Magna Grecia. Aunque tuvieron que compartir Sicilia con los cartagineses, las ciudades-estado griegas de la región permanecieron independientes hasta que los romanos tomaron Siracusa en 212 a. C. Incluso hoy en día, los dialectos locales de algunas zonas del sur de Italia tienen reminiscencias griegas.

Localizaciones y retos

Aunque muchas poblaciones locales se integraron en las nuevas colonias, en otros lugares rechazaron a los colonizadores. En consecuencia, los colonos eligieron sitios costeros fácilmente defendibles, como la isla de Ortigia en Sicilia, que se convirtió en el núcleo de la ciudad de Siracusa, fundada en 733 a. C. También se decantaron por ubicaciones estratégicas, como Bizancio, que dominaba la vía marítima del Helesponto que va desde el Egeo hasta el mar Negro, o aquellas en las que tenían acceso a mercancías para comerciar, como Panticapeo en Crimea.

Los primeros colonos griegos eran pocos en número; por ejemplo, solo doscientos hombres de Corinto participaron en la fundación de la ciudad de Apolonia de Iliria (en la actual Albania) hacia 600 a. C. Otros colonos se enfrentaron a la resistencia de los nativos, como los sículos de Sicilia, o se vieron obligados a luchar contra potencias colonizadoras rivales, como los fenicios (del actual Líbano). Algunos eran colonizadores forzados: cuando la sequía golpeó a Tera (la actual Santorini), los gobernadores de la isla reclutaron a gente para fundar un nuevo asentamiento, y Cirene (en la actual Libia) se estableció en 630 a. C. Los que se negaban a ir se enfrentaban a la pena de muerte, mientras que los posibles colonos podrían regresar a casa después de cinco años si fracasaba el asentamiento.

La migración hacia el este

La migración griega se extendió hacia el oeste desde Italia y el norte de África hasta Masalia (la actual Marsella, Francia), donde se fundó una colonia griega hacia 600 a. C., y Ampurias (cerca de Gerona, España), establecida alrededor de 575 a. C. Ambas se convirtieron en importantes puestos comerciales para los comerciantes griegos. Sin embargo, el creciente poder de los cartagineses y etruscos les impidió una mayor expansión. Desde principios del siglo VII, las actividades colonizadoras griegas se centraron más hacia el este, con el establecimiento de nuevas colonias a lo largo de las costas del mar Negro.

Los griegos conformaron el mundo mediterráneo a través de la migración y ejercieron su influencia sobre muchos pueblos diferentes, incluso los romanos. Además, los descendientes de esos inmigrantes también influyeron en la cultura de Grecia. Así, Arquímedes alcanzó un gran prestigio en el siglo III a. C., mientras que las raíces de la filosofía griega deben mucho a Tales de Mileto, de Jonia (la actual Turquía).

▲ **Este mosaico de un trirreme**, un tipo de embarcación impulsada por remos que usaban los antiguos griegos, se encuentra en la basílica de Notre-Dame de la Garde en Marsella, Francia. La colonia griega de Masalia (Marsella) fue un importante puerto comercial.

◀ **Guerrero de Riace**, una de las dos estatuas de bronce de tamaño natural encontradas frente a la costa de Riace, en el sur de Italia, en 1972. Fundido hacia 460-450 a. C., muestra hasta qué punto la antigua cultura griega se había difundido por el Mediterráneo.

A través del mar abierto

LA EXPANSIÓN AUSTRONESIA

Hace unos tres mil años, los antepasados de los polinesios actuales cruzaron el mar. Recorrieron largas distancias en grandes canoas de doble casco, y alcanzaron y se establecieron en casi todos los grupos de islas del Pacífico y, a través del vasto océano, llegaron a lugares tan lejanos como Hawái, la isla de Pascua y Nueva Zelanda.

La familia de lenguas polinesias forma parte de un grupo lingüístico más amplio conocido como austronesio, que, en la actualidad, se encuentra en Nueva Guinea y las islas más occidentales del Pacífico (Melanesia), en los archipiélagos al noreste (Micronesia), así como en la mayor parte del Pacífico al este de las Salomón.

Exploración lapita

La parte occidental del Pacífico ya estaba poblada mucho antes de que comenzara la principal expansión austronesia: los humanos se asentaron en la costa norte de Nueva Guinea hace al menos 35 000 años y llegaron a Buka, en las islas Salomón, hace 28 000 años.

Para llegar a estas islas necesitaron algún tipo de embarcación, es posible que balsas de bambú (ya que las canoas de corteza de árbol no son suficientemente robustas para cruzar grandes extensiones de agua). Sin embargo, las islas más allá del archipiélago de Bismarck, al noreste de Nueva Guinea, permanecieron deshabitadas. Más tarde, hacia 1500 a. C., apareció un nuevo grupo. Las pruebas de ADN y las huellas lingüísticas a lo largo de su ruta sugieren que los miembros de esa cultura, conocida como lapita, es probable que procedieran de Taiwán o de la costa del sudeste asiático. Una vez en las islas Bismarck, desarrollaron una cultura con una cerámica característica con diseños geométricos, azuelas de piedra y palafitos rectangulares construidos a lo largo de la costa. El pueblo lapita comenzó a extenderse hacia el este y llegó a Tonga en 1300 a. C., y a Samoa y Fiyi unos setecientos años

después. Las razones por las que viajaron a estas islas no están claras; no existen pruebas sólidas de superpoblación, pero es posible que los miembros más jóvenes de los linajes familiares buscaran nuevas tierras en las que no estarían subordinados a los mayores.

Hacia nuevas tierras

Sus viajes fueron posibles gracias a la invención de las grandes canoas de doble casco, con velas latinas triangulares y balancines que les proporcionaban más estabilidad y les permitían navegar contra el viento. Estas canoas podían transportar a unas treinta personas; familias enteras navegaban junto con su ganado, perros, cerdos y gallinas, que introdujeron en las islas por las que pasaron (además de las ratas que viajaban como polizones). Llevaban consigo plantas de taro, ñame, árbol del pan, plátano y coco, así como el sagrado *ti*, una planta que se cree que posee un poder divino. También portaban herramientas e imágenes de sus antepasados, es decir, todo lo que necesitarían para crear sus nuevos hogares. Es probable que enviaran exploradores antes que el grupo principal para encontrar lugares adecuados para los asentamientos. Los lapitas no contaban con instrumentos de navegación como la brújula, sino que utilizaban la navegación por las estrellas y la observación del oleaje y los patrones del viento, así como la detección de aves marinas que indicaran que estaban cerca de tierra.

▶ **Rostro de una mujer lapita de Fiyi** que fue reconstruido en 2002 a partir de un esqueleto bien conservado de unos tres mil años de antigüedad. Los científicos la llamaron Mana, que significa «verdad» en uno de los dialectos de las islas Salomón.

▼ **Petroglifos** en la senda Mamalahoa, en la región de Waikoloa, Kohala Coast, Hawái. Quizá fueran una forma de registrar los nacimientos, e incluyen figuras humanas, animales y canoas, así como patrones y símbolos.

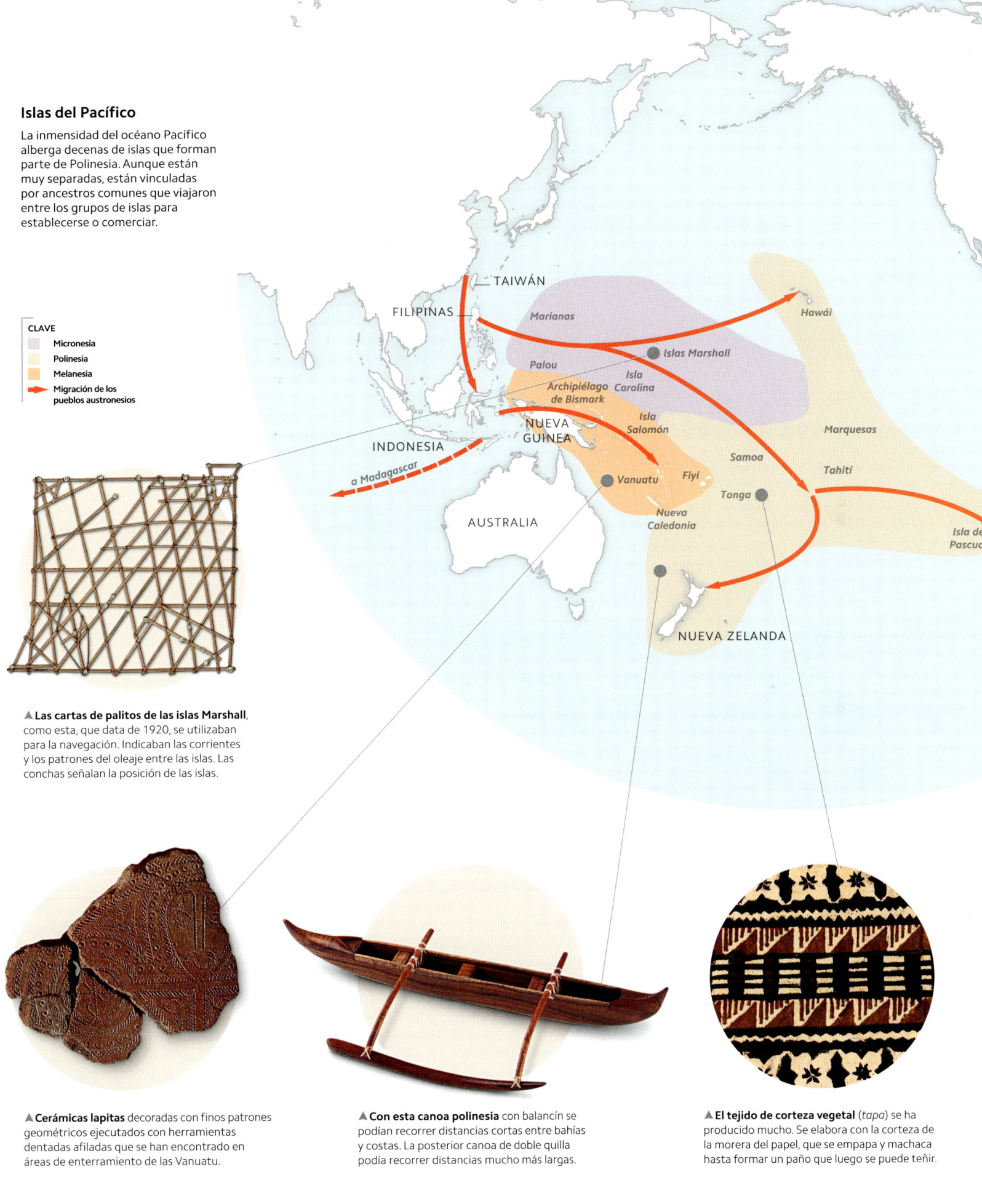

Islas del Pacífico

La inmensidad del océano Pacífico alberga decenas de islas que forman parte de Polinesia. Aunque están muy separadas, están vinculadas por ancestros comunes que viajaron entre los grupos de islas para establecerse o comerciar.

CLAVE
- Micronesia
- Polinesia
- Melanesia
- → Migración de los pueblos austronesios

TAIWÁN

FILIPINAS

Marianas

Palou

Islas Marshall

Archipiélago de Bismark

Isla Carolina

NUEVA GUINEA

Isla Salomón

Isla de Pascua

Marquesas

Samoa

Tahití

INDONESIA

a Madagascar

Vanuatu

Fiyi

Tonga

AUSTRALIA

Nueva Caledonia

NUEVA ZELANDA

Hawái

▲ **Las cartas de palitos de las islas Marshall**, como esta, que data de 1920, se utilizaban para la navegación. Indicaban las corrientes y los patrones del oleaje entre las islas. Las conchas señalan la posición de las islas.

▲ **Cerámicas lapitas** decoradas con finos patrones geométricos ejecutados con herramientas dentadas afiladas que se han encontrado en áreas de enterramiento de las Vanuatu.

▲ **Con esta canoa polinesia** con balancín se podían recorrer distancias cortas entre bahías y costas. La posterior canoa de doble quilla podía recorrer distancias mucho más largas.

▲ **El tejido de corteza vegetal** (*tapa*) se ha producido mucho. Se elabora con la corteza de la morera del papel, que se empapa y machaca hasta formar un paño que luego se puede teñir.

▲ **Esta ilustración del siglo XIX** de la isla Puynipet (Pohnpei), en las islas Carolinas, muestra a los isleños que viajan en una canoa con estabilizadores que buscan un camino entre los arrecifes de coral que rodean la isla.

Una vez en Samoa, los lapitas se detuvieron y en la expansión austronesia se produjo una pausa de mil años. Esta pudo responder al aislamiento de los grupos de islas más al este. Las grandes extensiones de mar abierto entre ellas hacían que las expediciones de exploración fueran muy peligrosas. Cuando, en torno a 300 d. C., se reanudaron las migraciones, la cultura lapita se había diluido; en Tonga y Samoa dejó de elaborarse cerámica. Las pruebas de ADN y los artefactos de toda la Polinesia oriental, como las azuelas de piedra y los aparejos de pesca, que muestran pocos cambios materiales con el tiempo, sugieren que fueron pocos los pioneros que se establecieron allí.

Asentamientos de la Polinesia oriental

Los polinesios se habían afincado en las Marquesas hacia 400 d. C., en Hawái en torno a 650 d. C. y en las islas Cook y Tahití hacia 750 d. C. Uno o dos siglos más tarde, llegaron a la isla de Pascua, frente a la costa de Chile. Encontraron a un gran número de animales nativos, aunque las abundantes aves y tortugas se agotaron pronto, lo que motivó, en parte, los viajes a islas aún más remotas.

Cuando llegaban a una nueva isla, los colonos podían explotar la abundancia de peces y mariscos en el océano y la costa, así como construir granjas para sus actividades agrícolas. Establecieron grupos de linajes familiares basados en los antepasados que habían viajado en las primeras canoas que llegaron a una isla, por lo que los nombres de estos pioneros eran recordados siglos después. Aunque la mayoría de estos famosos viajeros eran hombres, también participaban las mujeres: la canoa de la que se dice que originalmente se estableció en Pohnpei, en el este de las islas Carolinas, transportaba a dieciséis personas, de las cuales nueve eran mujeres, mientras que las mujeres en una canoa que viajó más tarde llevaron los plantones del preciado plátano y del ñame para crear nuevos cultivos.

El comercio para sobrevivir

Es posible que los pueblos polinesios llegaran incluso más allá de la isla de Pascua, ya que cultivaron una planta que no habían traído consigo: el boniato, originario de Sudamérica. Probablemente lo consiguieran a través de algún tipo de contacto con ese subcontinente (hubo un tiempo en el que algunos historiadores creían que los polinesios eran de ascendencia sudamericana).

En Polinesia, este cultivo complementó un delicado ecosistema insular basado en el comercio. Algunas islas no podían producir todo lo que necesitaban, por lo que acordaron un sistema para compensar los déficits. Se estableció un comercio a tres bandas entre Mangareva, Pitcairn y las islas Henderson: conchas de Mangareva a Pitcairn; obsidiana de Pitcairn a Henderson y piedra basáltica para hornos de Mangareva a Henderson.

Sin embargo, hacia 1500 d. C., el comercio se detuvo. Las poblaciones de las islas polinesias habían crecido, causando importantes daños al medioambiente. En Mangareva, la deforestación hizo que el suelo se volviera estéril, lo que provocó hambre y la guerra civil. No había más recursos para continuar el comercio con las islas más pequeñas como Henderson. La gente de allí siguió luchando por la supervivencia, usando conchas de almejas en lugar de piedra para las azuelas, pero la vida en la isla se hizo insostenible y, hacia 1600, los colonos abandonaron Henderson. Los isleños reaccionaron de diferentes maneras a esta pérdida del comercio, surgieron nuevos cacicazgos y en Hawái se desarrolló una sociedad altamente estratificada, con reyes, nobles e incluso esclavos. La sociedad igualitaria de los inmigrantes originales se había perdido.

El arte del tatuaje

Los polinesios usaban «peines» de hueso tallado y pigmentos a base de hollín o ceniza para tatuar a los que habían llegado a la edad adulta. En Samoa, los hombres se tatuaban desde la rodilla hasta la cintura, y las mujeres, unas veces desde la rodilla hasta la parte superior de la pierna o solo la parte posterior de esta última. Los diseños indicaban el linaje y los vínculos con la comunidad, y el doloroso proceso reforzaba la identidad y afirmaba la madurez.

«¡Tahu-oi es la canoa!
Es una canoa. ¡Sacad
a tierra a Tahu-oi!
¡Desembarcad la gran
canoa! ¡Doscientos
(hombres) fuertes!».

Canto de Kave, Tahuata,
islas Marquesas

◀ **Grandes estatuas de piedra
o moáis** se yerguen en la isla
de Rapa Nui (isla de Pascua), en
Chile. Muchas estaban colocadas
sobre una *hu* («plataforma» o
«altar ceremonial»). Es probable
que representaran los rostros
de los ancestros y eran tratadas
con un gran respeto.

Los señores de los caballos
INDOARIOS E INDOEUROPEOS

En la actualidad, unos 3200 millones de personas hablan idiomas indoeuropeos, lo que los convierte en el mayor grupo lingüístico en cuanto a número de hablantes y dispersión geográfica. Los orígenes de estas lenguas se encuentran en una pequeña zona de la estepa rusa, desde la que las antepasadas de lenguas tan diversas como el gaélico, el alemán, el ruso, el farsi y el hindi iniciaron una migración que se ha prolongado unos 5000 años.

Árboles de lenguas

Investigadores del siglo XIX advirtieron las similitudes entre el léxico de ciertos idiomas antiguos como el sanscrito y el latín, y entre el de algunas lenguas modernas como el ruso y el inglés. Siguieron las huellas del viaje de sus antepasados indoeuropeos y formularon la teoría de que todos ellos descendían de un idioma original llamado protoindoeuropeo.

La semejanza entre los términos para designar «eje» y «rueda» en muchos idiomas indoeuropeos sugiere que los indoeuropeos originales disponían de vehículos con ruedas y caballos; otros paralelismos indican que eran pastores de rebaños de ovejas y ganado vacuno en las praderas, y que formaban grupos de parentesco cercano con jefes tribales. Parece probable que la patria de estos antiguos pastores se encontrara en la estepa rusa, y la investigación genética moderna que analiza los haplogrupos de ADN sugiere que eran miembros de la cultura yamna (cultura del sepulcro). Estos pueblos dominaron el área al norte del mar Negro hacia 3000 a. C., y pudieron haber empezado a desplazarse poco después hacia el oeste y el sur, llevando consigo su tecnología y su idioma.

Otro grupo, constitutivo de la cultura de Sintashta, partió de la patria, hacia 2200 a. C., y emigró hacia el este y luego hacia el sur. De este grupo, una parte

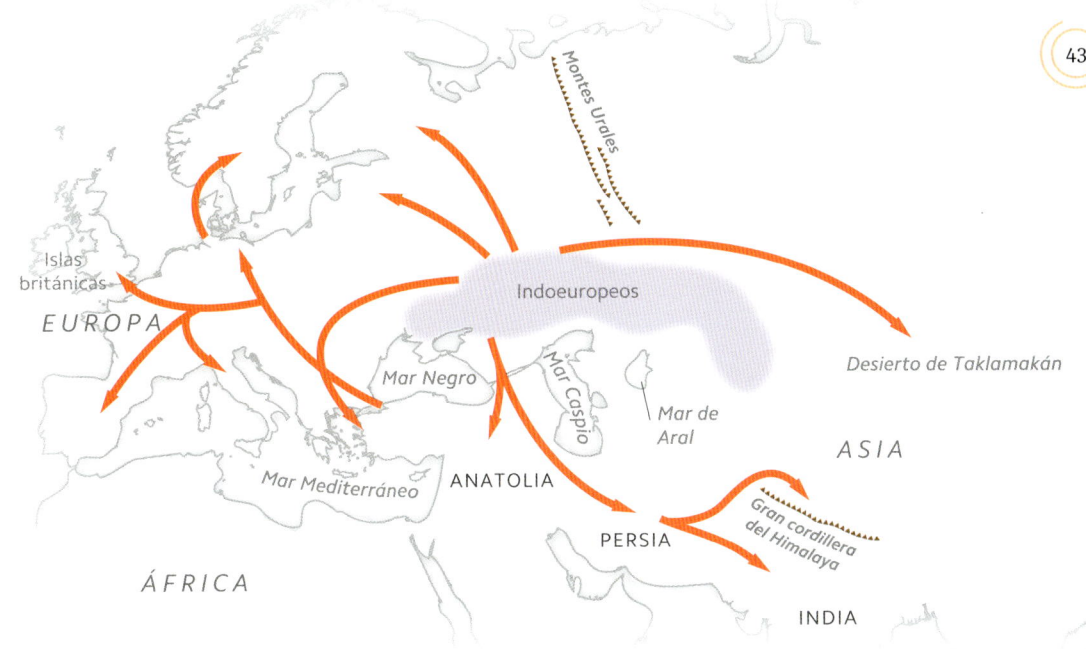

◀ **El carruaje solar de Trundholm**, hallado en Dinamarca, data de hacia 1200 a.C. El vehículo de ruedas tirado por un caballo prueba la difusión de la cultura indoeuropea en esa zona.

▼ **El pueblo yamna**, en Kirguizistán, creó estas lápidas de la Edad de Bronce. Migró a diversas partes de Europa y Asia.

(conocida como indoirania) se estableció en Irán, mientras que la otra (los indoarios) viajó al subcontinente indio. En la actualidad, sus descendientes hablan idiomas como el hindi, el urdu, el bengalí y el punyabí.

Cultura y genética

Durante mucho tiempo han existido controversias sobre los orígenes de los indoarios. Muchos historiadores creen que la cultura que se describe en los antiguos textos hindúes, los Vedas, llegó a India de la mano de aquellos inmigrantes; otros, por su parte, sugieren que se desarrolló entre los grupos indígenas. Sin embargo, los marcadores de ADN en la población moderna del sur de Asia vinculados a la ascendencia indoeuropea refuerzan la opinión de que los indoarios llegaron a India desde las estepas del norte.

Con el avance de su migración, los indoeuropeos desplazaron o reemplazaron a los hablantes de otras lenguas como el hurrita (en Oriente Próximo) y el etrusco (en Italia), dejando al euskera, en el norte de España, como el único superviviente de las lenguas que los precedieron. Con el tiempo, sus culturas se fueron diversificando, dando lugar a ciudades-estado en Grecia, imperios como Roma y Persia, y regímenes tribales en Alemania y las tierras de lengua celta. Pero un gran número de indoeuropeos e indoarios quedaron vinculados por el idioma a sus antepasados, algunos de los cuales permanecen como nómadas en la patria indoeuropea original.

▲ **La migración indoaria** fue parte de la migración hacia el este del pueblo indoeuropeo, parte del cual permaneció en Irán, donde se desarrolló la cultura indoirania.

▼ **Esta escena** del antiguo poema épico *Mahabharata* representa al dios hindú Krishna y al príncipe Arjuna. El poema es parte de la evolución de una tradición religiosa que se remonta a los inmigrantes indoarios.

▲ **Este friso** del palacio del
rey Sargón II (reinado de 721 a
705 a.C.) muestra a marineros
fenicios remolcando
y descargando troncos
de cedros del Líbano.

▶ **La ciudad de Cartago** fue
fundada por los fenicios, pero
los romanos la arrasaron y
construyeron en su lugar
una nueva Cartago. Esta fue
destruida por las fuerzas árabes
en el siglo VII d.C.

El pueblo púrpura

LOS FENICIOS Y EL MEDITERRÁNEO

Los fenicios surgieron como un pueblo de comerciantes en torno a 1500 a. C., en ciudades costeras como Biblos, Tiro, Sidón y Berot (la actual Beirut), en el Líbano actual. Eran grandes navegantes y constructores de barcos, y se enriquecieron exportando madera (especialmente cedro), papiro y artículos de lujo, entre los que se encontraban las cuentas de vidrio y sus famosos tejidos, en los que usaban un tinte púrpura que se extraía de unos caracoles marinos.

La expansión fenicia hacia el oeste

A medida que disminuía su poder en su tierra natal tras sufrir múltiples incursiones que empezaron con la de los pueblos del mar hacia 1100 a. C. (*véase* pág. 26), los fenicios se embarcaron en una aventura de colonización intensiva en el Mediterráneo. Establecieron puestos comerciales (emporios), algunos de los cuales se convirtieron en grandes ciudades. Por lo general, sus colonias estaban situadas en una isla o promontorio, bien a lo largo de una ruta comercial importante o donde los recursos minerales eran accesibles. A mediados del siglo X a. C., habían establecido una colonia en Kition (la actual Lárnaca), en Chipre, y otros asentamientos en las islas griegas de Rodas y Creta. Sin embargo, el escenario principal de las actividades de los fenicios se centró en el Mediterráneo occidental, donde la competencia con otras potencias era menos reñida que en el este. Hacia el siglo VIII a. C. establecieron las colonias de Útica (en Túnez), Motia (en Sicilia) y Nora (en Cerdeña), esta última cerca de los yacimientos de plata, oro y estaño, de los que extraían los minerales para su industria metalúrgica y su comercialización. Hacia 750 a. C. cruzaron el estrecho de Gibraltar y fundaron Gades (la actual Cádiz), para exportar plata y estaño procedentes del interior, y Lixus (cerca de Larache, en Marruecos).

En el siglo VI a. C., navegantes fenicios (como Hannón el Navegante) emprendieron viajes de exploración a África Occidental, la península ibérica y, quizá, las islas británicas.

El crecimiento de Cartago

Cartago (en la actual Túnez) fue la más grande y próspera de todas las ciudades fenicias. Fundada en 814 a. C., creció rápidamente debido a la gran afluencia de refugiados fenicios tras la invasión de Tiro por parte de Alejandro Magno en 332 a. C. Algo poco usual entre los asentamientos fenicios, Cartago llegó a dominar un gran territorio interior del norte de África y se convirtió en un imperio por derecho propio. El imperio cartaginés comerciaba con los pueblos indígenas bereberes y también los reclutaba para su ejército, sobre todo como caballería, ya que los bereberes eran renombrados jinetes.

Después de las tres guerras púnicas contra el Imperio romano (*véanse* págs. 60-63), que terminaron con la destrucción de Cartago en 146 a. C., los fenicios perdieron su base de poder y concluyó su época colonial. Sin embargo, los comerciantes fenicios continuaron ejerciendo el comercio en todo el Mediterráneo, y su arte, como sus placas de marfil tallado, sellos, joyas, cristalería y cuencos de metal, continuó siendo muy apreciado.

▲ **Los fenicios eran originarios** de la costa del Líbano actual. Se trasladaron por mar y establecieron colonias por todo el Mediterráneo para crear una impresionante red comercial.

▼ **Esta placa de marfil**, que representa una esfinge alada, es un bello ejemplo del arte fenicio (h. 900-700 a. C.). Se halló en el palacio de Salmanasar en Nimrud, que fue una de las ciudades más importantes (cuyo nombre era Kalkhu en aquellos tiempos) del Irak actual.

El alfabeto fenicio

Entre los legados más perdurables de los fenicios se encuentra su sistema de escritura. Derivado, en parte, de sistemas anteriores utilizados en Canaán y Ugarit, constituyó una de las primeras escrituras alfabéticas. Alcanzó su forma definitiva en torno a 1000 a. C., y los comerciantes fenicios lo llevaron por el Mediterráneo al establecerse en el sur de Europa y el norte de África. Fue la base del alfabeto griego y las escrituras latinas.

«La Galia está dividida en tres partes: una que habitan los belgas, otra los aquitanos, la tercera los que en su lengua se llaman celtas y galos en la nuestra».

Julio César, *La guerra de las Galias*, 58-49 a.C.

El caldero de Gundestrup (h. 100 a.C.), un recipiente ritual de la cultura de La Tène, representa al dios celta Cernunnos.

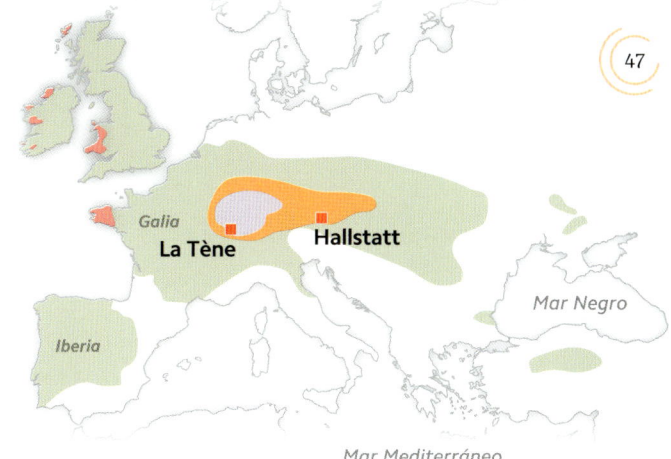

Galia
La Tène   Hallstatt

Mar Negro

Iberia

Mar Mediterráneo

CLAVE
El pueblo celta en el tiempo
Cultura La Tène
Cultura de Hallstatt
Máxima expansión celta en 275 a. C.
Regiones donde se hablan lenguas celtas en la actualidad

Espadas y espirales
LOS CELTAS SE EXPANDEN POR EUROPA

Hubo un tiempo en que los pueblos celtas dominaban gran parte de Europa. Aunque carecían de la suficiente unidad política y fueron conocidos como *keltoi* («gente oculta») por sus contemporáneos griegos, y g*alli* («bárbaros») por los romanos, este conjunto de tribus compartía una rica cultura de aristocracias guerreras, fuertes en las colinas, orfebrería fina e idiomas celtas.

Los orígenes de los celtas

No existe acuerdo entre los arqueólogos sobre si los celtas constituían un solo grupo o eran una serie dispar de tribus unidas por poco más que el idioma. Las raíces de una cultura celta compartida, incluida la lengua protocelta, que evolucionó al celta continental en el continente europeo y al celta insular en las islas británicas y Bretaña, en Francia, se suelen remontar a Europa central. Allí surgió la cultura de Hallstatt hacia 1100 a. C.; en sus tumbas se encontraron largas espadas de hierro y ornamentados carros de cuatro ruedas. Las pruebas demuestran que alrededor de 500 a. C. algunos pueblos celtas emigraron hacia el norte, donde se creó la nueva cultura de La Tène, que se caracteriza por sus trabajos en metal, decorados a menudo con motivos en espiral.

Por su parte, algunos arqueólogos opinan que los orígenes celtas se incluyen en la cultura del vaso campaniforme (*véanse* págs. 24-25), cuya cerámica parece haberse extendido hacia el norte y el oeste desde la península ibérica en torno a 2800 a. C. No está claro si el pueblo de la cultura del vaso campaniforme emigró o no. Hay quienes identifican los orígenes celtas con una población celtibérica posterior, que se asentó en el noreste de España hacia 1000 a. C.

Las pruebas de ADN sugieren la existencia de un vínculo entre las poblaciones que se desplazaron hacia el oeste desde la estepa rusa y el mundo celta. Es probable que, en algún momento después de mediados del tercer milenio a. C., los antepasados celtas se mestizaran con las poblaciones locales en las áreas en las que se asentaron, como las actuales España y Portugal.

Una era de migración

Hacia 450 a. C., los celtas comenzaron a desplazarse, posiblemente presionados por grupos de habla germánica procedentes de Escandinavia, como los vándalos. En primer lugar, la gente de La Tène se dirigió a Renania (oeste de Alemania) y al área del Marne, en Francia. Otras poblaciones celtas se trasladaron hacia el sur, hasta los Balcanes, y saquearon Delfos, en Grecia, en 279 a. C. Luego pasaron a Asia Menor, donde sus descendientes fueron conocidos como gálatas. Los celtas también cruzaron los Alpes hacia el norte de Italia y luego, en 390 a. C., capturaron Roma. Por último, a finales del siglo II a. C., los belgas cruzaron el Canal de la Mancha desde la Galia y se establecieron en las islas británicas.

El paisaje de Europa pronto estuvo salpicado de castros y santuarios circulares dedicados a dioses como Cernunnos y los *genii cucullati*. Aunque eran buenos guerreros, los celtas no pudieron resistir a los romanos, y, en poco tiempo, Iberia, la Galia y la mayor parte de Gran Bretaña estaban en poder de Roma. Solo resistieron el norte de Escocia e Irlanda; aquí, los rastros de la cultura celta, incluidos el irlandés y el gaélico, han sobrevivido hasta nuestros días.

▲ **Las lenguas y las culturas** celtas proliferaron en una vasta franja de Europa. Sin embargo, hoy en día, solo quedan en uso seis idiomas celtas: irlandés, gaélico escocés, galés, manés, córnico y bretón.

▼ **Esta ilustración** acompaña las palabras iniciales del evangelio de san Marcos en el Libro de Kells (h. 800 d. C.) irlandés, una versión iluminada de los evangelios repleta de intrincados diseños celtas.

▼ **Esta casa celtíbera** en Numancia, España, ha sido reconstruida con muros de piedra y un techo de zarzo y barro, erigido pegando barro o arcilla sobre una malla de ramitas entretejidas.

Santa Tecla, una montaña en la actual Galicia, España, alberga las ruinas de un castro celta, un pueblo con casas circulares y sin caminos rectos (los celtas creían que las encrucijadas escondían espíritus malignos). Los castros se construyeron en lugares estratégicos, a menudo en terrenos elevados.

Tierras de los faraones negros

EL ANTIGUO EGIPTO Y EL REINO DE KUSH

En torno a 3100 a. C., un gran número de personas abandonó el Sáhara, que cada vez era más árido, y se asentó en las fértiles orillas del Nilo, en Egipto y Nubia (en los actuales norte de Sudán y sur de Egipto). Entre ambos se estableció una relación comercial, en la que Nubia aportaba marfil y cerámica con borde negro, y Egipto grano y otros bienes.

Egipto invade Nubia

A partir de 2500 a. C., Egipto (que entonces era un país unificado y regido por un faraón) comenzó a expandirse hacia el territorio nubio y estableció fortalezas como la de Buhen, en el norte. Por esa misma época, en Nubia,

se asentó un nuevo grupo, posiblemente pastores del desierto occidental de Egipto. La cultura que surgió en Nubia en torno a 2040 a. C. (comienzo del Imperio Medio en Egipto) se conoció como cultura de Kerma. Sus habitantes afirmaron la independencia de Nubia de Egipto, pero continuaron los intercambios comerciales entre ellos, en los que Nubia aportaba ganado y artículos de lujo como el oro, que era muy apreciado por los egipcios.

En el Imperio Nuevo (h. 1570-1069 a. C.), Egipto adoptó una postura más agresiva hacia Nubia. Se expandió hacia el sur para ocupar más territorio y dividió la región en dos unidades administrativas.

▲ **Este mapa muestra** la expansión del territorio cushita a partir del reino de Kush, que, hacia 1000 a. C., abarcó una parte del Nilo hacia el norte, en Nubia y Egipto.

▼ **Es probable que este amuleto** de oro formara parte de un collar utilizado por uno de los reyes cushitas. El carnero se asociaba a Amón, una deidad egipcia que también fue adorada por los nubios.

CLAVE

- Reino de Kush, h. 1000 a. C.
- Extensión del territorio cushita, siglo VIII a. C.
- Extensión del territorio egipcio, período del Imperio
- Nueva Frontera tradicional de Egipto y Nubia

La parte sur fue conocida como Alta Nubia (o Kush), con su capital en Napata (en el actual Sudán), y la parte norte como Baja Nubia, con su asentamiento principal en Asuán (en el actual Egipto).

La expansión cushita

Hacia 1000 a. C., los nubios fundaron el reino independiente de Kush, y los cushitas absorbieron gran parte de la cultura egipcia, como el empleo de jeroglíficos en los documentos oficiales y la adoración de algunos de los dioses egipcios, en particular Amón, el dios del sol.

También se han documentado matrimonios entre las familias reales cushita y egipcia. Sin embargo, Egipto y Kush mantuvieron identidades distintas. Los cushitas se representaban vistiendo capas de piel, telas estampadas y grandes aretes, mientras que el arte egipcio los mostraba con piel más oscura y peinados recortados. A diferencia del arte egipcio, en el arte cushita aparecían animales subsaharianos, como, por ejemplo, elefantes y jirafas.

En el siglo VIII a. C. tuvo lugar un cambio en el poder. Una serie de reyes cushitas (los «faraones negros») comenzaron a apoderarse de Egipto, que posteriormente gobernaron durante un siglo. Taharqo (reinado de 690 a 664 a. C.), que tal vez fuera el faraón cushita más influyente, inició importantes proyectos de construcción en todo Egipto y Kush, incluidos templos y monumentos lujosos. Fue durante este período cuando el valle del Nilo vio la primera construcción generalizada de pirámides (muchas en el actual Sudán) desde el período del Imperio Medio.

En el siglo VII a. C., el Imperio asirio expulsó a los cushitas de Egipto. Los cushitas se retiraron al sur, a Meroe, que se convirtió en su nueva capital, y su reino siguió floreciendo hasta el siglo IV d. C. Sin embargo, ya no tenía unos estrechos vínculos con Egipto. Ya no había faraones cushitas, y los meroítas dejaron de utilizar los jeroglíficos egipcios en favor de su propia escritura.

▲ **La antigua ciudad cushita de Meroe**, con sus pirámides construidas al estilo egipcio (h. 300-400 d.C.), muestra el cruce cultural entre los dos reinos rivales.

◄ **Este facsímil de un mural** en la tumba de Huy (el virrey egipcio de Kush) muestra a Huy ofreciendo un tributo al faraón Tutankamón (reinó de 1333 a 1323 a.C.).

Dispersión por África

LA EXPANSIÓN BANTÚ

▼**Esta placa de bronce** data del siglo XVI y representa al Oba, o rey, de Benín. El Imperio de Benín estaba constituido por pueblos de lengua bantú.

Los trescientos millones de hablantes de lenguas bantúes constituyen el grupo lingüístico más importante de África, que abarca más de quinientos idiomas separados repartidos por gran parte del continente. Sin embargo, la patria original de los pueblos bantúes, desde donde estos idiomas se dispersaron tan ampliamente, era un área más o menos reducida ubicada en la meseta de Mambilla y Bamenda, entre Camerún y Nigeria.

Pruebas de la migración

En algún momento hacia 2500 a. C., los pueblos bantúes comenzaron a migrar hacia el sur. Es probable que esta migración estuviera impulsada por los cambios climáticos en busca de mejores condiciones. Su progreso se puede rastrear a través de las lenguas bantúes, su cerámica característica (con biseles en los bordes y hoyuelos en la base), las herramientas de hierro y las pruebas de ADN, que sugieren la ruta y la velocidad a la que migraron.

Los desplazamientos, que no fueron continuos, se detuvieron cuando llegaron a la barrera de la selva tropical de África Central, en la que los hablantes de bantú no penetraron hasta 500 a. C., aproximadamente. Desde allí, algunos grupos se movieron poco a poco hacia el oeste por la costa, mientras que otros avanzaron hacia el este, hacia los Grandes Lagos de África Oriental, a los que llegaron los pueblos bantúes hacia 1000 a. C. En los primeros siglos de nuestra era, los pueblos bantúes

del oeste habían alcanzado las fronteras modernas de Sudáfrica, mientras que los del este se habían trasladado hacia la costa de Tanzania y luego hacia Sudáfrica, hasta llegar al Limpopo, en el norte de Transvaal, en 500 d. C.

Aunque, al principio, los pueblos bantúes no eran agricultores, en su periplo adquirieron conocimientos de agricultura y empezaron a sembrar sorgo, cacahuetes y mijo (hallados en la República Democrática del Congo, que datan de 200 a. C.) en un momento en el que un nuevo cambio climático en el África Central ecuatorial hizo más difícil la recolección tradicional de productos forestales. También descubrieron el trabajo del hierro, que parece haber comenzado en la región de Urewe de los Grandes Lagos hacia 500 a. C.

De los pueblos a los estados

Los bantúes vivían en pueblos pequeños. Aproximadamente cada diez años abandonaban sus campos de cultivo para evitar agotar el suelo y talaban el bosque para crear nuevos campos a medida que migraban hacia las profundidades del continente. Sin embargo, sus movimientos desplazaron a pueblos como los khoikhoi (antes denominados hotentotes) y los san (bosquimanos) del sur de África, cuyos descendientes fueron empujados al desierto de Namibia y otras áreas menos productivas.

Una vez establecidos, los pueblos bantúes comenzaron a fusionar pequeños grupos en comunidades tribales y luego formaron estados más grandes. Entre los siglos XI y XV surgieron poderosos reinos bantúes como el Reino de Congo en Angola, el de Bunyoro Kitara en los Grandes Lagos y el imperio Monomotapa, cuyos gobernantes construyeron las imponentes estructuras del Gran Zimbabue. Hoy en día, las lenguas bantúes se hablan desde Camerún hasta Kenia y el sur del continente.

▼**El Gran Recinto, Zimbabue**, albergó una rica ciudad desde alrededor de 1100. Conformó la capital del exitoso imperio comercial del pueblo bantú shona.

Desplazamientos de los pueblos bantúes

Los pueblos bantúes se extendieron desde sus tierras natales en la meseta de Mambilla y Bamenda hacia el continente africano. Los pueblos bantúes del este llegaron hasta los Grandes Lagos, mientras que los del oeste alcanzaron a lo que ahora es Sudáfrica.

CLAVE

Expansión bantú

→ h. 2000 a. C.
→ h. 1000 a. C.–500 d. C.
→ h. 500–1500 d. C.

■ Patria bantú
■ Migración inicial
■ Bantúes orientales
■ Bantúes occidentales

ÁFRICA

Lago Victoria

Pluviselva de la cuenca del Congo

OCÉANO ÍNDICO

Lago Tanganica

OCÉANO ATLÁNTICO

Lago Malaui

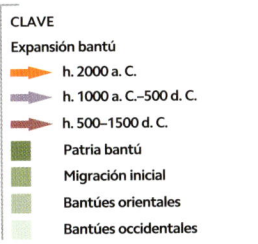

▲ **El fino trabajo** en metal de esta estilizada figura muestra la habilidad del pueblo bakota (kota), un grupo étnico de habla bantú de Gabón. Esta figura de guardián relicario podía retirarse para las danzas ceremoniales.

El trabajo del hierro

Los primeros hornos de fundición de hierro, datados, como mínimo, en 500 a. C., se encontraron en yacimientos de África Central como los de la cultura Urewe. Consistían en chimeneas cónicas realizadas con ladrillos de arcilla dispuestas sobre un pozo en el que se calentaba el mineral de hierro a altas temperaturas. Con el hierro se podían fabricar herramientas más duras y duraderas, utilizadas por los pueblos bantúes para desbrozar y roturar las tierras. También les permitió elaborar armas que les proporcionaban ventajas sobre los pueblos indígenas de la región.

▲ **Este escudo ritual** del pueblo songe del Congo contiene una representación de una máscara kifwebe. Estas máscaras se utilizaban en las ceremonias clave de los songe.

▲ **Esta copa de madera** fue elaborada por los pueblos bantúes de África Central, probablemente del Congo. Las tallas de las asas tienen forma de cabezas humanas.

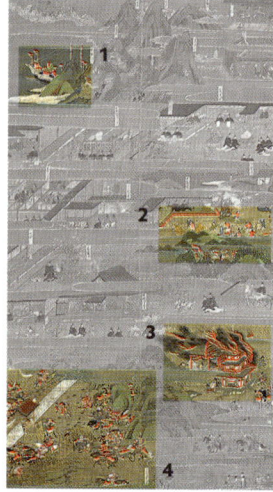

1. El príncipe Shōtoku manda a un enviado a China. Su carta contiene la primera referencia a Japón como la «Tierra del Sol Naciente».

2. El joven príncipe juega con otros niños mostrando su propia destreza.

3. El príncipe se une a su familia (el clan Soga) para derrotar al clan rival Mononobe, que se opone al budismo.

4. El alma vengativa de Mononobe no Moriya destruye Shitennō-ji, el gran templo budista del príncipe.

▶ **Este rollo del siglo XIV** representa escenas de la vida del príncipe Shōtoku (574-622 d.C.), gran defensor del budismo. Episodios de su vida decoraron templos y santuarios, lo que contribuyó a la difusión del budismo en todo Japón.

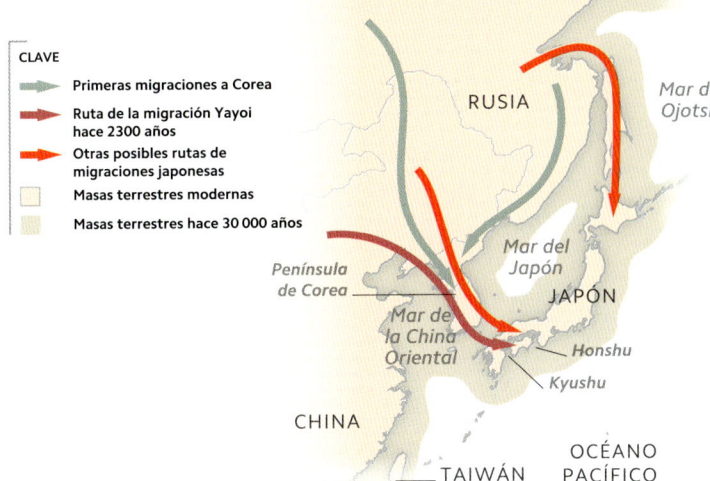

Cruce de los puentes terrestres

POBLAMIENTO DE JAPÓN Y COREA

Las tierras del Japón actual permanecieron despobladas hasta 35000 a. C. Las primeras personas que llegaron eran cazadores-recolectores nómadas del este de Siberia, que probablemente pasaron a Japón desde el norte a través de un puente terrestre que lo unía con Asia. Estos primeros colonos fueron conocidos como jōmon, un nombre que deriva de su cerámica con marcas de cuerda que data de hacia 13000 a. C. Los jōmon solían asentarse cerca de la costa o de los ríos, vivían en pozos semisubterráneos y obtenían sus alimentos de la caza, la pesca y la recolección. Algunos arqueólogos creen que los ainu, un grupo minoritario indígena en el Japón actual, son descendientes de aquellos colonos jōmon originales.

La cultura Yayoi llega a Japón

Hacia 300 a. C., un nuevo grupo étnico, los yayoi, llegaron a Japón. Procedían del sudeste asiático y se dirigieron al norte a través de la China actual y la península de Corea, y es probable que llegaran a Japón cruzando un puente terrestre en el suroeste. Introdujeron el cultivo del arroz (que habían descubierto en China) y la metalurgia, que utilizaban para fabricar espejos de bronce. Los yayoi se mestizaron con los jōmon y se convirtieron en los ancestros de los japoneses modernos.

El Japón de la cultura Yayoi estaba abierto a la influencia cultural y a los inmigrantes de las tierras vecinas. La primera mención de los japoneses se encuentra en el antiguo texto chino *Han Shu* (*Libro de Han*) de hacia 111 d. C. Es posible que la práctica de erigir tumbas dolmen, con lápidas de piedra, proviniera de Corea. El período Yayoi fue seguido por el período Yamato (250-710 d. C.), durante el cual los pueblos de Japón se fusionaron para formar un imperio centralizado.

La creación de Corea

Es probable que los coreanos actuales sean los descendientes de una mezcla de pueblos procedentes del sudeste asiático, el este de Siberia, Mongolia y China hacia 6000 a. C. Durante el período Chulmun se desarrolló una cultura próspera, con una tradición de cerámica decorada con patrones en forma de peine. La cultura Chulmun inició los cultivos del mijo y el arroz en 3500 y 1500 a. C., respectivamente, ambos introducidos por los chinos.

A mediados del primer milenio a. C., en el norte de la península, surgió Gojoseon, el primer reino de Corea. Se convirtió en un estado poderoso hasta que la dinastía china Han lo conquistó en 108 a. C. Tras el colapso de Gojoseon, se formaron tres reinos más pequeños: Silla (en el sureste), Baekje (en el suroeste) y Goguryeo (en el norte). Este último expulsó finalmente a los chinos en 313 d. C. Silla se volvió cada vez más poderoso y conquistó los otros reinos. En 668 d. C. se fundó el primer estado unificado, que abarcó la mayor parte de la península coreana.

En la época de los Tres Reinos, existían estrechas relaciones con Japón. Baekje introdujo el budismo en Japón en 552 d. C. (y los chinos en Goguryeo en el siglo IV). Tras la victoria de Silla, los refugiados de los reinos rivales huyeron a Japón. Muchos se establecieron cerca de la capital imperial del período Yamato en Japón, Nara, y contrajeron matrimonio con clanes nobles japoneses.

▲ **Este mapa muestra** las posibles rutas de migración de los antepasados de japoneses y coreanos desde Siberia y el sudeste asiático a través de los puentes de tierra que, entonces, unían Japón con el continente.

▼ **La decoración con cuerda** prensada en esta pieza de loza neolítica (creada h. 3500-2500 a.C.) es típica de la cerámica Jōmon.

▼ **Esta vivienda semisubterránea**, una zanja excavada en el suelo, es una reconstrucción de una casa prehistórica típica de Corea del primer milenio a.C.

Las tierras de Quin

PRIMERAS MIGRACIONES CHINAS

En el Neolítico, los han, que constituyen en la actualidad la gran mayoría de la población de China y son el mayor grupo étnico del mundo, eran un pequeño grupo en el valle del río Amarillo. Con el tiempo, crecieron en número y se establecieron mucho más allá de su ubicación central original. Al mismo tiempo, las oleadas de pueblos nómadas que iban invadiendo China desde el norte modificaron su forma de vida y fueron asimilados por la cultura china.

Los chinos han son los antepasados de los huaxia, que, a su vez, descendían de varias culturas diferentes que vivían a lo largo del río Amarillo. Se caracterizaban por considerarse una sociedad cohesiva y civilizada, unida por valores compartidos, que incluían el respeto a la autoridad central y a la familia. Esta idea de un solo pueblo contribuyó a que Qin Shi Huangdi («Primer emperador de Qin») pudiera derrotar a los reinos rivales y unir el país en 221 a. C., con ellos como su grupo étnico más grande.

Migraciones bidireccionales

Para reforzar las fronteras de su nuevo imperio, Qin Shi Huangdi envió a más de un millón de personas a las fronteras norte y sur. Allí, protegidos por guarniciones del ejército, los colonos crearon granjas y comenzaron a cultivar el mijo y el arroz. Asimismo, durante las dinastías Han (202 a. C.-220 d. C.) y Tang (618-907 d. C.), se establecieron guarniciones del ejército en Asia Central, lo que puso en contacto a los soldados con grupos nómadas como los turcos, los kitán y los uigures, que combatieron o se aliaron con los ejércitos chinos, pero no adoptaron la forma de vida china han. Aquellas

guarniciones, como Dunhuang, se convirtieron en importantes puntos de paso en la ruta de la seda, en cuyo recorrido los mercaderes transportaban seda y especias chinas a cambio de algodón, marfil y plata procedentes de países más al oeste. Esta ruta también fue utilizada por los viajeros, como el monje budista Fa Xian, quien, en 414 d. C., llevó a China los textos budistas de India.

Hubo también migrantes que se trasladaron al centro de China. Algunos lo hicieron obligados, como los miles de aristócratas regionales que el autoproclamado Primer Emperador transfirió a su capital, Xianyang (cerca de Xi'an, en la provincia de Shaanxi), para debilitar sus bases de poder. Otros se mudaron por razones económicas, lo que convirtió a Chang'an, la capital de la dinastía Tang, en un gran centro de actividad con más de un millón de habitantes. También llegaron nómadas del norte, que invadieron China, se asentaron y establecieron nuevas dinastías, como la Jin-Yurchen (1115-1234).

Adopción de la cultura china

La migración fue más intensa en las zonas limítrofes de China. A reinos como Dian (en la actual provincia de Yunnan) llegaron más y más colonos han, algunos de ellos campesinos a los que les habían prometido tierras, y otros, convictos a quienes habían enviado a las fronteras. En el siglo I d. C., los dian habían adoptado las tradiciones chinas, como enterrar a sus muertos con espejos, monedas y ballestas, en lugar de los tradicionales tambores y conchas de cauri del sudeste asiático. Sin embargo, la población local no fue desplazada. Dian, como otras partes de China, se convirtió en una mezcla de recién llegados y pueblos indígenas que adoptaron la forma de vida han china.

▼ **Los espejos de bronce** se fabricaron por primera vez en China en el período de los Reinos combatientes (475-221 a. C.), cuando varios reinos competían por el poder. Este espejo tiene tallas de animales en uno de sus lados.

◄ **Estos recipientes de bronce** contenían conchas de cauri, que Dian usaba como moneda. A medida que se incrementó el contacto con la cultura china Han, las monedas reemplazaron a las conchas y estos recipientes se dejaron de utilizar.

▲ **El cultivo del arroz** en China se propagó en los siglos VI y VII tras la construcción de canales para el transporte de las cosechas del sur al norte. Esta pintura mural es de hacia 650 d.C.

◄ **Las fronteras de China** sufrieron cambios constantes durante su historia imperial. Este mapa las muestra durante las dinastías Qin, Han y Tang.

CLAVE

- Imperio Qin 221-206 a. C.
- Imperio Han 206-220 d. C.
- Imperio Tang 618-907 d. C.

Xianyang
Chang'an
Río Amarillo
Río Yangtsé
Mar Amarillo
Mar de la China Oriental
Mar de la China Meridional

INFLUENCIAS CULTURALES

Calles Feng

El emperador Gaozu de Han fundó la dinastía Han (206 a.C.-220 d.C.) e hizo de Chang'an su capital. Nacido en el seno de una familia campesina en el distrito Feng de Pei Xian (en la actual provincia de Jiangsu), el emperador reconstruyó algunas de las calles de Chang'an para imitar las de Feng para su nostálgico padre, como se ve en esta pintura. También trasladó residentes de Feng a la capital.

Viajeros de la ruta de la seda

La ruta de la seda trajo consigo a un gran número de comerciantes e inmigrantes a Chang'an durante los siglos VII a X. Entre ellos se encontraban iraníes de la civilización sogdiana. A menudo multilingües, los sogdianos desempeñaron un papel clave como intermediarios en el intercambio de bienes e ideas. Como trabajadores del metal, llevaron nuevos estilos a sus homólogos chinos.

Enseñanzas budistas

El budismo llegó a China procedente de India a través de la ruta de la seda en los siglos I-II d.C. En el siglo IV, monjes eruditos viajaron a India para estudiar el budismo y regresaron con sus textos traducidos al chino. La Gran Pagoda del Ganso en Chang'an, construida en 648 para albergar *sutras* budistas, fue ampliada por Wu Zetian en 704.

Xi'an

CAPITAL MULTICULTURAL

Durante un milenio de la historia de China, Xi'an (antes Chang'an), en la actual provincia central de Shaanxi, fue una encrucijada comercial y cultural que albergaba gentes con una multitud de identidades étnicas y creencias. Junto con Luoyang, Nanjing y Beijing, Chang'an fue una de las principales capitales de la China antigua e imperial (en esta era, las dinastías gobernantes solían elegir diferentes ciudades como sede de su poder).

Chang'an fue fundada por la dinastía Han en el año 203 a. C. en el punto de partida oriental de la ruta de la seda, una extensa red de rutas comerciales que conectaba China con Occidente. Los mercaderes no solo transportaban mercancías de otros países a Chang'an, sino también nuevas culturas, oficios y religiones de toda Asia, e incluso algunos se establecieron allí.

Una metrópoli cosmopolita

Como capital de la dinastía Tang (618-907 d. C.), Chang'an se convirtió en la ciudad más grande y poblada del mundo. En el siglo VIII d. C., dentro de sus murallas vivía un millón de personas, tanto de China como de las regiones a lo largo de la ruta de la seda. Era un lugar de intercambio intelectual y cultural. En la corte actuaron músicos y bailarines de los reinos de Asia Central, mientras que las canciones populares turcas influyeron en los poetas chinos.

Destacó la tolerancia religiosa. Miles de monjes budistas vivían en la ciudad y era un centro de enseñanza budista. Los mercaderes persas y los refugiados que habían huido de la invasión árabe de Persia celebraban su culto en los templos zoroástricos y, en 742 d. C., los comerciantes musulmanes fundaron la Gran Mezquita.

La edad de oro de la ciudad terminó con la caída de los Tang en 907 d. C., aunque continuó siendo un centro comercial. Experimentó un renacimiento bajo la dinastía Ming (1368-1644), cuando su población musulmana se expandió y se integró más en la sociedad china.

▲▲ **Este mural moderno** conmemora la edad de oro de la dinastía Tang. Representa edificios importantes de Chang'an y damas de la corte Tang.

▲ **El Ejército de terracota** es una colección de unos 7000 guerreros, 600 caballos y 100 carros de terracota listos para la batalla que fue enterrada con Qin Shi Huang, el primer emperador de China, cuya capital se encontraba justo al norte de la moderna Xi'an.

◄ **El barrio musulmán de Xi'an**, ubicado en lo que fue el distrito de extranjeros durante las eras Han y Tang, alberga una comunidad hui de 65 000 miembros. Los visitantes acuden en masa al bullicioso Mercado Musulmán de Beiyuanmen para degustar sus delicias.

> «La gente abarrotaba la ciudad, se volcaba por los suburbios y por todas partes entraba en los cientos de tiendas».
>
> *Wen Xuan («Antología de literatura refinada»), hacia 520-530 d. C.*

Descendientes musulmanes

El islam fue introducido en China en el siglo VII por enviados de Oriente Medio. Comerciantes musulmanes de Persia y Arabia se establecieron en Chang'an y contrajeron matrimonio con mujeres chinas han. Sus descendientes constituyeron el grupo étnico hui, que es en la actualidad uno de los 56 de China.

Misioneros cristianos

El nestorianismo, una secta cristiana originaria de Siria, llegó a Chang'an en 635 d. C. con Alopen, un misionero de la Iglesia de Oriente al que se le permitió construir una iglesia. Aunque sus seguidores fueron perseguidos en épocas posteriores, el cristianismo sobrevivió en China, y en la actualidad hay unos 12 millones de católicos y 30 millones de protestantes.

Fortificaciones Ming

Chang'an fue la capital de diez dinastías. Fue reubicada, reconstruida y ampliada varias veces en diferentes lugares de la región circundante. Durante la dinastía Ming se construyeron nuevas murallas para defender una ciudad que se había hecho mucho más pequeña de lo que había sido bajo la dinastía Tang; en la actualidad, las fortificaciones Ming permanecen intactas.

Eboracum

Londinium
(Londres)

Masalia (Marsella)

Nueva
Cartago

Roma

Itálica

Cartago

Atenas

Apamea

Timgad

Siracusa

Éfeso

Palmira

Gades (Cádiz)

Uthina

Leptis Magna

Mar Mediterráneo

Tiro

Alejandría

CLAVE

Extensión del Imperio
romano en 117 d. C.

Rutas comerciales más importantes

Rutas marítimas

▲ **Esta escultura romana**, encontrada en
Éfeso, de la diosa griega Artemisa, conocida
como la Artemisa de Éfeso, muestra el
sincretismo cultural grecorromano.

▲ **Los retratos funerarios** eran habituales
en los entierros egipcios, una práctica
que siguió en la era romana. Los retratos
realistas se utilizaban para cubrir la cabeza
de la persona momificada.

El Imperio romano

En su apogeo, el Imperio romano era enorme y se
extendía por toda Europa, a través de los Balcanes
hasta Oriente Medio y el norte de África. Este
mapa muestra las principales carreteras y rutas
comerciales construidas por los romanos.

▲ **Set de manicura romano** hallado en Bath,
Inglaterra, que se usó para cortar, limpiar y
perfilar las uñas. Las romanas llevaban estas
herramientas colgadas del cinturón con ganchos.

▲ **Esta losa púnica** de los siglos I-II d.C.
combina elementos de la antigua cultura
púnica del norte de África con influencias
de la Cartago romana.

▲ **Este tondo muestra a la dinastía Severa**,
la familia del emperador romano Septimio
Severo, procedente del norte de África
y que se casó con la siria Julia Domna.

Todos los caminos conducen a Roma

LA VIDA EN EL IMPERIO ROMANO

Desde su legendaria fundación en 753 a. C., Roma fue una comunidad que dependía de los inmigrantes. Escritores patrióticos romanos presentaron a Rómulo, su fundador y primer rey, como descendiente de Eneas, el héroe que escapó del saqueo de Troya. En sus inicios, Roma aceptó inmigrantes de los pueblos vecinos, como los etruscos, algunos de los cuales se encontraban entre los primeros reyes de la ciudad. A partir de estos discretos comienzos, Roma creció hasta convertirse en un poderoso imperio de setenta millones de habitantes, que unió a los celtas, en el extremo norte, con los griegos y los árabes, en el este, y los nubios, en el extremo sur. Estos grupos continuaron hablando sus propias lenguas, pero les unió el gobierno de un solo emperador, leyes comunes y el latín.

El mosaico de provincias y pueblos del imperio se mantuvo unido por la ciudadanía, una condición que otorgaba más derechos a la élite de los nacidos como ciudadanos romanos y daba al resto la esperanza de que ellos también pudieran adquirirla. Una persona que vivía en una de las provincias podía convertirse en ciudadano como recompensa por su lealtad o servicio al imperio; por ejemplo, haber servido veinticinco años en las unidades auxiliares del ejército otorgaba la ciudadanía a los veteranos, que recibían diplomas, inscritos en placas de bronce, que llevaban consigo a las granjas o tierras que les concedían, otro privilegio de los que habían sido soldados.

Soldados romanos, dioses locales

El servicio en el ejército dio lugar a un movimiento de personas a gran escala: solo en Gran Bretaña había 55 000 soldados, muchos de ellos procedentes de las zonas geográficas de las actuales Alemania y Países Bajos, e incluso una unidad de marineros del lejano Irak. Hubo también un contingente de tropas del norte de África, los mauritanos de Aurelio, que se instalaron en Gran Bretaña.

Muchos soldados tomaron por esposa a mujeres locales, aunque oficialmente no les estaba permitido casarse. La ocupación condujo a una mezcla de culturas, incluida la fusión de dioses romanos con deidades locales (celtas en Gran Bretaña y la Galia). Por ejemplo, Sulis, la guardiana divina del manantial curativo de Bath, se identificó con Minerva, la diosa romana de la sabiduría.

Migrantes en altos cargos

Sin embargo, no fueron solo los soldados los que se desplazaron: en Eboracum (cerca de la York actual), en Inglaterra, los arqueólogos descubrieron, en 1901, el esqueleto de una mujer joven que se demostró que era originaria del norte de África. Enterrada en un gran sarcófago, con costosos ajuares funerarios entre los que se encontró un par de brazaletes de marfil, era claramente una persona importante que viajó a Gran Bretaña y murió allí en el siglo IV d. C. Para entonces, los inmigrantes ya

▼ **Este *scutum* («escudo»)** romano es el único ejemplar que se ha conservado de los utilizados por los soldados romanos. Sus elementos pintados reproducen símbolos romanos de la victoria, como el águila y el león.

▼ **Las ruinas romanas de Timgad** se encuentran en la Argelia actual. La ciudad fue fundada por el emperador Trajano en 100 d. C., y es uno de los ejemplos mejor conservados de la planificación urbana romana en cuadrícula. Para las rutas directas, las carreteras se construyeron en línea recta.

podían acceder a los más altos cargos del imperio. Todos los primeros emperadores procedían de lo que ahora es Italia, pero en 98 d. C., Trajano, de Itálica (en el sur de la actual España), se convirtió en el primer emperador de Roma no italiano, y entre 193 y 211 d. C., Septimio Severo (de la actual Libia) fue el primer emperador romano africano. Otros gobernantes posteriores eran naturales de las actuales Gran Bretaña, Turquía, Bulgaria y Jordania.

Por su parte, el comercio ofreció otra oportunidad para los viajes y el intercambio cultural dentro del imperio. Los romanos enviaban su vino a todo el Mediterráneo en grandes galeras, mientras que en la propia Roma se importó tanta cantidad de aceite de oliva que los restos de las ánforas de cerámica en las que era transportado aún constituyen gran parte del monte Testaccio, un montículo artificial que sobrevive en el corazón de la ciudad actual.

La mayor parte de los mercaderes regresaban a sus lugares de origen, aunque algunos se establecieron en los puestos comerciales. En South Shields, al noreste de Inglaterra, el comerciante Barates, de la lejana Palmira (en la actual Siria), colocó una lápida en la tumba de su amada esposa Regina, una esclava del sureste de Inglaterra a la que había liberado. Escrita en la lengua de su Palmira natal, la inscripción dice: «Regina, liberta de Barates, ¡qué pena!».

La vida de los esclavos era muy diferente a la de los patricios, senadores, soldados o mercaderes. A los prisioneros de las guerras se les solía asignar trabajos agotadores en las minas o en grandes granjas. Dado que, en principio, carecían de oportunidades para regresar a sus lugares de origen, algunos se casaron con otros esclavos y se fueron asimilando a la cultura romana, e incluso los hubo que lo decidieron de manera libre, como, por ejemplo, muchos médicos de Grecia, que pudieron comprar su libertad. Algunas comunidades de extranjeros, como los sacerdotes egipcios de la diosa Isis o los judíos, se mantuvieron al margen de la sociedad romana mayoritaria debido a su religión, y conservaron sus propias tradiciones e idiomas.

Infraestructuras y entretenimientos

A medida que crecía el Imperio romano, las ciudades existentes se iban romanizando con la construcción de edificios para los tribunales de justicia al estilo romano, basílicas agrupadas en torno a un foro, anfiteatros para espectáculos de gladiadores y circos para carreras de carros tirados por caballos para brindar entretenimiento a las masas. Algunos gladiadores eran esclavos que luchaban para obtener su libertad, mientras que otros eran inmigrantes libres que aspiraban a ganar una fortuna. El auriga Gayo Apuleyo Diocles, procedente de Lusitania (el actual Portugal), venció en dos décadas más de 1400 carreras, con ganancias millonarias.

▲ **Este mosaico de la vida en el campo del siglo II d.C.** procede de Uthina, una colonia romana en el Túnez actual. Esta parte del noroeste de África producía y exportaba trigo, aceite de oliva y vino a otras áreas del Imperio romano.

◀ **Este detalle de un birreme** (un antiguo buque de guerra) pertenece al mosaico nilótico de la inundación del río Nilo en Egipto. Muestra a un ejército multicultural con soldados de diferentes colores de piel.

En el este, donde el clima era más cálido, los romanos construyeron calles porticadas para dar sombra a los paseantes, como en Apamea (en Siria). También erigieron templos consagrados a los dioses locales, como Bel (en Palmira) y Júpiter, así como santuarios para el dios persa Mitra.

La decadencia del imperio

En los primeros tiempos de su existencia, Roma había experimentado movimientos de gente a gran escala, como cuando las tribus celtas invadieron Roma (saqueándola en 390 a. C.) y los dacios llevaron a cabo incursiones hacia el imperio desde lo que ahora es Rumanía. Sin embargo, en el siglo III d. C., estas invasiones se tornaron cada vez más peligrosas y el ejército romano reclutó a un gran número de mercenarios germánicos para protegerse contra las incursiones de sus compatriotas a través del Danubio y el Rin. Algunos ciudadanos romanos se convirtieron en refugiados, abandonaron sus villas provinciales para regresar a la relativa seguridad de Italia o se trasladaron a las provincias más seguras del este del imperio. En el siglo V, grupos que trataban de huir de los ataques bárbaros fundaron Venecia y encontraron la seguridad en el laberinto de islas frente al continente, mientras que, en otros lugares como Gran Bretaña, las ciudades fueron abandonadas por completo y la vida volvió al nivel de subsistencia rural prerromana.

El Imperio romano de Occidente cayó en 476 d. C, y sus antiguas provincias pasaron a manos de los invasores germánicos; la ciudadanía romana desapareció. El vasto imperio dentro del cual cientos de miles de soldados, mercaderes y peregrinos habían viajado libremente, mezclando sus culturas, religiones e idiomas, había dejado de existir.

▲ **El Gran Plato** se encontró cerca de Mildenhall, Suffolk, Inglaterra, en 1942. Es parte del tesoro de Mildenhall del siglo IV a.C., una de las colecciones más valiosas de vajilla de plata romana.

3

Contactos transcontinentales

375-1400 d. C.

Contactos transcontinentales

375-1400 d. C.

En más o menos los mil años que transcurrieron de 375 a 1400 d. C., las migraciones conformaron el mundo de muy diversas maneras, a medida que las potencias crecían o decaían y las personas recorrían largas distancias a través de los continentes. El imperio chino Han cayó en el siglo III d. C. y el Imperio romano de Occidente colapsó en el siglo V d. C., como consecuencia, en parte, en ambos casos, de su incapacidad para absorber las oleadas de inmigrantes. En Mesoamérica, las ciudades-estado mayas fueron abandonadas, lo que creó una inestabilidad que solo terminó cuando los mexicas (aztecas) construyeron un nuevo imperio con sede en Tenochtitlan

en el siglo XIV d. C. En Europa, desde el siglo VIII d. C., los guerreros nórdicos de Escandinavia utilizaron barcos (y caballos) para realizar incursiones de gran envergadura contra los reinos medievales que habían surgido en Europa después de la caída de Roma.

En este período, la religión se convirtió en uno de los motores de la migración, ya que, por ejemplo, los judíos sufrieron persecuciones y expulsiones que los llevaron a trasladarse por muchos estados diferentes y establecerse en Europa Oriental. La expansión del islam desde sus inicios en la península arábiga en el siglo VII d. C. creó un vasto imperio que se extendió desde Asia Central hasta la

Estos barcos bizantinos están en el palacio ostrogodo de Teodorico (págs. 68-71)

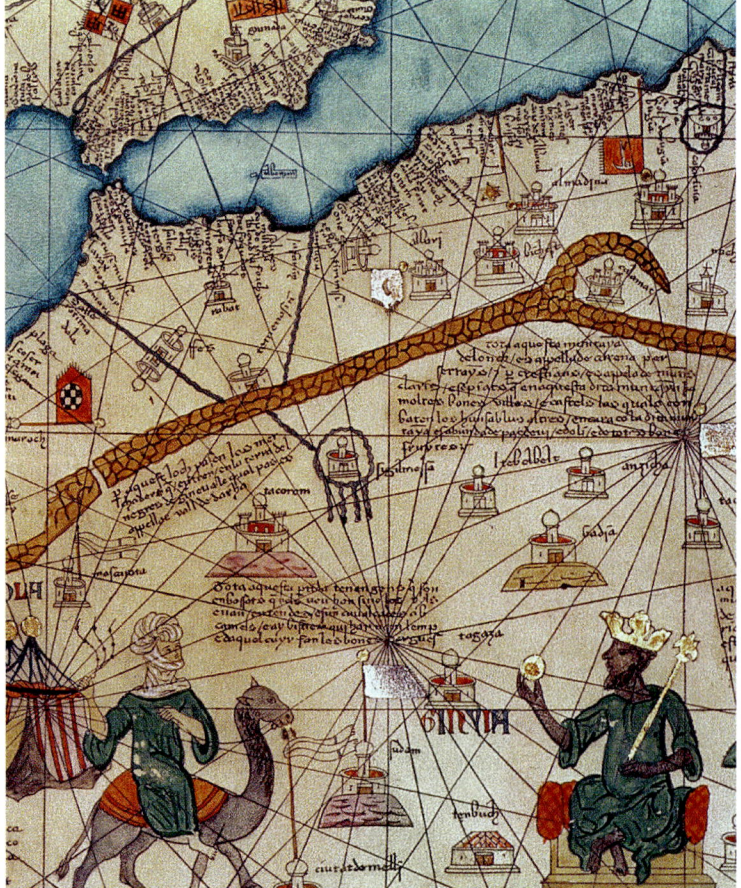

Mansa Musa de Malí, retratado en su viaje a La Meca (págs. 72-75)

«[Él] desembarcó con toda su compañía. Dijo: "Es un hermoso paraje, y aquí me gustaría establecer mi hogar"».

Sobre las exploraciones de Thorvald Eriksson, «La saga de los groenlandeses», *Flateyjarbók* («Libro de la isla plana»), hacia 1387

península ibérica. Esta expansión difundió el árabe y la cultura islámica, creando un flujo de inmigrantes y peregrinos a través del mundo musulmán hasta África Occidental, con imperios como el de Malí (que se extendía hasta las fronteras del desierto del Sáhara).

Muchos grupos recorrieron grandes distancias por tierra y por mar. Algunos de estos movimientos fueron pacíficos, como los de los maoríes (Polinesia), que se asentaron en Nueva Zelanda en torno al siglo II, y los de los romaníes (originarios de India), que llegaron a Europa Occidental en el siglo XV. Otros fueron más violentos, como el de los mongoles, quienes, a través de la conquista, construyeron un vasto imperio multiétnico que abarcó la mayor parte de Asia Central, China, Rusia, Irán y partes de Europa, que se mantuvo unido gracias a sus ejércitos de arqueros ecuestres.

Cuando finalizó este período, comerciantes, inmigrantes y viajeros individuales siguieron las rutas comerciales ya asentadas, como la ruta de la seda, a lo largo de la cual se difundieron las influencias culturales y las personas. La velocidad de los viajes y los medios utilizados no cambiaron ostensiblemente durante mil años. Sin embargo, los siglos venideros marcarían el comienzo de una nueva era de migraciones a una escala sin precedentes.

Barcos vikingos cruzan el mar hacia las islas británicas (págs. 88-89)

Cristianos masacran a judíos durante la primera cruzada (págs. 94-95)

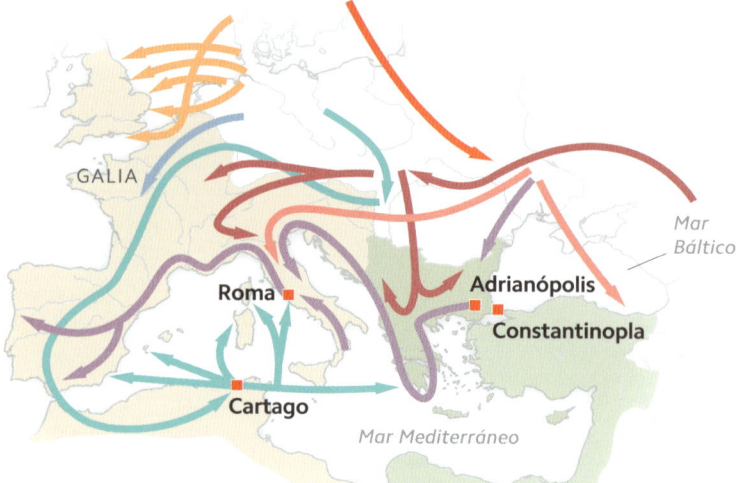

Remodelación del continente

LAS GRANDES MIGRACIONES

El continente europeo se reestructuró entre 300 y 700 d. C., cuando oleadas de tribus se trasladaron desde el norte de Europa y las estepas rusas para asentarse en las tierras del antiguo Imperio romano. Estos pueblos llegaron a crear reinos que formaron la base de las futuras naciones europeas, entre las que se encuentran Francia y España.

Entrada en el imperio

A partir del siglo III d. C., los romanos concertaron tratados con varias tribus germánicas en las fronteras de su territorio, como los vándalos y los godos. Soldados de estas tribus ya se habían alistado en el ejército romano desde el siglo I d. C. Con los tratados estaban obligados a combatir a cambio de comida y dinero. Cuando, en el siglo IV d. C., el Imperio romano comenzó a tener dificultades económicas, se permitió que aquellos guerreros se establecieran en tierras romanas en lugar de recibir los pagos pactados, y a medida que Roma iba perdiendo el control político y era progresivamente más dependiente de su ejército, los soldados germánicos desempeñaron un papel cada vez más preponderante.

Es probable que los pueblos germánicos que se asentaron en la frontera romana a lo largo del río Danubio procedieran del sur de Escandinavia o de la costa báltica. Vivían en pequeñas aldeas agrícolas en los claros de bosques y, poco a poco, se fueron fusionando en confederaciones más grandes, como los *alemanni* (que significa «todos los hombres») y los francos. A pesar de sus acuerdos con los romanos, se enfrentaron con ellos alguna vez. Más tarde, en la década de 370 d. C., una nueva amenaza avanzó desde el este: los hunos, un grupo de guerreros nómadas a caballo que atacaron a los grupos germánicos, empujándolos hacia el sur. Los godos, que constituían la vanguardia de los inmigrantes, cruzaron el Danubio y suplicaron refugio a las autoridades romanas. Se les permitió entrar en el imperio, pero el deterioro de sus relaciones con los funcionarios romanos locales dio lugar a su rebelión. Avanzaron hacia Constantinopla, aplastaron al ejército romano en Adrianópolis (la actual Turquía) en 378 d. C. y se extendieron por los Balcanes. Conducidos por Alarico, saquearon Roma en 410 d. C. Un nuevo grupo de godos que invadió Italia recibió el nombre de ostrogodos, mientras que los que viajaron más al oeste, hacia el sur de Francia y España, se denominaron visigodos.

El colapso de las fronteras romanas

Por otra parte, otras tribus habían traspasado las fronteras romanas. En diciembre de 406 d. C., los suevos y los vándalos germánicos, así como los alanos iraníes, cruzaron el Rin helado y se extendieron por la Galia (la actual Francia, Bélgica, el oeste de Alemania y el norte de Italia) y la Hispania romana. Finalmente, 80 000 guerreros vándalos y sus familias cruzaron el estrecho de Gibraltar hacia el norte de África, donde crearon su propio reino.

Como no podían mantener sus fronteras, los romanos permitieron el asentamiento en el imperio a aquellos a quienes antes consideraban bárbaros. Los visigodos consiguieron tierras en el suroeste de la Galia gracias a la *hospitalitas*, pero sus desplazamientos no habían cesado. Los francos conquistaron lo que quedaba de la Galia romana y empujaron a los visigodos hacia España. En Italia, Odoacro depuso al último emperador romano occidental,

CLAVE

Movimientos en los antiguos territorios romanos

- Anglos, sajones y jutos
- Francos
- Godos
- Ostrogodos
- Visigodos
- Hunos
- Vándalos
- Imperio romano de Occidente
- Imperio romano de Oriente

▲ **Entre 300 y 700 d.C.**, el antiguo Imperio romano fue invadido por tribus germánicas y otros grupos del norte de Europa y las estepas rusas.

▼ **Los visigodos**, cuando migraron, adoptaron el símbolo del águila de la Roma imperial. Este broche visigodo está elaborado en bronce con cristales de colores.

«[...] Ahora, los vándalos [...] apremiados por el hambre se trasladan al país [de los francos]».

Procopio de Cesarea (h. 550 d.C.), *Historia de las guerras, Guerra Vándala*, libros II y IV

◄ **Esta talla en madera** del siglo xix muestra a los francos, una tribu germánica, cruzando el Rin hacia la Galia en el siglo v d.C., cuando esta formaba parte del menguante Imperio romano.

▼ **Vándalos, alanos y suevos** emigraron a la Hispania romana en el siglo v d.C. en busca de tierras fértiles y una vida mejor, como se muestra en esta talla en madera de 1873.

Mosaico del siglo VI, basílica de Sant'Apollinare Nuovo, Rávena, construida por el rey ostrogodo Teodorico como su capilla palatina.

Rómulo Augusto, en 476 d. C., y se proclamó rey. Sin embargo, su reinado fue muy breve. Fue derrotado por el jefe ostrogodo Teodorico, hijo de un rey que había recibido una educación romana en la capital oriental de Constantinopla después de haber sido retenido allí como rehén. Teodorico trató de fusionar las tradiciones romanas y la cultura ostrogoda para consolidar su poder en Italia y asimilar a sus súbditos ostrogodos. También empleó a funcionarios romanos, como el filósofo Boecio, para dirigir su gobierno.

Nuevas culturas

Aunque los miembros de las tribus germánicas habían vivido en pequeños pueblos antes de asentarse en las antiguas provincias romanas, adoptaron rápidamente la vida urbana. Muchos se convirtieron al catolicismo, aunque, en un principio, los godos y los vándalos adoptaron el arrianismo, una forma de cristianismo considerada herética por la corriente principal de los cristianos.

En unas cuantas generaciones, las tribus comenzaron a asimilarse. Se convirtieron a las creencias cristianas ortodoxas y sus lenguas germánicas empezaron a ser reemplazadas por una versión del latín vulgar hablado en las provincias, a partir del cual fueron evolucionando las lenguas romances como el español, el francés y el italiano. Por su parte, en Gran Bretaña, el desarrollo siguió un curso muy diferente. Cuando, a mediados del sigo V d. C., los barcos cargados de anglos, sajones, jutos y frisones cruzaron el mar del Norte hacia Britania, el control romano de aquellos territorios ya se había derrumbado. Con el avance de los recién llegados, las

Invasores del este

En 626 d. C., persas, ávaros y eslavos sitiaron Constantinopla, en el Imperio bizantino (la mitad oriental del Imperio romano), pero la ciudad resistió, como se muestra en este fresco del siglo XVI. Otras tribus nómadas, como los búlgaros y los magiares, siguieron desde las estepas orientales hasta Europa Central. Estos últimos invadieron toda Europa hasta que sufrieron una gran derrota en Lechfeld en 955 d.C. Más tarde se establecieron en la actual Hungría.

ciudades romanas fueron abandonadas casi por completo. El latín pasó a tener un uso únicamente religioso y académico; una versión del idioma hablado por los recién llegados fue la que finalmente se convirtió en el inglés.

Otras migraciones

Cuando Europa Occidental apenas había empezado a crear una nueva cultura híbrida germánica y romana, tuvo que enfrentarse a los retos que representaban nuevas oleadas de inmigrantes. A principios del siglo, los eslavos, un grupo no germánico cuyo origen más probable es el sur de Rusia, empezaron a invadir el Imperio romano de Oriente a través de la frontera del Danubio. Con grandes áreas del imperio despobladas por una plaga en 540 d. C., llegaron fácilmente al Peloponeso a principios del siglo VI d. C. A pesar de que luego fueron rechazados, otros grupos de eslavos se asentaron en grandes áreas de Europa Central y Oriental, en las actuales Polonia, Rusia, Croacia y Serbia. Su dispersión se aceleró con la llegada de los ávaros, invasores guerreros nómadas a caballo, que formaron un imperio en Europa Central (centrado en la actual Hungría), que duró alrededor de 250 años, desde 560 d. C.

Italia, con su prosperidad arruinada por una reconquista por parte del Imperio romano de Oriente que causó dos décadas de guerra, experimentó un nuevo asentamiento germánico en 568 d. C., cuando los lombardos, que huían del avance ávaro, irrumpieron en la península. Allí establecieron sus propios condados y ducados, cuyos gobernantes no intentaron emplear los antiguos métodos romanos de gobierno. La continuidad se originó en la Iglesia cristiana, que dio unidad a los diversos grupos cuyos estados se desarrollaron con el final de la era de las migraciones en el siglo IX.

▲ **Los lombardos**, una tribu germánica, se dirigieron hacia el sur, a Italia, para huir de los ávaros en el siglo VI d.C. En este fragmento de su yelmo se muestra al rey Agilulfo (reinado de 590 a 616 d.C.) sentado en su trono.

«[...] los visigodos se abrieron paso en el Imperio romano y se apoderaron de toda Hispania».

Procopio de Cesarea (h. 550 d.C.), *Historia de las guerras, Guerra Gótica*, libros V y VI

Reinos de los ricos

LOS IMPERIOS DEL ÁFRICA MEDIEVAL

El variado paisaje del África subsahariana ha visto el auge y la caída de numerosos imperios. Muchos de estos reinos fueron fundados por grupos de forasteros que emigraron a través del continente, y que subyugaron y, a menudo, incorporaron a los grupos existentes a sus territorios. La fuerza de casi todos estos poderosos estados residía en el comercio de los ricos recursos del continente, como el oro, la sal y el marfil. Además, variados grupos de comerciantes introdujeron también nuevas ideas y creencias en el continente, como el islam, que se extendió por gran parte de África.

Poder, comercio e ideas

En el siglo I d. C., el reino de Aksum, denominado así por su capital en las tierras altas de Etiopía, era una gran potencia. Encrucijada cultural y centro comercial en la ruta entre el Mediterráneo e India, sus exportaciones de marfil, pieles de hipopótamo, polvo de oro e incienso enriquecieron a sus gobernantes, que erigieron enormes estelas de piedra. En el siglo IV d. C., Aksum adoptó el cristianismo. Importada gracias a las rutas comerciales desde el Imperio romano de Oriente, la religión fue el aglutinante que unió a los diversos pueblos de Aksum y perduró como la Iglesia ortodoxa etíope, incluso después del declive del reino a finales del siglo VI d. C.

Más al oeste, en el siglo IX d. C., floreció el reino de Kanem, con su centro en el lago Chad. Constituido por una confederación de pueblos

nómadas (algunos de los cuales habían emigrado a aquellas tierras en el siglo VIII d. C., cuando la región del Sáhara empezó a secarse), la riqueza del imperio se basó en su control de las rutas comerciales estratégicas y la exportación de esclavos (*véanse* págs. 84-85), nueces de cola y marfil. En el siglo XI, la dinastía gobernante Sefuwa se convirtió al islam, que había llegado a la región de la mano de comerciantes y misioneros musulmanes del norte de África y Oriente Medio.

▲ **Mapa del África medieval** que muestra la extensión y las ciudades más importantes de sus imperios predominantes, que incluye el antiguo reino de Aksum y el último imperio de Malí.

▼ **Esta figura** de finales del siglo XIII o inicios del XIV es posible que se produjera en Ife, Nigeria. Es de cobre puro, importado a África desde Francia.

«Muchas personas [...] emprendieron largos viajes [desde el Imperio romano a África], algunas por hacer descubrimientos y otras movidas por un espíritu empresarial comercial».

Narración de viajeros a Etiopía por Rufino de Aquilea, 402 d.C.

La mayor parte de la población de Kanem siguió su ejemplo y adoptó el islam en el siglo XIII. El período de expansión del estado concluyó a finales del siglo XIV, cuando las guerras civiles y las invasiones obligaron a la corte y los pueblos de Kanem a trasladarse al borde occidental del lago Chad. Se reubicaron en el reino de Bornu, que sobrevivió hasta el siglo XIX.

Imperios de África Occidental

El comercio a través del desierto (*véanse* págs. 84-85) contribuyó también al establecimiento del imperio wagadu de África Occidental (dentro de los actuales Mauritania, Malí y Senegal), conocido como reino de «Ghana» por el título de sus reyes. Fue fundado por el pueblo soninké, a quien los nómadas bereberes desplazaron hacia el borde suroeste del Sáhara hacia 500 d. C. Denominado por el astrónomo musulmán Muhammad al-Fazari como «la tierra del oro» alrededor de 770 d. C., se convirtió en un imperio fuerte, con su capital en Kumbi Saleh, que se fue islamizando gradualmente con la llegada de comerciantes musulmanes.

El reino de Malí, que se había convertido en la potencia predominante en la región a principios del

▶ **Este colgante** de un pájaro y dos huevos (siglos VIII-XI d.C.), elaborado por hábiles artesanos de Igbo Ukwu, Nigeria, emplea metales y cuentas que circulaban en las rutas comerciales de África, Europa y Oriente Medio.

◀ **El rey de Aksuma** acogió a Mahoma y a sus seguidores como refugiados en su reino cristiano. Aquí aparece en un manuscrito ilustrado de Rashid ad-Din, rechazando una solicitud de sus perseguidores para entregarlos.

«El mercado había estado antes en Biru. [...] La élite de eruditos, hombres piadosos y ricos de todas las tribus y países vivían allí [...] más tarde todos se trasladaron a Tombuctú».

Ibn Battuta, erudito y viajero musulmán marroquí, *Viajes*, Libro IV, 20, hacia 1354

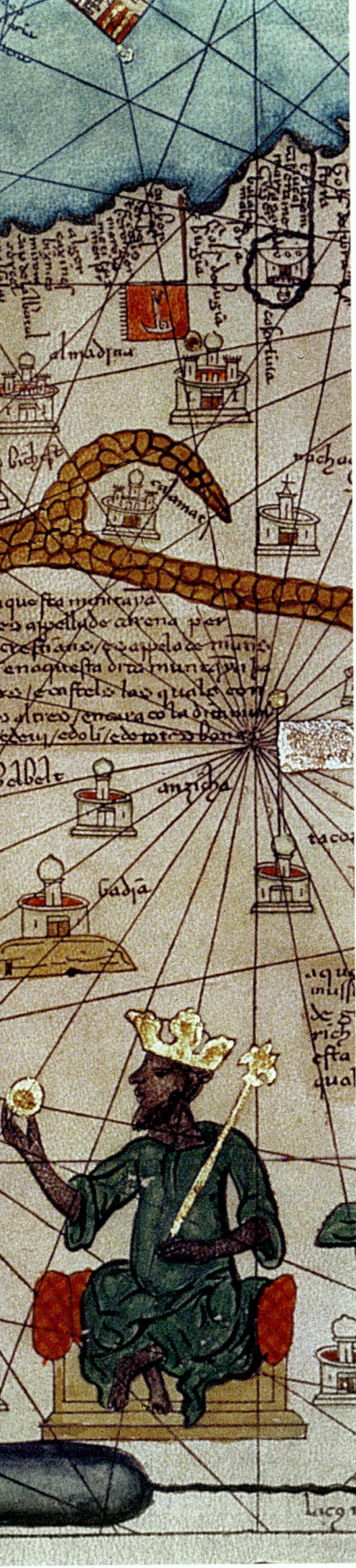

◄ **Mansa Musa** (gobernante de Malí de 1312 a 1337) causó una impresión tan grande con sus lujosas exhibiciones de riqueza mientras se dirigía a La Meca que su viaje fue registrado en el *Atlas de Cartas Marítimas* del mallorquín Abraham Cresques en 1375.

► **La mezquita de Larabanga**, construida en el reino de los gonja (en la actual Ghana), es una de las más antiguas de África Occidental. Cuenta la leyenda que la fundó un mercader árabe en 1421.

siglo XIII, dependía también del comercio del oro. Situado entre las selvas tropicales del sur y los estados musulmanes del norte de África, sus gobernantes, los mansas, gravaban los bienes que pasaban por sus dominios y se beneficiaban de las ricas regiones mineras auríferas de su territorio, como Galam y Bambuque. Desde el norte, importaba a sus tierras sal y artículos suntuarios, así como influencias culturales e islámicas.

Las descripciones del reino de Malí debidas a eruditos y viajeros musulmanes del norte de África, como Ibn Battuta (1304-1369), que visitó el imperio en 1352, ponen de manifiesto el intenso flujo en la región del comercio, las personas y las ideas, así como el desarrollo de Tombuctú como centro, tanto de enseñanza islámico como comercial. El gobernante más prestigioso de Malí, Mansa Musa (h. 1280-1337), un musulmán devoto, cumplió con el precepto del *hajj* (peregrinación a La Meca) en 1324, y, a su regreso, llevó consigo eruditos musulmanes, varios *shurafa* (descendientes del profeta Mahoma), poetas, arquitectos y miles de libros.

Los líderes del estado de Songhai, que derrocaron al reino de Malí en el siglo XV, heredaron el legado de relaciones comerciales y diplomáticas, religión y erudición de Mansa Musa. En el siglo XVI, Tombuctú albergaba hasta a 25 000 eruditos y estudiantes, que viajaban desde Oriente Medio, África del Norte y África Occidental para cursar estudios tanto religiosos como seculares. El imperio Songhai también aprovechó el nuevo y creciente comercio de manuscritos y libros, que difundió el conocimiento a todo el mundo islámico.

A lo largo del río Níger

Las rutas comerciales que cruzaban la región del Sáhara hacia los reinos de África Occidental se ampliaron más al sur, siguiendo el río Níger, hacia los imperios de las regiones boscosas. Allí, estados poderosos como el imperio de Benín y las ciudades de Ife e Igbo Ukwu introdujeron productos como marfil, cuentas de vidrio y sofisticados trabajos en metal en la red comercial transahariana, importando sal, cobre y otros bienes valiosos.

Tras la llegada de los comerciantes portugueses en 1489, el reino de Benín empezó también a explotar las rutas comerciales marítimas y a establecer relaciones diplomáticas con los países europeos. Los comerciantes de Benín controlaban el flujo de mercancías desde las zonas del interior hacia la costa, e intercambiaban marfil, pimienta y obras de arte (y, más tarde, esclavos) por recursos como armas y metales preciosos, en particular latón y cobre. Estos metales, comercializados en forma de manillas, se convirtieron en una forma valiosa de moneda internacional, muy demandada por los trabajadores metalúrgicos de Benín, que fundían las manillas y elaboraban sofisticadas placas y esculturas.

Cambios en el equilibrio del poder

Con el incremento de los contactos con Europa a través de la costa de África Occidental, empezó a cambiar el antiguo patrón de imperios basados en el comercio a través del Sáhara. Un factor importante fue el aumento de la trata en el Atlántico (*véanse* págs. 124-127), iniciada por los traficantes portugueses en el siglo XV, que rompió el equilibrio de poder que había existido durante mucho tiempo. La trata enriqueció a los europeos y a algunos imperios africanos, destruyó a otros y creó nuevas rutas comerciales que transportaron grandes cantidades de mano de obra esclava africana y riqueza al exterior.

Bronces de Benín

El palacio de Benín estaba ornamentado con placas de latón y bronce que narraban la historia del crecimiento del imperio del reino. Muchas representan al Oba (o rey) y a sus asistentes. Más tarde, los británicos robaron estas placas a Benín.

Las ruinas de la Gran Mezquita siguen aún en pie en Kilwa, una antigua ciudad-estado suajili en la costa este de África. Los colonos árabes fundaron estos centros comerciales costeros alrededor del siglo IX d.C., donde construyeron magníficas mezquitas y casas de piedra.

EUROPA ASIA

Black Sea

Damasco
Bagdad
Desierto
de Siria
El Cairo
Kufa
Basora
Fustat

Península
arábiga

ÁFRICA

Mar de
Arabia

La propagación de la fe

EL IMPERIO ISLÁMICO

CLAVE

Países islámicos en 632 d. C.

Países islámicos en 656 d. C.

Países islámicos en 756 d. C.

A principios del siglo VII d. C., un mosaico de tribus nómadas y sedentarias vivía en toda la península arábiga y el desierto de Siria, encajado entre los imperios en declive de los bizantinos, al oeste, y los sasánidas, al este. Aquellas tribus no tenían una organización centralizada, pero estaban unidas por el árabe y la idea de que compartían antepasados comunes. A medida que la influencia del profeta Mahoma y la nueva religión del islam se propagaron por Arabia, el Imperio islámico comenzó a tomar forma y, hacia 750 d. C., ya se extendía por tres continentes.

El surgimiento del islam

Hacia 610 d. C., Mahoma recibió sus primeras revelaciones y comenzó a propagar la palabra de Alá en su ciudad natal de La Meca, en la Arabia Saudí actual. Sin embargo, en aquella ciudad politeísta, la predicación de Mahoma tuvo poco éxito, por lo que, en 622 d. C., él y sus seguidores se trasladaron a la ciudad oasis de Medina. Allí, los musulmanes se propusieron establecer una autoridad incuestionable, luchar contra los mecanos y forjar alianzas tribales.

Gracias a una hábil combinación de estrategia militar y diplomacia, la red de seguidores de Mahoma creció con rapidez y, con ella, el islam. La conversión no siempre fue necesaria para unirse a la *umma* (nación islámica), pero la gente se sintió atraída por las fascinantes oportunidades que ofrecía. En general, la conversión al islamismo era de individuos, no de tribus. Se conservaron algunos marcadores tribales, como los nombres, pero otros, en especial los que no encajaban con las enseñanzas de Mahoma, fueron desapareciendo poco a poco.

Tras la muerte de Mahoma en 632 d. C., los sucesivos líderes, conocidos como califas, extendieron el dominio islámico a Irak, Irán, Siria y Egipto. Al final de cada campaña, los conquistadores se afincaban en la zona conquistada, y se les unían sus familias y dependientes, que abandonaban Arabia para vivir en el nuevo territorio.

Mestizaje cultural

En Siria, los musulmanes se mestizaron con la población aborigen, con la que compartían el idioma, el árabe. Damasco se convirtió en la capital del imperio hacia 661 d. C., y el patrimonio cultural de Siria floreció junto con la cultura islámica. La Mezquita de los Omeya (Gran Mezquita) de Damasco (*véase* pág. 80) es una clara muestra de esta fusión cultural.

Por el contrario, en Irak, los soldados musulmanes y sus familias vivían en las ciudades guarnición de Basora y Kufa, separados de la población nativa. Los soldados recibían un salario, lo que los disuadía de apoderarse de tierras propiedad de los lugareños. En Egipto se procedió del mismo modo para evitar conflictos con la élite local; los ejércitos conquistadores construyeron ciudades guarnición. La más notable de ellas fue Fustat, cuyos restos ahora forman parte de El Cairo viejo. A diferencia de lo que ocurrió en Irak, los árabes siguieron siendo

▲ **El mundo islámico** se expandió rápidamente desde la península arábiga tras la muerte de Mahoma. La mayor parte del crecimiento del imperio se produjo bajo el califato Rashidun (califato ortodoxo, 632-661 d.C.).

▼ **El astrolabio** era un instrumento popular entre los astrónomos islámicos, utilizado sobre todo para la navegación. Se cree que el astrolabio de Caird (h. 1300) fue fabricado en Francia según un diseño islámico.

▼ **Las fuerzas musulmanas** consiguieron la victoria en la batalla de Yarmouk en 636 d.C., con lo que arrebataron Siria al Imperio bizantino y llevaron el islam a una región que antes era cristiana.

«Quienquiera que acepte el islam [...] tendrá los mismos derechos y obligaciones que [otros musulmanes], y está obligado a [...] tratarlo como a cualquiera de ellos».

Umar II, califa omeya
(reinado de 717 a 720 d.C.)

◀ **El científico persa** Nasir al-Din al-Tusi, representado trabajando en el observatorio de Maraghe (el actual Azerbaiyán), que diseñó y construyó con el apoyo de los mongoles.

una minoría en Egipto, y tanto el islam como el árabe se propagaron lentamente.

A medida que los musulmanes avanzaban hacia el este, hacia la meseta iraní, apoderándose de territorios que habían sido parte del Imperio sasánida, una parte de la clase dominante persa huyó, y sobrevivieron la lengua, la cultura y las religiones tradicionales persas. Sin embargo, en los territorios que abandonaron, el islam llegó a ser dominante.

Un imperio próspero

El Imperio islámico alcanzó su máxima extensión bajo la dinastía de los Omeya (661-750 d. C.), cuyos ejércitos conquistaron el norte de África e invadieron la península ibérica (*véanse* págs. 86-87). Las instituciones islámicas se exportaron a todos los rincones del imperio. Una de las más importantes fueron los hospitales que, en su mayoría, eran instituciones seculares. Se construyeron importantes hospitales en Bagdad (Irak), Damasco (Siria) y El Cairo (Egipto), lo que permitió la difusión de los conocimientos médicos islámicos.

Otras instituciones islámicas llegaron más allá de los límites del imperio. Entre ellas estaba el *halqah* y la madrasa. Algunas ciudades fuera del imperio, como Tombuctú en África Occidental, alcanzaron tal

renombre como centros de educación islámica que atrajeron a académicos de todo el imperio. Mientras los eruditos se movían más allá de sus fronteras, muchas personas viajaban en dirección opuesta. Eran prisioneros de guerra, capturados en los márgenes del imperio en expansión y vendidos como esclavos. Muchos eran enviados a las provincias centrales de la península arábiga, donde se revendían en los mercados de esclavos. Por otra parte, un flujo constante de esclavos procedía también de territorios no musulmanes de África, muchos de los cuales fueron objeto del tráfico a través del Sáhara (*véanse* págs. 84-85).

Los esclavos tuvieron un gran impacto en el curso de la historia islámica y formaron parte del ejército desde la época de Mahoma. En el siglo IX d. C., la dinastía abasí gobernante comenzó a depender de los soldados esclavizados, y el califa al-Mutasim los usó para su guardia personal. Estos soldados eran en su mayoría nómadas turcos, conocidos como mamelucos, que se habían criado en la estepa de Asia Central. Por lo general, habían sido capturados por otros nómadas también turcos, esclavizados y vendidos a líderes musulmanes.

Los turcos se hacen con el poder

El empleo de soldados turcos esclavos tuvo graves consecuencias para la dinastía abasí. Para los mamelucos, como miembros de un pueblo extranjero, la única lealtad era la existente entre ellos, y, a menudo, fundaron sus propias dinastías a cargo de provincias cada vez más autónomas. Las dinastías Gaznávida y mameluca se originaron de esta manera. Tras sucesivas invasiones turcas, la autoridad de los abasíes se desvaneció y, finalmente, perdieron el control político en 1258, cuando los mongoles saquearon Bagdad, su capital.

Los nómadas turcos invasores causaron destrucciones a gran escala, pero también protegieron y patrocinaron las culturas y religiones de los pueblos que conquistaron, construyendo mezquitas, palacios y tumbas. Por ejemplo, los mongoles reconstruyeron las ciudades, repararon los sistemas de irrigación y fomentaron la agricultura. También erigieron observatorios y bibliotecas. A pesar de todo, no abandonaron su cultura nómada. Bajo el dominio mongol, se fomentó el pastoreo, el turco se convirtió en el idioma de las fuerzas armadas del imperio y el *yassa* (el código legal tradicional de los mongoles) mantuvo un papel destacado.

▲ **Los primeros manuscritos del Corán** se encontraron en el Imperio islámico. Este es de Egipto, de finales del siglo IX d. C. Está escrito en caligrafía cúfica, un estilo temprano de caligrafía árabe.

◀ **Este mosaico** pertenece a la cúpula del tesoro de la Mezquita de los Omeya de Damasco, que fue construida en el lugar donde existía una catedral cristiana y se ornamentó con mosaicos producidos por trabajadores bizantinos.

Un médico árabe trata a un paciente en esta miniatura de un *maqamat*, una colección de historias basadas en ciudades de todo el Imperio Islámico del siglo XIII, del erudito islámico al-Hariri.

Bagdad

LA JOYA DE LA EDAD DE ORO DEL ISLAM

▲▲ **La mezquita Al-Kadhimiya** fue construida por Shah Ismail, de la dinastía safávida, a inicios del siglo XVI. Fue ornamentada por el sultán otomano Solimán el Magnífico después de 1534.

▲ **Los puestos callejeros** de café son muy abundantes en Bagdad, donde se abrió la primera cafetería en 1586, bajo el dominio otomano. El *dallah* de metal que se usa para servir el café tiene su origen en Bagdad.

▶ **Este mapa de Bagdad** fue pintado por Matrakçi Nasuh, un polímata nacido en la Bosnia del siglo XVI, conocido por sus intrincadas miniaturas que representan ciudades y paisajes otomanos contemporáneos. Esta forma artística fue influenciada por las pequeñas pinturas persas con temas religiosos o mitológicos.

La sede del poder islámico había cambiado varias veces cuando la dinastía abasí derrocó a la dinastía omeya en el año 750 d. C. Mientras que sus predecesores habían expandido el imperio hacia el oeste, a través del norte de África, y hacia Europa, los abasíes, con su ejército mayoritariamente persa, lo hicieron hacia el este. En 762 d. C., el segundo califa abasí, al-Mansur, fundó una nueva capital en Mesopotamia (Irak) llamada Madinat al-Salaam (Ciudad de la paz), más tarde conocida como Bagdad.

Al-Mansur reunió a 100 000 arquitectos, ingenieros, agrimensores y trabajadores de todo el Imperio islámico para construir su capital amurallada. Bagdad, bien ubicada en la ruta de la seda que unía Asia y Europa, se convirtió en breve en un centro de comercio mundial. Los mercaderes llegaban con mercancías de toda Asia, y algunos de ellos, como los comerciantes indios de especias, madera y telas, optaron por establecerse allí.

Centro de enseñanza

Bajo el dominio abasí, Bagdad se convirtió en el centro de enseñanza islámico. Musulmanes, judíos y cristianos trabajaron codo con codo en la Bayt al-Hikma («Casa de la Sabiduría»); escribieron y estudiaron libros de matemáticas, astronomía, medicina, geografía y artes; y tradujeron al árabe obras griegas y romanas. A estos logros contribuyó de una manera decisiva la fabricación de papel, una tecnología inventada por los chinos, transmitida por los persas y optimizada en Bagdad por los árabes.

La edad de oro de Bagdad concluyó en 1258, cuando los mongoles, nómadas turcos de Asia Central, saquearon la ciudad y masacraron a la mayoría de sus habitantes (*véanse* págs. 96-99). Los otomanos la invadieron en 1534 y derribaron lo que quedaba de las murallas redondas de la ciudad y modernizaron su arquitectura.

Durante la Primera Guerra Mundial, los británicos arrebataron el control a los otomanos y, en 1920, hicieron de Bagdad la capital del recién creado estado de Irak. La población de Bagdad se disparó por la gran afluencia de gente procedente de las zonas rurales en busca de una vida mejor. En el siglo XX, disminuyó el número de judíos en Bagdad y muchos árabes extranjeros la abandonaron antes del comienzo de la guerra del golfo Pérsico. Gran parte de la ciudad fue destruida en la guerra de Irak (2003-2011), pero hoy se intenta reconstruir su infraestructura y restablecer el orden.

INFLUENCIAS CULTURALES

Colonizadores persas

Bagdad fue conocida como «la ciudad redonda» por sus murallas circulares. El diseño es de origen sasánida, e indica la influencia que tuvieron los persas sobre los abasíes. Muchos musulmanes persas permanecieron en la ciudad durante la peregrinación, y algunos se convirtieron en residentes. Los persas también establecieron el sistema de canales que une los ríos Tigris y Éufrates.

Comunidades judías

La Gran Sinagoga de Bagdad es una de las más antiguas del mundo. El califa al-Mansur construyó su nueva ciudad en un territorio que incluía varias aldeas judías y permitió la permanencia de sus colonos de esa religión. En el siglo XI, el barrio judío de Bagdad (Dar al-Yahud) albergaba a unas 45 000 personas. La población judía de la ciudad ha ido disminuyendo desde la década de 1950.

Cristianos orientales

Hunayn ibn Ishaq fue un polímata cristiano nestoriano del siglo IX y, posiblemente, el precursor de la medicina árabe. Tradujo muchas obras griegas importantes (incluidas las de Platón) al siríaco y al árabe. Los califas abasíes emplearon también a cristianos nestorianos como sus médicos privados. Los cristianos orientales constituyen una minoría importante en la Bagdad moderna.

«Bagdad, en el corazón del islam, es la ciudad del bienestar. [...] En ella se encuentra lo mejor de todo».

Las mejores divisiones en el conocimiento de las regiones, al-Muqaddasi, geógrafo árabe, siglo x

Eruditos indios

Entre los eruditos de la Casa de la Sabiduría en Bagdad, había indios invitados por los califas abasíes para traducir al árabe y al persa textos sánscritos, sobre todo los de medicina, matemáticas y astronomía. Los abasíes también contaron con médicos indios para practicar en sus hospitales la medicina ayurvédica (un sistema de medicina tradicional).

Distrito otomano

En la calle Al Rasheed, en el centro de Bagdad, se encuentra el distrito financiero de la ciudad, muchos edificios gubernamentales y bazares de cobre, textiles y oro. Cuando, en 1916, fue construida por los otomanos, se convirtió en la primera avenida moderna de la ciudad vieja de Bagdad. Cuatro años más tarde fue el escenario de las protestas contra la ocupación británica.

La fe armenia

Esta iglesia se encuentra en el distrito Karrada de Bagdad, hogar de una comunidad mixta de cristianos armenios y musulmanes. Los armenios ya se habían afincado en la ciudad desde su construcción, pero los residentes actuales son en su mayoría descendientes de los que emigraron después del genocidio armenio de 1915.

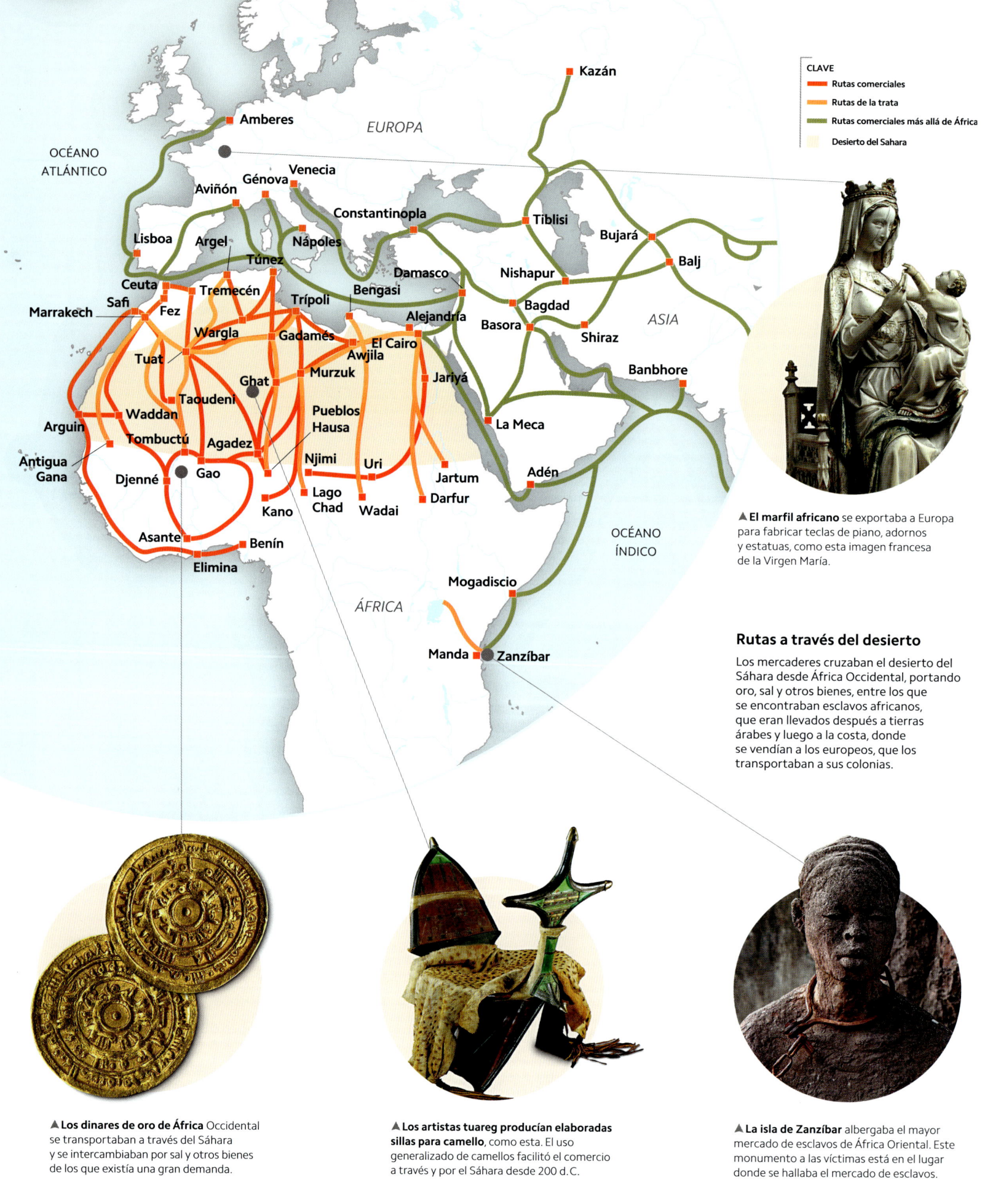

OCÉANO ATLÁNTICO

EUROPA

Kazán

Amberes

Génova

Venecia

Aviñón

Lisboa

Argel

Túnez

Nápoles

Constantinopla

Tiblisi

Bujará

Ceuta

Tremecén

Trípoli

Bengasi

Damasco

Nishapur

Balj

Safi

Fez

Wargla

Gadamés

Alejandría

Bagdad

Marrakech

Tuat

Ghat

El Cairo

Awjila

Basora

Shiraz

ASIA

Taoudeni

Murzuk

Jariyá

Banbhore

Waddan

Pueblos Hausa

Arguin

Tombuctú

Agadez

Njimi

Uri

La Meca

Antigua Gana

Djenné

Gao

Kano

Lago Chad

Wadai

Jartum

Darfur

Adén

Asante

Benín

OCÉANO ÍNDICO

Elimina

ÁFRICA

Mogadiscio

Manda

Zanzíbar

El marfil africano se exportaba a Europa para fabricar teclas de piano, adornos y estatuas, como esta imagen francesa de la Virgen María.

Rutas a través del desierto

Los mercaderes cruzaban el desierto del Sáhara desde África Occidental, portando oro, sal y otros bienes, entre los que se encontraban esclavos africanos, que eran llevados después a tierras árabes y luego a la costa, donde se vendían a los europeos, que los transportaban a sus colonias.

▲ Los dinares de oro de África Occidental se transportaban a través del Sáhara y se intercambiaban por sal y otros bienes de los que existía una gran demanda.

▲ Los artistas tuareg producían elaboradas sillas para camello, como esta. El uso generalizado de camellos facilitó el comercio a través y por el Sáhara desde 200 d. C.

▲ La isla de Zanzíbar albergaba el mayor mercado de esclavos de África Oriental. Este monumento a las víctimas está en el lugar donde se hallaba el mercado de esclavos.

A través del gran desierto

EL COMERCIO TRANSAHARIANO

Desde los tiempos prehistóricos, bienes, personas y culturas han atravesado el inhóspito territorio del Sáhara. Los pueblos del norte de África, como los bereberes y los tuareg, así como los de África Occidental, como los fulani, los bámbara y los soninké, fueron pioneros en el comercio en la región. La actividad comercial se incrementó en el siglo VII, cuando los árabes invadieron el norte de África para propagar su fe islámica. También buscaban oro.

Migración a través del Sáhara

Para monopolizar el comercio, los mercaderes árabes y bereberes se establecieron en el Sahel. Muchos se trasladaron a Koumbi Saleh, la capital del imperio de Ghana (*véanse* págs. 72-75). Allí vivían en el distrito comercial, separados de la población nativa. Sin embargo, convencieron a muchos lugareños para que abrazaran el islam, y fueron claves para la conversión de Ghana. Entre los siglos VII y XI, el comercio transahariano transportaba oro para los comerciantes europeos en el Mediterráneo, y sal al Sáhara.

Los mercaderes no fueron los únicos que migraron a través del Sáhara a medida que se desarrollaban las rutas comerciales. Los judíos viajaron al Sahel desde Marruecos como inversores en el comercio. Por su parte, eruditos del mundo musulmán, como el arquitecto andaluz Abu Ishaq Ibrahim al-Sahili, se establecieron en Tombuctú, el legendario centro de enseñanza.

El comercio de personas

El mayor flujo de migrantes a través del desierto estaba relacionado con la trata transahariana para satisfacer la demanda de mano de obra en el norte islámico de África, Oriente Medio y Europa. A medida que las tribus africanas eran dominadas por los imperios subsaharianos más poderosos, sus miembros eran capturados y vendidos a los comerciantes árabes y africanos a cambio de oro, sal, marfil u otros bienes. El viaje a través del Sáhara para los esclavos era letal. Duraba alrededor de setenta días y el agua era escasa. Los supervivientes eran conducidos a los mercados de las provincias centrales del territorio islámico, donde eran revendidos.

Los niños esclavos se enfrentaban a más peligros. Dado que existía una gran demanda de eunucos para la administración y la supervisión de los harenes (zona de las casas musulmanas en la que viven las mujeres), su precio era muy alto; los niños debían ser castrados. Nueve de cada diez morían como consecuencia de la operación. La mayor demanda era de mujeres, que solían convertirse en sirvientas domésticas o eran elegidas para trabajar como cortesanas o concubinas en los harenes. En algunos casos, este hecho permitió que las esclavas y sus hijos alcanzaran cierto grado de asimilación y movilidad social en la sociedad musulmana. Por ejemplo, la madre de Harún al-Rashid, el califa que marcó el comienzo de la edad de oro islámica, fue una mujer que había sido esclava y que tuvo una influencia significativa en los asuntos estatales.

Entre 650 y 1600 d. C, unos 5 millones de personas fueron objeto de la trata a través de seis rutas principales, a razón de unas 5000 por año. Durante los tres siglos siguientes, 2,5 millones de individuos fueron conducidos a través del Sáhara a Arabia hasta que este comercio terminó finalmente en el siglo XX.

▼ **Los camellos transportaban mercancías** como la sal a través del Sáhara. Esta era un bien preciado en el norte de África y, por tanto, valioso. Los camellos eran el medio de transporte ideal en el desierto porque podían resistir varios días sin agua.

▼ **Los esclavos** eran transportados a través del desierto del Sáhara en convoyes, como se muestra en esta pintura del siglo XIX. El viaje era largo y peligroso.

El libro del ajedrez, dados y tablas, encargado por Alfonso X el Sabio en la España del siglo XIII, muestra la coexistencia pacífica de cristianos, árabes y judíos.

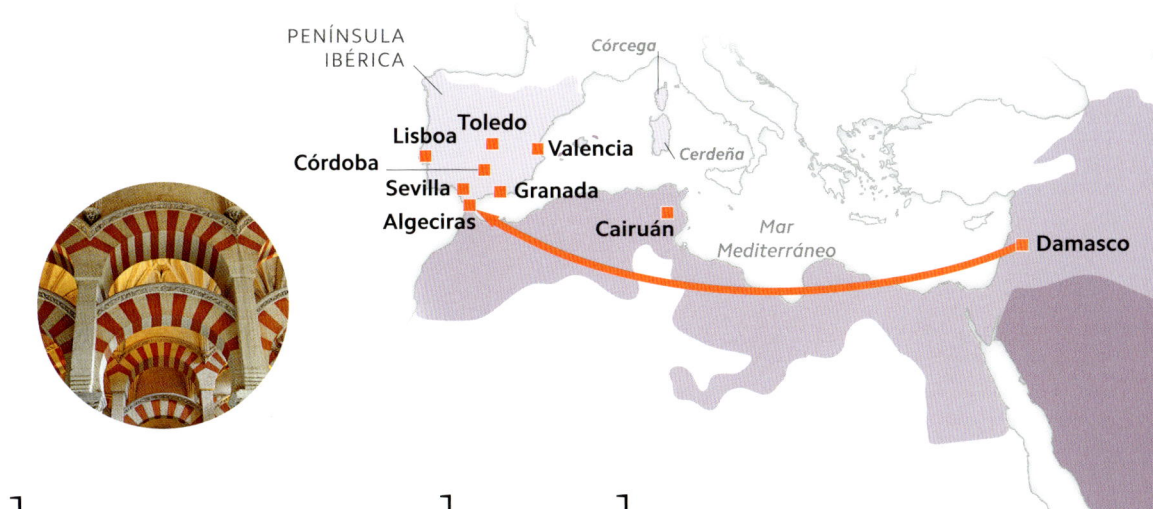

PENÍNSULA
IBÉRICA

Córcega

Lisboa Toledo
Córdoba   Valencia   Cerdeña
Sevilla   Granada
Algeciras   Cairuán   Mar
Mediterráneo   Damasco

El ocaso de una era dorada

LOS MOROS EN AL-ÁNDALUS

CLAVE
Tierras musulmanas en 632 d. C.
Otros territorios anexados en 756 d. C
Conquista ibérica en 750 d. C.

En 711 d. C., los omeyas, una dinastía musulmana de Siria, cruzaron el estrecho de Gibraltar e invadieron el reino visigodo de Hispania en la península ibérica. Su rey, Don Rodrigo, murió en una batalla y, hacia 720 d. C., los árabes habían conquistado la mayor parte de la península. A la zona que llegaron a gobernar la llamaron al-Ándalus.

Los árabes lideraban aquel ejército islámico, aunque estaba constituido principalmente por bereberes del norte de África. Tras la conquista de Hispania, los invasores (moros) establecieron asentamientos. Al principio, los musulmanes constituían solo el 1 por ciento de la población de al-Ándalus. En 740 d. C., llegaron hasta 10 000 sirios y el flujo de bereberes desde el norte de África fue constante desde el siglo VIII hasta el XII.

La vida bajo el dominio moro

La sociedad en al-Ándalus estaba estratificada de acuerdo con las religiones profesadas. Los musulmanes constituían el nivel superior, aunque no todos ellos fueron tratados por igual. En el primer nivel estaban los árabes que habían llegado con la invasión, después los bereberes y, a continuación, los muladíes (cristianos que se habían convertido al islam). El último nivel lo ocupaban los *dhimmis* («gentes del libro», como cristianos y judíos), que eran tratados como ciudadanos de segunda clase. Bajo el gobierno islámico, hubo un alto grado de tolerancia hacia las minorías religiosas. Siempre que aceptaran el gobierno musulmán, los *dhimmis* podían mantener su fe, recibir educación y ejercer cualquier profesión. El multiculturalismo introducido por el dominio musulmán también llegó a las partes de la península ibérica que permanecieron bajo control cristiano.

En al-Ándalus florecieron la ciencia y las artes. Los conquistadores llevaron consigo los números arábigos, la geometría, la filosofía griega y el *oud* (parecido al laúd).

Dieron prioridad a la alfabetización y construyeron bibliotecas públicas, como la de Córdoba, con 600 000 manuscritos. También se inspiraron en elementos de la cultura de Hispania, como se evidencia en las finas técnicas de tejido de las sedas producidas en Medina Azahara, una urbe palaciega cerca de Córdoba.

El cristianismo restaurado

Desde principios del siglo XI, las guerras civiles entre las diferentes facciones musulmanas rivales desgarraron al-Ándalus. Para 1031, se había fracturado en varios estados semiindependientes (reinos de taifas). La inestabilidad condujo a cambios fronterizos. De repente, los musulmanes se encontraron viviendo en ciudades cristianas, mientras que gentes de los territorios cristianos del norte comenzaron a establecerse en áreas más allá de sus fronteras. Los gobernadores musulmanes retiraron muchos de los derechos que habían tenido los *dhimmis*, y algunos musulmanes persiguieron a los judíos. En 1066, una turba musulmana masacró a gran parte de la población judía de Granada.

En el siglo XV, los cristianos habían recuperado el control de la península ibérica. Los moros fueron expulsados, pero su influencia permanece. En la actualidad, la Alhambra se encuentra entre los lugares de patrimonio cultural más importantes de España. Los cultivos introducidos por los musulmanes, como la caña de azúcar, los higos y las almendras, se han convertido en alimentos básicos, y el castellano ha hecho suyas más de 4000 palabras y frases del árabe.

▲ **Los moros** partieron del Magreb, en el norte de África, cruzaron el estrecho de Gibraltar y se extendieron por la península ibérica (las actuales España y Portugal).

▲ **La mezquita-catedral de Córdoba** fue construida como mezquita en 785 d. C., y combina elementos característicos de la arquitectura árabe, como estos arcos de herradura, con los restos de estructuras romanas y visigodas anteriores.

▼ **Una ilustración** de las *Cantigas de santa María*, un conjunto de composiciones del siglo XIII atribuido a Alfonso X, rey de Castilla y León, muestra a los conquistadores musulmanes (a caballo) y a los prisioneros de guerra cristianos a pie y encadenados.

Saqueadores y colonizadores
LOS VIKINGOS EN EUROPA Y EL ATLÁNTICO NORTE

Los nórdicos eran un pueblo que vivía en las zonas habitables de Escandinavia. Gran parte de ellos se dedicaba a la agricultura y la pesca, pero también se hacía a la mar para, como guerreros, adquirir riquezas mediante incursiones, saqueos y pillajes; los llamaron vikingos aquellos cuyas tierras atacaron desde finales del siglo VIII d. C. Las costas escarpadas y las islas de Escandinavia los convirtieron en expertos marinos que desarrollaron *drakkars*, unas embarcaciones con escaso calado que les permitían navegar por aguas poco profundas y río arriba.

Las razones que impulsaron a los vikingos a aventurarse fuera de Escandinavia fueron la inestabilidad política cuando los cacicazgos se unieron en reinos, la escasez de tierras de cultivo a medida que crecía la población y la atracción que sentían por las riquezas del noroeste de Europa, que se convirtieron en el objetivo de comerciantes emprendedores y asaltantes oportunistas.

De los saqueos a los asentamientos
El primer ataque tuvo lugar contra el rico monasterio de Lindisfarne, en Gran Bretaña, en 793 d. C. Sin embargo, después fueron llegando en mayor número, solían quedarse a pasar el invierno y se produjeron incursiones hasta Escocia, Irlanda y Francia. A partir de las décadas de 840 en Irlanda y de 860 en Inglaterra, comenzaron a repartirse las tierras y a crear asentamientos permanentes. No se sabe cuántos llegaron, pero el nivel de ADN escandinavo en el norte de Inglaterra y algunas áreas de Escocia es bastante alto, lo que indica que, con el tiempo, entre 25 000 y 30 000 nórdicos se asentaron en Gran Bretaña. Las migraciones vikingas pudieron haber incluido mujeres y niños.

Partiendo de las islas de Escocia y Feroe, los vikingos exploraron más a fondo el Atlántico Norte. Hacia 874 d. C., llegó a Islandia un viaje liderado por el caudillo nórdico Ingólfur Arnarson. Dado que allí no existía una población indígena, no tuvieron ningún problema para establecerse a lo largo de las fértiles costas.

En el Atlántico Norte
En treinta años, se había parcelado toda la tierra fértil de Islandia y fueron frecuentes los enfrentamientos entre las familias por razones de límites. Hacia 980 d. C., tras uno de esos incidentes, Erik el Rojo se vio obligado a conducir sus barcos más al oeste. Viajó a Groenlandia, donde estableció una pequeña colonia vikinga. Desde allí, Leif, el hijo de Erik, llegó a Norteamérica, pero aunque la leyenda cuenta que estableció allí un pequeño asentamiento, regresó a su hogar en Groenlandia.

La colonia vikinga en Groenlandia también desapareció, no se sabe si a causa de las enfermedades o por ataques de los indígenas. En el resto de lugares, los inmigrantes vikingos se quedaron y sus descendientes se fueron fusionando con las poblaciones del norte de Inglaterra, Escocia, Irlanda y Normandía en Francia. Su presencia se hace patente en los topónimos ingleses que terminan en *by* y en términos como *sky*, del nórdico antiguo, el idioma de los nórdicos, así como en el ADN de los habitantes actuales. En Islandia fundaron una nueva sociedad nórdica y, hasta hace poco, la mayoría de la gente podía rastrear su genealogía en el *Landnámabók*.

▼ **Este casco vikingo** data del siglo X. Los vikingos usaban sólidas armaduras de hierro para protegerse cuando entraban en combate.

▼ **Una representación medieval de embarcaciones vikingas** de hacia 1130 reproduce un ataque a Gran Bretaña. Los vikingos viajaban en resistentes *drakkars*, que podían navegar bien en aguas turbulentas.

El mundo vikingo

Los barcos transoceánicos permitieron a los vikingos navegar en busca de nuevas tierras y oportunidades comerciales. Al principio dominaron a sus vecinos bálticos, de los que recibían tributos en forma de ámbar, cera, pescado, marfil y pieles. Los daneses y noruegos aprovecharon las debilidades de Francia, Inglaterra e Irlanda, gracias a sus rápidos y maniobrables *drakkars*.

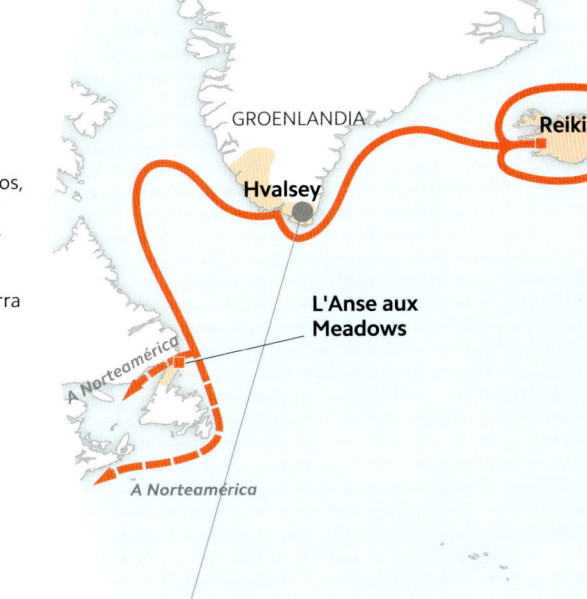
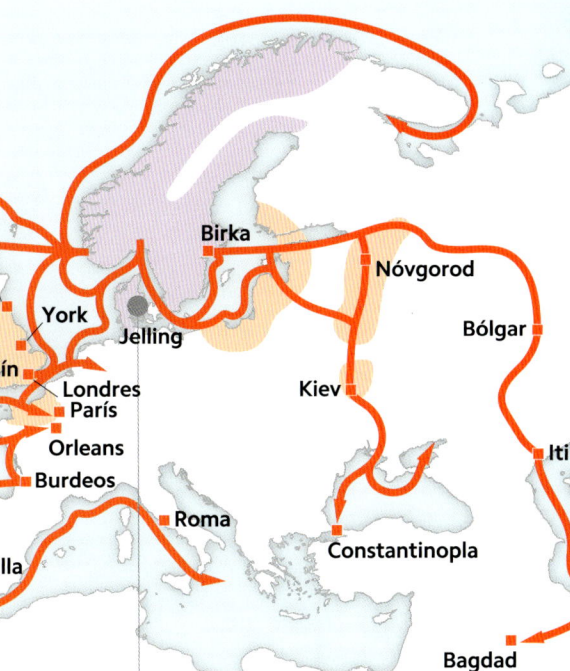

GROENLANDIA

Reikiavik

Hvalsey

L'Anse aux Meadows

A Norteamérico

A Norteamérica

Lindisfarne

Lewis

York

Birka

Jelling

Dublín

Londres
París

Orleans

Burdeos

Roma

Lisboa
Sevilla

Novgorod

Bólgar

Kiev

Itil

Constantinopla

Bagdad

CLAVE

→ Rutas vikingas

▨ Países de origen de los vikingos

▨ Asentamientos vikingos

▲ **Restos de una iglesia** católica de un asentamiento vikingo del siglo XII en Groenlandia. La mayoría de los nórdicos fueron cristianizados entre los siglos X y XI.

El York vikingo

Durante unos noventa años, hasta mediados del siglo X, los vikingos rigieron York, Inglaterra, a la que llamaron Jorvik. Los arqueólogos han descubierto restos de una próspera comunidad vikinga en el centro de la ciudad, donde los artesanos producían cuentas de vidrio, artículos de cuero y joyas de plata y oro en angostos talleres de postes y zarzos. Los nombres de muchas calles de York terminan con el sufijo -*gate*, que es la palabra en nórdico antiguo para «calle», como Coppergate, que era la calle de los fabricantes de tazas.

▲ **Las piezas de ajedrez de Lewis** descubiertas en la isla de Lewis, Escocia, constituyen una prueba notable de los pasatiempos de los nórdicos del siglo XII.

▲ **Esta copa de plata del siglo X** de Jelling, Dinamarca, muestra el tipo de diseños de animales que influyeron en el arte en Gran Bretaña después del asentamiento vikingo.

El *Sachsenspiegel* (*Espejo sajón*) es un libro de derecho y código legal escrito en Alemania a inicios del siglo XIII. La ilustración representa el proceso de elección de un rey.

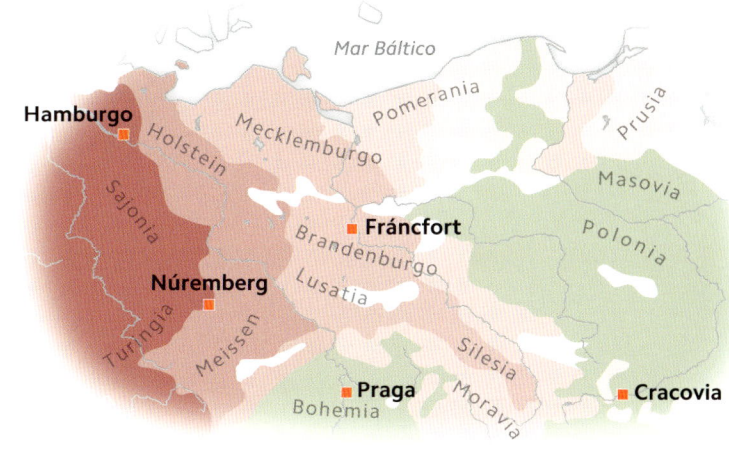

La *Ostsiedlung*

ASENTAMIENTOS GERMANOS MEDIEVALES

Entre los siglos X y XIV, un gran número de campesinos alemanes se trasladó al este a través de Europa en busca de tierras cultivables, acompañando a nobles y caballeros, que se hicieron con los nuevos territorios, a menudo por la fuerza. Este traslado, conocido como la *Ostsiedlung* (colonización alemana del este), transformó la composición étnica de gran parte de Europa Central.

Los colonos se asentaron en granjas, pueblos y ciudades a medida que se extendían por las regiones menos pobladas. En Brandemburgo y Sajonia (actuales estados federados de Alemania), donde los eslavos eran el grupo étnico mayoritario, el alemán pasó a ser el idioma predominante. Más al este surgieron enclaves alemanes en las regiones dominadas por los eslavos de Polonia, Serbia y Eslovaquia cuando llegaron los mineros alemanes a explotar las vetas de plata, carbón y hierro recién descubiertas.

En algunos casos, la *Ostsiedlung* era alentada por agentes colonizadores conocidos como «localizadores», que reclutaban a campesinos para que se unieran al éxodo. En otros, se desarraigaron pueblos enteros de siervos (trabajadores agrícolas pertenecientes a una hacienda particular) en busca de una vida más libre. Los inmigrantes desbrozaron nuevas zonas en las tierras densamente boscosas del sur de Alemania, y diseñaron campos y parcelas regulares, que se convertirían en grandes ciudades como Núremberg (fundada en 1050).

Religión y resistencia

Algunas ciudades ya existentes, como Székesfehérvár en Hungría, asignaron a los alemanes su propio suburbio (en 1249), en el que vivían en paz junto a los habitantes oriundos. Sin embargo, en otros lugares hubo oposición. La religión fue un factor importante en las migraciones: la Iglesia católica romana quería la conversión al cristianismo de los grupos paganos de Europa del Este, por la fuerza si era necesario, y vio en el movimiento de cristianos de habla alemana un medio para lograrlo.

Muchos de los pueblos indígenas del este, unos grupos eslavos conocidos colectivamente como vendos, se negaron a convertirse al cristianismo. Cuando, en 1147, el papa Eugenio III lanzó una cruzada contra ellos, el príncipe Nyklot, líder de los aboditas (un grupo vendo), reaccionó atacando a los colonos cristianos alemanes de la región. La cruzada terminó en la década de 1180 con la huida hacia el este de los vendos que sobrevivieron. Otras cruzadas bálticas en el siglo XIII expulsaron a los habitantes nativos de Prusia, pero, a pesar de años de campañas cristianas, los pueblos indígenas de Lituania, Letonia y Estonia lograron sobrevivir.

El legado de la migración

A medida que los comerciantes alemanes se extendían por Europa, iban creando organizaciones comerciales como la Liga Hanseática, que tenía el monopolio del comercio en los estados bálticos. Sus casas de madera siguen en pie en muchas ciudades bálticas y del norte de Alemania. En el siglo XIII, la *Ostsiedlung* se había ralentizado, aunque los colonos continuaron dispersándose hasta la región rusa del Volga. Siglos más tarde, el Partido nazi trató de absorber a estos inmigrantes en un gran Reich, pero los *Volksdeutsche* (personas de origen alemán) se vieron obligados a regresar a Alemania.

▲ **Los alemanes colonizaron** tierras cada vez más al este entre hacia 1100-1400 en territorios previamente habitados por pueblos eslavos.

▼ **La Liga Hanseática** era una confederación de pueblos y gremios de comerciantes del norte de Europa. Monopolizó el comercio de la zona durante unos trescientos años, desde finales del siglo XII.

▼ **La ciudad de Núremberg** se convirtió en un importante centro comercial medieval. Este grabado en madera pertenece a las *Crónicas de Núremberg*, una historia ilustrada del mundo cristiano del siglo XV.

Suerte cambiante

LOS ROMANÍES EN LA EUROPA MEDIEVAL

▲ **Los romaníes** tienen su origen en India y emigraron a través de Oriente Medio. Después de un tiempo en el Imperio bizantino, los grupos se trasladaron a través de los Balcanes a los países de Europa Occidental.

▼ **Músicos luros** (que se cree que eran romaníes) que emigraron de India actúan en la corte persa en el siglo VII d.C.

▼ **Una ilustración** de *Travels through Turkey*, del reverendo Henry J. Van Lennep (1862), muestra a un adivino romaní leyendo la palma de la mano (una práctica tradicional romaní) a una mujer turca.

Como consecuencia de una serie de migraciones que comenzaron en India hace 1500 años, en la actualidad hay unos diez millones de romaníes que residen en comunidades dispersas por todo el mundo. La palabra «romaní», que utilizan para describirse como colectivo, procede del término romaní que significa «hombre», pero existen muchos grupos con nombres propios distintos dentro de la amplia población romaní.

Movimientos hacia el oeste

Parece ser que las primeras referencias a los pueblos romaníes aparecen en fuentes persas y árabes de los siglos X y XI. Relatan que 10 000 músicos (conocidos como «luros») fueron enviados desde India a Persia para actuar en la corte del sah Bahram en 420 d. C., y que luego se dispersaron por todo el Imperio persa. Hacia el siglo VIII, los romaníes vivían en el actual Irak. Ejercían profesiones itinerantes o proporcionaban distintos servicios, como entretenimiento, adivinación, o comercio de ganado, que les permitieron mantener un estilo de vida nómada que algunas comunidades romaníes todavía practican. Estos grupos viajaban y vivían en caravanas, organizados, en primer lugar, en *vitsa* («familias»), agrupadas, a su vez, en tribus mayores.

El movimiento hacia el oeste continuó, acelerado quizá por la expansión del Imperio islámico. Algunos se asentaron en la región de los Balcanes, pero a principios del siglo XV, a Europa Occidental llegaron grupos de hasta 30 000 romaníes. Los relatos de esta época hacen suponer que, al principio, estas llegadas, como la encabezada por Andrés, «Duque del Pequeño Egipto», a las que ofrecieron provisiones en Bruselas en 1420, fueron recibidas calurosamente. Los relatos también comentan el origen del término «gitano», considerado hoy por algunos como peyorativo. Los grupos decían que eran refugiados cristianos que huían del avance de los turcos otomanos musulmanes y afirmaban que su origen se encontraba en Egipto o en el Pequeño Egipto.

A finales del siglo XVIII, el erudito alemán Johann Rüdiger aportó pruebas de que el origen de los romaníes se encontraba en India, y advirtió las similitudes entre el idioma romaní y los dialectos del Punyab, en el norte de India. Más tarde, los lingüistas hallaron en el romaní rastros de farsi (persa) y armenio que sugieren su migración hacia el oeste a través de Oriente Medio. Más recientemente, los análisis de ADN han identificado vínculos genéticos entre los romaníes y los habitantes del sur de Asia.

Expulsiones y persecución

Durante el siglo XVI, un panorama social y religioso cambiante alimentó una creciente intolerancia hacia los romaníes. Acusados de vagabundos y espías, estuvieron cada vez más sujetos a prohibiciones de entrada y deportaciones forzosas en toda Europa. Su exclusión ha persistido a lo largo de los siglos. Durante la Segunda Guerra Mundial, los nazis confinaron a miles de ellos en los campos de concentración al considerarlos racialmente inferiores.

Las sólidas tradiciones sociales y culturales de los romaníes han perdurado. Su música sigue influyendo en géneros como el flamenco y el jazz, mientras que una nueva generación de romaníes se está replanteando su estilo de vida itinerante (*véanse* págs. 274-275).

Los romaníes llegan a las afueras de Berna en el siglo xv. Su atuendo y armas de estilo árabe los diferencian de los habitantes cristianos suizos.

Un pueblo perseguido

MIGRACIONES MEDIEVALES DE LOS JUDÍOS

CLAVE

Asentamientos judíos después de 1150

Rutas de migración después de las expulsiones

En la Edad Media, el pueblo judío se tuvo que enfrentar a tremendas vicisitudes, desde las conversiones forzadas a sangrientas masacres. Aunque algunos se rebelaron contra sus perseguidores, muchos se vieron obligados a abandonar sus hogares como consecuencia de los ataques organizados y las expulsiones por parte de los gobernantes locales.

En el siglo v d. C., había comunidades judías dispersas por el Mediterráneo, pero muy concentradas en lo que había sido el Imperio bizantino. Sin embargo, a partir del siglo vii d. C., los musulmanes se apoderaron de estas tierras. Conocidos por su tolerancia religiosa, permitieron la prosperidad de las comunidades judías. Por su parte, algunos migrantes judíos se trasladaron a los reinos cristianos. En 1023, el rey Balduino IV, conde de Flandes, invitó a un rabino y a treinta de sus seguidores a que se establecieran en sus dominios porque, a diferencia de los cristianos, los judíos sí podían prestar dinero.

Una era de opresión

Hacia el siglo xi, muchas comunidades judías se habían asentado en Inglaterra y en territorios franceses y alemanes. En 1096, los soldados cristianos que se dirigían a luchar en la primera cruzada atacaron violentamente las comunidades judías a lo largo del Rin; obligaron a sus miembros a concentrarse en las sinagogas y les prendieron fuego. Unos mil judíos que habían huido previamente a la ciudad de Worms, y que se habían refugiado allí en el palacio del obispo, fueron asesinados en la masacre de 1096 como resultado de los «libelos de sangre» (falsas acusaciones de asesinato de niños cristianos). Algunos judíos resistieron, uniéndose a los intentos árabes de defender Jerusalén, o suicidándose antes de convertirse al cristianismo. Otros se dirigieron hacia el este para huir de las masacres.

A pesar de los intentos de la Iglesia por proteger a los judíos, incluida una bula papal en 1120 que prohibía su persecución, los ataques continuaron, muchos de ellos provocados por los libelos de sangre. Otras cruzadas erosionaron la tolerancia religiosa, lo que causó una ola de expulsiones en el siglo xiii. En 1290, el rey Eduardo I expulsó a los judíos de Inglaterra. Muchos huyeron a Francia, de donde fueron expulsados en 1306 por Felipe IV.

En muchas ocasiones, la situación no era más favorable en tierras musulmanas. El filósofo judío andaluz Moisés Maimónides huyó del movimiento proselitista islámico almohade en la década de 1140 para evitar una conversión forzada. Finalmente se instaló en el Egipto controlado por el califato, donde se convirtió en médico de la corte del sultán y escribió comentarios sobre la ley y la ética judías. Otro erudito andaluz, Samuel ibn Naghrillah (993-1055), huyó de Córdoba cuando la ciudad fue saqueada por los invasores bereberes. Pasó a Málaga, donde se ganaba la vida vendiendo especias cerca del palacio del visir hasta que se descubrieron sus habilidades académicas y se convirtió en su secretario (y más tarde en visir asistente).

Europa del Este

El centro de la vida judía en Europa se trasladó a Ucrania y Polonia, donde Boleslao el Piadoso los acogió en 1264. Estos judíos se convirtieron en comerciantes y fundaron sus propios pueblos como nunca había ocurrido en Europa Occidental. Hablaban alemán medieval, del que evolucionó al yidis, y su cultura pudo prosperar.

▲ **Este mapa muestra** las principales rutas seguidas por los judíos tras su expulsión de varios reinos en Europa Occidental y los lugares donde se asentaron después de 1150.

▼ **Una ilustración del siglo XIII** de una Biblia francesa representa la masacre del pueblo judío por parte de los participantes cristianos en la primera cruzada en 1096.

▼ **La distribución del** *matzoh* («pan ácimo») durante las celebraciones del Pésaj (Pascua judía) aparece plasmada en este manuscrito español del siglo XIV.

«Casi no había una casa en todo el reino de Polonia en la que sus miembros no [...] estudiaran [la] Torá».

Nathan Hanover, *Yeven Mezullah*, 1653

◄ **El estatuto de Kalisz**, emitido por el príncipe Boleslao el Piadoso en 1264, establece las libertades de los judíos y regula sus obligaciones con los cristianos en Polonia. Confirmado por gobernantes posteriores, se convirtió en un símbolo de seguridad para las familias judías que vivían en Polonia.

1. Los residentes de Bagdad se refugian dentro de las murallas de la ciudad. Hasta 1258, Bagdad había florecido durante la dinastía abasí como un centro de cultura, comercio y estudios.

2. Los soldados de Bagdad se reúnen apresuradamente para defender la capital abasí.

3. Las máquinas de asedio, cuya tecnología habían adquirido los mongoles de China, se utilizan para destruir las defensas de la ciudad y arrasar sus hospitales, bibliotecas y lugares de culto.

4. Los arqueros mongoles, famosos por su destreza, disparan proyectiles por encima de las murallas de la ciudad.

▶ **Esta pintura persa del siglo XIV** representa el sitio de Bagdad (1258), cuando el ejército mongol, al mando de Hulagu Khan, invadió la ciudad. Hulagu construyó una empalizada y una zanja en torno al perímetro de la rica capital, y la tomó tras trece días de feroces combates.

Conexión de Oriente y Occidente

LA EXPANSIÓN MONGOLA

CLAVE

- Tierra natal de Gengis Kan
- Territorio mongol en 1207
- Territorio mongol en 1227
- Territorio mongol en 1229
- Campañas mongolas

En el siglo XIII, el ejército mongol cruzó Eurasia, conquistó una multitud de civilizaciones y ciudades-estado y, bajo su dominio, creó un inmenso imperio que unió las culturas china, islámica, iraní, centroasiática y nómada. A los mongoles los precedía su reputación de aniquilar a sus oponentes, de manera que cundió el pánico cuando llegaron las noticias de sus repentinas y violentas conquistas. Sin embargo, una vez establecido el control, la dinastía fomentó el intercambio económico, cultural y religioso entre sus diversos territorios, creando una fusión sin precedentes de pueblos, religiones, tradiciones e ideas.

Una expansión agresiva

El gran imperio tenía su origen en las estepas de Asia Central, en la Mongolia actual, que en el siglo XII estaban habitadas por tribus nómadas mongolas y turcas. Hacia 1206, un guerrero mongol, Temuyín, logró unir a estas tribus y creó una poderosa fuerza militar. Tomó el título de Gengis Kan, que significa «gobernante universal», y bajo su liderazgo, un ejército mongol invadió China y comenzó a crear el mayor imperio terrestre de la historia de la humanidad.

En general, las poblaciones de los territorios que se sometieron a los mongoles sobrevivieron, pero las fuerzas de Gengis aniquilaron a las que se resistieron. Entre 1211 y 1223, arrasaron docenas de ciudades de China y sus alrededores, matando a unos dieciocho millones de personas y provocando desplazamientos masivos de los habitantes que huían de ellos. Después de las conquistas, los mongoles capturaban a las personas cualificadas, que llevaban consigo en sus campañas. Cuando, en 1215,

Gengis conquistó Zhongdu (la actual Beijing), capital de la dinastía Jurchen de China, reclutó entre ellos a su infantería e ingenieros de asedio para que su ejército fuera más versátil. Los mongoles también absorbieron elementos de la cultura de sus nuevos súbditos. Por ejemplo, cuando Gengis conquistó a los uigures en 1209, reclutó a sus escribas para organizar la administración de su nuevo imperio. También tomó su escritura y la adaptó al mongol, que era un idioma no escrito.

La vida bajo el dominio mongol

Una vez subyugados los territorios, muchos guerreros mongoles se afincaron y comenzaron a comerciar con los lugareños y a mestizarse con ellos. En muchos casos, estos lazos llevaron a los mongoles a adoptar las religiones locales. En la parte occidental del imperio, muchos se convirtieron al islam. En China, un gran número abrazó una forma tibetana del budismo. Los kanes eran respetuosos con las prácticas y tradiciones de sus nuevos súbditos, al tiempo que conservaban aspectos de su propia cultura mongola. Apoyaron a comerciantes, campesinos y artesanos, convencidos de que impulsar las economías de sus dominios enriquecería, a su vez, al imperio.

Cuando la mayor parte de Eurasia quedó bajo el control mongol, y tras lograr un relativo orden y

▲ **Las campañas** de Gengis Kan y sus descendientes crearon un imperio que, en 1279, se extendía desde el océano Pacífico, en el este, hasta el río Danubio y el golfo Pérsico en el oeste.

▼ **Este casco mongol** fue tomado como trofeo en Japón, donde la flota mogola, constituida por barcos coreanos y chinos, fue derrotada en 1274 y 1281.

▼ **Hulagu Kan** (centro izquierda) fue un gobernante mongol del siglo XIII que conquistó gran parte de Asia Occidental. Su madre era cristiana, pero él se convirtió al budismo en contra de los deseos de su esposa cristiana, Dokuz Khatun (centro derecha).

estabilidad en sus territorios, los mongoles facilitaron y alentaron los contactos y los lazos económicos entre las civilizaciones oriental y occidental. Muchas personas, desde Europa hasta el este de Asia, compartieron e intercambiaron tecnología, productos, conocimiento e ideas. Este período, que duró desde 1279 (cuando los mongoles conquistaron el sur de China) hasta el colapso del imperio en 1368, se conoce como la *Pax Mongolica*.

Comercio, artes y cultura

Tras la caída del Imperio romano y del Imperio Han chino, la ruta de la seda, una antigua ruta comercial que conectaba Europa y Asia, había quedado en desuso. Entonces, teniendo en cuenta la importancia del comercio para la supervivencia económica de su imperio, los mongoles la revitalizaron. Construyeron caminos seguros y una gran infraestructura, que incluía posadas a lo largo de las zonas más áridas para los viajeros, separadas por un día de marcha en camello. Los mercaderes, artesanos y emisarios europeos pudieron viajar hasta China por primera vez en la historia. A lo largo de la ruta

se comerciaba con caballos, porcelana, piedras preciosas, papel, artículos de cuero y pólvora.

Sin embargo, el producto más importante era la seda: los mongoles realizaron grandes inversiones para su producción, se hicieron cargo de las fábricas existentes y erigieron otras nuevas. El desarrollo de esta industria condujo a la migración de los artesanos. Los mongoles enviaron tejedores de seda chinos al centro comercial de Samarcanda (en el actual Uzbekistán) para trabajar con los tejedores musulmanes locales. Por otra parte, los tejedores musulmanes que se especializaban en tisús y brocados eran trasladados a las fábricas en China.

Los grupos de los tejedores no fueron los únicos en reasentarse. Pintores chinos fueron enviados a Persia (el Irán actual), donde ejercieron una gran influencia en el desarrollo de la pintura en miniatura. Por su parte, los artistas persas comenzaron a incluir motivos chinos en sus obras, como dragones y aves fénix. Sus representaciones de rocas, árboles y nubes también adoptaron un estilo chino. Del mismo modo, los mongoles trasladaron a los funcionarios a las partes culturalmente distintas del imperio. De esta manera, los mongoles gobernaron China con musulmanes y europeos, y Persia con chinos y tibetanos. Impresionados por los avances persas en medicina, los mongoles también trasladaron médicos persas a China para establecer un Centro de medicina musulmana.

> «Tuve que buscar cuevas [...] para refugiarme mientras los tártaros [mongoles] arremetían a través del [...] corazón del páramo».
>
> Master Roger, arquitecto italiano que vivió en el reino de Hungría, hacia 1243

Todo esto sirvió para forjar estrechas relaciones entre Asia Oriental y Occidental. Europa también se vio influenciada por este intercambio cultural. La moda mongola se hizo popular en el oeste hasta Gran Bretaña. Es probable que el *hennin*, el característico tocado cónico que usaban las mujeres nobles europeas en el siglo XV, se inspirara en los sombreros que se empleaban en la corte mongola. Además, los Caballeros de la Jarretera, la orden de caballería más antigua de Inglaterra, utilizaban para sus insignias tela «tártara» de color azul oscuro (llamada así porque la fabricaban los tártaros, pueblos de habla turca que se incorporaron al Imperio mongol).

La cultura mongola también dejó su huella en los chinos, que adoptaron estilos de cocina nómadas. Hu Sihui, un nutricionista de la corte del siglo XIV, escribió un manual dietético llamado *Yinshan Zhengyao* («Principios de la dieta correcta»), en el que promocionó las tradiciones nómadas de hervir como el medio favorito para cocinar y comer todas las partes de los animales, que se convirtió en la corriente principal en China.

La caída del imperio

El Imperio mongol floreció durante 162 años y en su apogeo controló unos 23 millones de kilómetros cuadrados, pero, finalmente, las disputas entre los

▶ **En este tapiz de seda**, un príncipe mongol entronizado está flanqueado por hombres persas. Fue creado por tejedores chinos enviados a Irán o Irak, gobernados por los mongoles durante el siglo XIV.

sucesores de Gengis dieron como resultado que se dividiera en cuatro kanatos que, en 1368, se habían disuelto. En el Ilkanato persa, los mongoles fueron absorbidos por la población tribal turca, aunque, a excepción de una breve pausa en el siglo XVIII, fue gobernado por la casa mongola Hulagu hasta 1925. La dinastía mongol Yuan gobernó China hasta 1368. Durante siglos, los descendientes de Gengis Kan gobernaron varias dinastías en Asia Central, la última de las cuales fue la del emir de Bujará (Uzbekistán), quien fue depuesto en 1920. El mongol todavía se habla hoy en Asia Central y partes del norte de China.

▼ **Los caballos** fueron fundamentales en los éxitos militares de Gengis Kan, y la cultura del caballo se extendió desde Mongolia a otros territorios del imperio, incluso a China.

«Estas eran las canoas de mis antepasados, en las que remaban a través del Gran Océano de Kiwa».

Del canto de los Ngāti Raukawa

El jefe Tāmati Waka Nene, del pueblo ngāti haō, aparece en esta pintura de 1890 del artista bohemio Gottfried Lindauer. Su *moko* («tatuaje facial») indica su estatus.

de las islas polinesias

AOTEAROA
(NUEVA ZELANDA)

OCÉANO
PACÍFICO

Islas Chatham

Hacia la larga nube blanca

LOS MAORÍES LLEGAN A NUEVA ZELANDA

Nueva Zelanda fue la última gran masa terrestre del planeta en ser colonizada por los seres humanos. Los pioneros maoríes que llegaron hacia 1250 d. C. habían viajado más de 2500 km por el mar abierto desde la Polinesia Oriental, y es probable que iniciaran su viaje en las islas de la Sociedad, Cook o Australes. Fue el paso final de la migración polinesia que había poblado los archipiélagos del Pacífico Sur, y probablemente se llevó a cabo en canoas de doble casco con estabilizadores, que podían transportar unas cincuenta personas.

Las leyendas de la fundación

La tradición maorí cuenta que la nueva tierra fue descubierta por un pescador llamado Kupe que salió en busca de un pulpo y se alejó de las aguas de su tierra natal maorí de Hawaiki. Cuando se acercó a la Isla Norte, su esposa Kuramārōtini la llamó Aotearoa («larga nube blanca»), que, desde entonces, ha sido el nombre maorí de Nueva Zelanda. Kupe regresó a Hawaiki y explicó su hallazgo, y muy pronto otras *waka* («canoas») emprendieron el viaje. Los maoríes han recordado los nombres de los ocupantes de las siete *waka* que se asentaron en Nueva Zelanda, y todos los miembros de un *iwi* («grupo de parentesco maorí») siguen la huella de su descendencia de uno de estos fundadores a través de un proceso de *whakapapa* («genealogía») que es fundamental para la identidad maorí.

Los recién llegados se extendieron rápidamente por la Isla Norte y, más tarde, por la Isla Sur. Habían llevado consigo perros y ratas, así como *kumara* («boniato»), taro, ñame y morera de papel, y complementaron su dieta cazando las abundantes moas gigantes (grandes aves no voladoras, algunas de más de doscientos kilos de peso) y focas, y pescando con redes y anzuelos.

Construyeron aldeas de casas rectangulares con tejados a dos aguas y dedicaron algunos lugares a la agricultura, mientras que en otros crearon campamentos estacionales para la caza.

Culturas maoríes posteriores

Los primeros asentamientos se establecieron en puertos naturales o en las desembocaduras de los ríos, con fácil acceso al agua dulce y abundancia de caza. Sin embargo, en un siglo, la caza de los moas hasta casi su extinción y el aumento de los niveles de población afectaron seriamente a los primeros migrantes. Hacia 1500 d. C., algunos emprendieron un nuevo viaje a las islas Chatham, 800 kilómetros al este de la Isla Sur, donde se estableció una nueva cultura, la de los moriori, que continuó basándose en la caza.

De regreso en Aotearoa, la sociedad se hizo más jerárquica. Los jefes ampliaron su autoridad sobre áreas más grandes y se fueron construyendo fuertes defensivos en las colinas a medida que estallaban frecuentes guerras entre las tribus. Se desarrolló una rica tradición del tallado de la madera y el esculpido del jade cuando la sociedad maorí entró en su período clásico.

▲ **Los maoríes navegaron** desde las islas polinesias (*véase* pág. 39) a la Isla Norte de Nueva Zelanda antes de extenderse por la Isla Sur. Algunos viajaron más tarde al este para establecerse en las islas Chatham.

▶ **Esta talla de jade** utiliza un diseño espiral *koru*, un motivo tradicional en el arte maorí que representa la apertura de una hoja de helecho plateado, que simboliza nuevos comienzos, esperanza y fuerza.

▼ **Grabado de una canoa de guerra** (o *wakataua*), realizado por Sydney Parkinson en 1770, que muestra las típicas tallas perforadas, delante y detrás, y los diseños pintados, de alto poder simbólico, utilizados en estas embarcaciones.

1. El pueblo mexica es guiado por su dios Huitzilopochtli para que construya una ciudad allí donde vea un águila posada sobre un nopal comiendo una serpiente, según la historia mítica de la fundación de Tenochtitlan.

2. Este escudo de guerra indica que los mexicas necesitaron pelear por su territorio.

3. Las figuras con túnicas blancas representan a los diez hombres que condujeron a los mexicas a este lugar.

4. Los grandes guerreros indican el poderío del pueblo mexica frente a sus enemigos más débiles. Sus escudos tienen el mismo patrón que el escudo de guerra superior.

▶ **El códice Mendoza** fue encargado en 1541 por el virrey español Antonio de Mendoza como una forma de registrar los detalles del imperio mexica. Este es el frontispicio que muestra la fundación de la ciudad de Tenochtitlan. Dibujado por artistas indígenas, las páginas están anotadas en español.

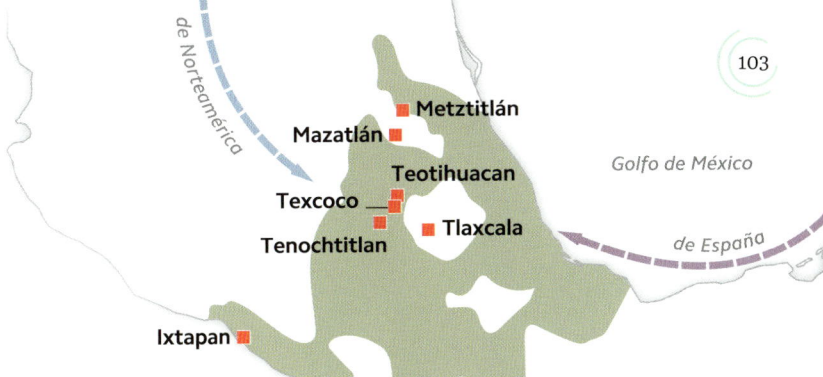

Golfo de México

de Norteamérica

de España

Metztitlán

Mazatlán

Teotihuacan

Texcoco

Tlaxcala

Tenochtitlan

Ixtapan

OCÉANO PACÍFICO

Migraciones mesoamericanas

IMPERIOS INDÍGENAS EN MESOAMÉRICA

CLAVE

Extensión del imperio mexica en 1521

Llegada de los mexicas desde la mítica Aztlán en la década de 1300

Llegada de Hernán Cortés en 1519

Entre aproximadamente 500 d. C. e inicios del siglo XVI, una serie de poderosas sociedades ejercieron su influencia en toda Mesoamérica (en los actuales México y América Central). Sucesoras de civilizaciones anteriores como la olmeca, fundaron grandes ciudades-estado y expandieron sus dominios mediante conquistas, alianzas, la religión y el comercio. Algunas culturas alcanzaron una posición prominente, mientras que otras declinaron o se vieron obligadas a trasladarse, víctimas de la guerra, la superpoblación, la sequía y la degradación ambiental. Sus siglos de dominación en la región terminaron en 1519 con la llegada de Hernán Cortés y los conquistadores españoles (*véanse* págs. 114-115).

Expansiones zapoteca y maya

Los beneficios obtenidos en las redes comerciales permitieron a los zapotecas establecer un gran imperio desde su base en el valle de Oaxaca y erigir Monte Albán, la primera gran ciudad en Mesoamérica. Hacia 500 d. C., este centro religioso y cultural tenía una población de más de 17 000 habitantes, y su combinación de palacios, templos, viviendas y campos de juego de pelota (un deporte con connotaciones rituales) influyó en las ciudades posteriores construidas por otras sociedades de la región.

Al sureste de las tierras zapotecas, los pueblos mayas crearon un gran imperio, que alcanzó su apogeo entre 250 y 900 d. C. Abarcaba la mayor parte del sur del México actual, Guatemala, el norte de Belice y las zonas occidentales de Honduras y El Salvador, con una población de hasta diez millones de personas. Los mayas lograron grandes avances en matemáticas, astronomía, arquitectura, agricultura e irrigación, que más tarde influyeron en las sociedades de Mesoamérica, pero a finales del siglo IX d. C., la mayoría de las ciudades-estado mayas parece que habían perdido su esplendor o habían

colapsado. Los supervivientes emigraron a otras partes de la región, mientras que sus antiguas ciudades comenzaban a cubrirse de selva (aunque algunas ciudades-estado mayas en la península de Yucatán perduraron hasta el siglo XVI).

Herederos de la cultura tolteca

A mediados del siglo X, el pueblo tolteca, que había emigrado de los desiertos del noroeste al centro de la península de Yucatán, inició una guerra religiosa para difundir el culto a su dios, Quetzalcóatl, por todo su creciente imperio. Los vínculos comerciales extendieron su influencia, gracias a la cerámica, los tejidos y la obsidiana, que eran transportados al sur por los mercaderes toltecas. Aunque su poder cesó a mediados del siglo XI, su herencia cultural permaneció a través de los pueblos mexicas (más tarde denominados aztecas por los europeos), que veneraban la sociedad tolteca y adoptaron muchas de sus prácticas.

La tradición oral cuenta que los mexicas viajaron al sur desde Aztlán y que se asentaron en una isla en el lago de Texcoco. En 1325, guiados por su dios Huitzilopochtli, fundaron Tenochtitlan, que se convirtió en una de las grandes capitales mesoamericanas (*véanse* págs. 106-107). Los mexicas dominaron la región hasta que fueron derrotados por los españoles en 1521. Si bien esto puso fin a su poder, las tradiciones siguen vivas.

▲ **Aunque los mexicas,** que construyeron su famosa ciudad en Tenochtitlan, se encuentran entre las culturas más conocidas de América Central, otras muchas dejaron su huella en la región, con una infinidad de sitios espectaculares.

▼ **En este manuscrito** se muestra una cancha de pelota con sus jugadores, que probablemente data de antes de la llegada de los españoles. En toda Mesoamérica se construyeron campos de juego de pelota.

▼ **Teotihuacan**, una vasta ciudad-estado que floreció durante el siglo V d. C., atrajo a numerosas culturas, incluidos los zapotecas y los mayas. El arte, las religiones y la arquitectura de la ciudad influirían en los posteriores pueblos tolteca y mexica.

El puente Q'eswachaka, de quinientos años de antigüedad, fue construido por los incas para cruzar el río Apurímac en lo que ahora es la región de Cusco en Perú. El puente consta de cuerdas de fibras vegetales, que cada año renuevan los pueblos de habla quechua, descendientes indígenas de los incas.

INFLUENCIAS CULTURALES

Religiones indígenas

A inicios del siglo XVI, los mexicas ejercían su poder sobre unos quinientos pequeños estados en el centro de México. Su sistema de creencias compartía aspectos con otras religiones indígenas mesoamericanas, entre ellas la de los toltecas, cuya cultura había dominado la región. Este relieve es del templo tolteca de Quetzalcóatl (o Serpiente Emplumada), un dios adorado también por los mexicas.

Colonizadores españoles

Con los restos de Tenochtitlan, los españoles construyeron su centro de poder en el Nuevo Mundo. Sus planificadores diseñaron Ciudad de México con un patrón reticular cuadrado de barrios y plazas, y más tarde, las ruinas mexicas se incorporaron al distrito central. En la actualidad, la arquitectura colonial española se asienta junto a edificios del siglo XIX y otros mexicanos modernos.

Arquitectura francesa

Los mexicanos de origen francés descienden en su mayor parte de los inmigrantes y soldados que se establecieron en el país cuando Francia invadió México en 1863 y creó el efímero Segundo Imperio Mexicano. A finales del siglo XIX, Ciudad de México se modernizó, e incorporó elementos del *art nouveau* francés en sus edificios, como el Palacio de Bellas Artes.

Ciudad de México

LA CIUDAD DE LOS PALACIOS

En 1325, los mexicas (o aztecas), un grupo de lengua náhuatl que había emigrado desde el norte de los actuales México o el suroeste de Estados Unidos muchos años antes, se asentaron en Tenochtitlan, en una isla en el lago de Texcoco en el valle de México (*véanse* págs. 102-103). Controlaron otros pueblos indígenas de la región y se convirtieron en una fuerza dominante en Mesoamérica. Tenochtitlan se transformó en una ciudad-estado con canales, plazas, palacios y templos con elaboradas tallas y alrededor de 100 000 a 200 000 habitantes.

En 1519, los conquistadores españoles llegaron a Tenochtitlan y, con la ayuda de algunos pueblos locales que se resistían al dominio mexica, derrocaron el gran imperio. Los españoles destruyeron Tenochtitlan y en el mismo lugar construyeron Ciudad de México.

Una megaciudad multicultural

Durante el período colonial español (1535-1821, *véanse* págs. 114-115), la ciudad experimentó migraciones voluntarias e involuntarias. Por una parte, afluyeron los españoles, mientras que, por otra, llegaban esclavos de África y Asia para satisfacer la gran demanda de mano de obra. A la ciudad acudieron olas de inmigrantes españoles (sacerdotes, soldados, administradores, comerciantes y artesanos). Durante la época colonial estuvo prohibida la inmigración no española, pero tras la independencia de México, en 1821, comenzaron a llegar otros europeos, entre ellos muchos franceses. La ciudad se expandió muchísimo a finales del siglo XIX y principios del XX, cuando se construyó en las últimas secciones del lago de Texcoco.

La población experimentó un nuevo crecimiento cuando la industrialización atrajo a mexicanos del campo y a migrantes de China y Oriente Medio, así como de Centroamérica y Estados Unidos. Estos movimientos conformaron la cultura, la arquitectura y la economía de una megaciudad que, en 2020, albergaba a más de 9,2 millones de personas.

▲▲ **Esta pintura de Ciudad de México** en 1825 de Pedro Calvo fue realizada poco después de que México obtuviera la independencia, y muestra la arquitectura colonial española de la ciudad.

▲ **Personas con disfraces de calaveras** desfilan para conmemorar el Día de los Muertos, una fiesta que honra a los difuntos y que combina creencias indígenas y cristianas.

◀ **Esta colorida obra de arte callejero del siglo XXI** en una pared de Ciudad de México reproduce máscaras tradicionales mexicas. Su uso se remonta a miles de años atrás en las ceremonias y rituales mesoamericanos anteriores a la llegada de los colonos españoles.

> «No hay Ciudad de México sin aquellos [...] que constantemente construyen ricas culturas e historias todos los días».
>
> Ignacio M. Sánchez Prado, profesor de Estudios españoles y latinoamericanos, 2020

Inmigración china

Durante la época colonial, algunos marineros chinos se establecieron en Ciudad de México. Además, algunos europeos llegaron con sus esclavos asiáticos, chinos entre ellos. Asimismo, a finales del siglo XIX y principios del XX, llegó un gran número de inmigrantes chinos para trabajar en proyectos industriales como los ferrocarriles. Actualmente, en la ciudad existe una floreciente comunidad china.

Emprendedores estadounidenses

A finales del siglo XIX y principios del XX, se alentó a los empresarios, ingenieros y emprendedores estadounidenses para que emigraran a la ciudad para colaborar en la industrialización de México. Se crearon nuevos negocios, como la cadena de cafeterías Sanborns, de nuevo estilo, que se inauguraron en Ciudad de México.

Inmigrantes cubanos

El Café La Habana en Ciudad de México, en el pasado, fue un lugar de encuentro de los revolucionarios cubanos. Fidel Castro y sus partidarios utilizaron México como punto de partida para la revolución. Muchos cubanos huyeron a México después de la Revolución cubana (1953-1959), y otros los siguieron para escapar del régimen comunista.

4

Colonización y conquista

1400-1800

Colonización y conquista

1400-1800

Los patrones de migración vigentes durante siglos cambiaron de manera radical a partir del siglo XV, cuando los europeos, que disponían de armas de fuego y barcos capaces para las travesías transoceánicas, exploraron y luego ocuparon muchas tierras por la fuerza. En México y Perú, los españoles conquistaron los territorios mexicas (aztecas) e incas, respectivamente, pero llevaron consigo enfermedades y un sistema de explotación en las plantaciones que causó la muerte de hasta el 90 por ciento de la población indígena. Un desastre similar tuvo lugar en Norteamérica, donde los colonos británicos y franceses, que en muchos casos huían de la persecución religiosa en Europa, establecieron colonias en el siglo XVII. Los invasores ocuparon de manera violenta las tierras de los pueblos indígenas, libraron guerras que, o los aniquilaron, los expulsaron o, en algunos lugares, los utilizaron como trabajadores forzados.

A partir de la década de 1520, las potencias europeas instauraron el comercio de esclavos en el Atlántico como fuente de trabajo forzoso. Transportaron a 12,5 millones de esclavos a través del Atlántico desde África Occidental hasta América antes de que se aboliera la trata en la década de 1830, no sin antes haber devastado y despoblado la costa de África Occidental.

Los peruanos se convierten al cristianismo bajo el dominio español (págs. 114-115)

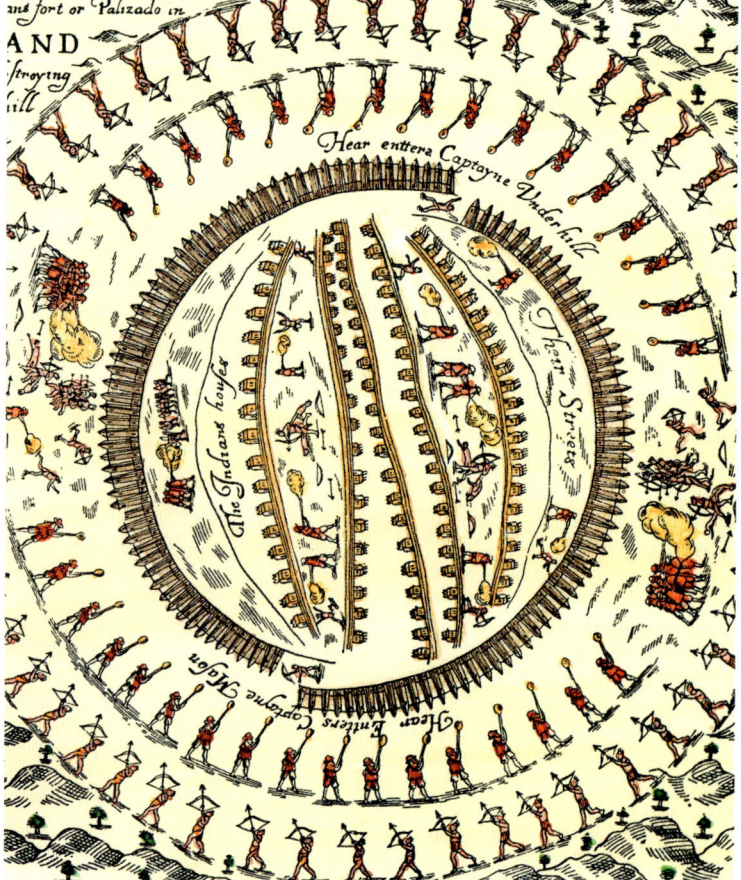

Los colonos ingleses guerrean contra el pueblo pequot en Nueva Inglaterra (págs. 118-121)

«¿Por qué has de tomar por la fuerza lo que puedes
tener por amor? ¿Por qué quieres destruirnos?».

Powhatan, jefe de la Confederación Tsenacomoco, en un escrito al colonizador inglés John Smith, 1609

En India, los musulmanes mogoles (originarios de Asia Central) crearon un imperio que llegaría a abarcar casi todo el subcontinente indio, y forjaron una cultura que fusionó influencias indias y persas, hindúes y musulmanas. Dentro de este imperio y del turco-otomano, coexistieron diferentes pueblos, pero la llegada de los europeos, primero como comerciantes en busca de especias como la nuez moscada, y luego como ocupantes, desestabilizó los sistemas políticos y condujo al establecimiento de las colonias europeas. En el sur de África se crearon más asentamientos europeos cuando inmigrantes que hablaban neerlandés ocuparon las tierras de los pueblos khoi, san y xhosa. Más al norte, el régimen colonial inglés en Kenia atacó a los pastores de ganado masáis en sus rutas migratorias.

En el siglo XVII, la propia Europa estaba cambiando, cuando la Revolución Industrial trajo consigo una urbanización explosiva que atrajo a millones de personas del campo a las ciudades. Las mejoras en la tecnología del transporte facilitaron los vínculos con el hogar, por lo que ir y volver del trabajo resultó más soportable. A medida que la industrialización se iba extendiendo por todo el mundo, se iba repitiendo este patrón de urbanización.

Los cosacos rusos invaden Siberia en 1580 (págs. 132-133)

Esclavos africanos trabajan en una plantación de café en Brasil (págs. 124-127)

En busca de tierras de pastoreo

LA MIGRACIÓN DE LOS MASÁIS

◄ **Este collar de cuentas**, de principios del siglo xx, es una muestra de los que usan en capas las mujeres masáis casadas. El género, la jerarquía y el estado civil se identifican mediante joyas con cuentas, una costumbre que ha perdurado durante siglos.

▼ **En las comunidades masáis**, las mujeres son las encargadas de ordeñar las vacas y cuidar del hogar, mientras que los hombres se dedican a la protección y el pastoreo.

Entre los siglos xv y xviii, el pueblo masái, un grupo nilótico seminómada, emigró hacia el sur desde los territorios que ocupa el actual Sudán del Sur. Partieron a pie con otros grupos étnicos, incluidos los tutsi, en busca de pastos para alimentar a sus rebaños, más ganado para aumentar sus recursos y agua. En el siglo xvii o xviii, habitaban una larga franja de tierra que se extendía desde el norte de Kenia hasta el norte de Tanzania.

Estilo de vida y cultura masáis

A medida que los masáis avanzaban hacia el sur, fueron desplazando por la fuerza a algunos pueblos que habitaban allí, como los datoga y los chagga, aunque otros grupos fueron asimilados a su cultura. En el siglo xix, el territorio masái se había extendido hasta cubrir la mayor parte de Kenia y el norte de Tanzania; fue la mayor extensión jamás alcanzada.

Los masáis siempre han creído que la tierra es de todos y que debe ser compartida por igual, y su forma de vida depende fundamentalmente de su ganado. El pueblo masái siempre ha dependido de sus rebaños para satisfacer todas sus necesidades básicas, sustento, indumentaria y vivienda. Utilizan las pieles de vaca para confeccionar ropa, así como paredes o techos de alojamientos temporales, mientras que construyen las casas más permanentes con estiércol y orina de vaca. El ganado también es la principal moneda de cambio en la sociedad masái.

Retos a los que han tenido que hacer frente

Entre 1883 y 1902, los masáis soportaron muchas penurias, y se estima que más del 60 por ciento de su población murió como resultado de la viruela y la hambruna causadas por la sequía y la peste bovina, una enfermedad viral muy contagiosa que acabó con su ganado.

Los masáis se enfrentaron a nuevas amenazas en 1895, cuando los colonos británicos llegaron a Kenia. Los británicos los «convencieron» para que firmaran un tratado (en 1904), según el cual les cedían sus mejores tierras para que las colonizaran a cambio de derechos exclusivos en dos reservas. Varios años más tarde (en 1911), los británicos y un pequeño grupo masái firmaron otro tratado, en el que se cedieron aún más tierras a los británicos. Estos expulsaron por la fuerza a los masáis de sus tierras y los confinaron en reservas en áreas más secas. La pérdida de autonomía de los masáis continuó con los gobiernos independientes de Kenia y Tanzania, y desde entonces gran parte de sus tierras se han convertido en parques nacionales y reservas dedicadas al turismo.

En la actualidad, los masáis (alrededor de un millón) conservan su cultura. Han mantenido sus tradiciones orales en términos de historia, derecho y política, y continúan con las tradiciones culturales como el canto y la ejecución de bailes, visten ropas tradicionales y se someten a modificaciones corporales. Muchos conservan un estilo de vida de pastoreo seminómada y se han resistido a establecerse en hogares permanentes en las ciudades, aunque algunos se han asimilado a la vida urbana y la educación general.

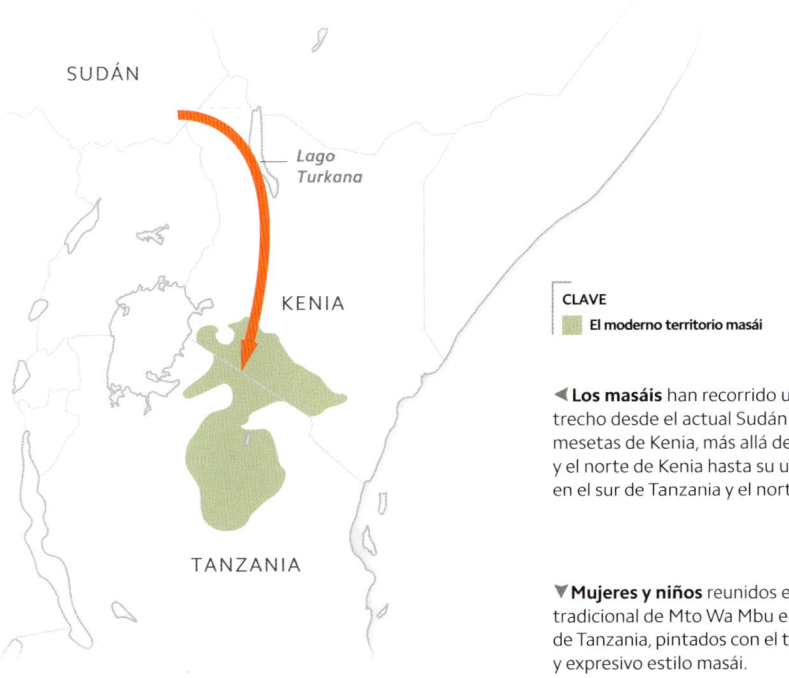

SUDÁN

Lago Turkana

KENIA

TANZANIA

CLAVE

El moderno territorio masái

◄ **Los masáis** han recorrido un largo trecho desde el actual Sudán del Sur por las mesetas de Kenia, más allá del lago Turkana y el norte de Kenia hasta su ubicación actual en el sur de Tanzania y el norte de Kenia.

▼ **Mujeres y niños** reunidos en el pueblo tradicional de Mto Wa Mbu en el norte de Tanzania, pintados con el típico colorido y expresivo estilo masái.

«Sabes de dónde vienes, pero no adónde vas».

Maasinta, el primer masái, según su literatura oral

Nuestra Señora de Cocharcas, pintada en Perú en 1765. Refleja la aparición de una nueva escuela de arte indígena que fusionó narrativas católicas y locales.

Conquista
y conversión

LA COLONIZACIÓN DE AMÉRICA LATINA

NORTEAMÉRICA

Islas del Caribe

Chichén Itzá
Mayapán
Tlaxcala
Tenochtitlan
Palenque
Tikal
Chan Chan
Cusco

OCÉANO ATLÁNTICO

SUDAMÉRICA

CLAVE
→ Irrupción española
→ Irrupción portuguesa
■ Imperio mexica
■ Imperio inca

En el siglo XV, zonas de Norteamérica, Centroamérica y Sudamérica albergaban algunas de las civilizaciones más avanzadas, poderosas y ricas del mundo. Los mexicas (aztecas) habían creado un sofisticado estado en lo que ahora es México, con una magnífica ciudad capital en Tenochtitlan. Más al sur, en Ecuador, Perú, Bolivia y Chile, los incas gobernaban un inmenso imperio de doce millones de personas desde su centro administrativo de Cusco. Eran sociedades muy organizadas con religiones complejas, métodos de agricultura eficientes y un poderío militar efectivo. Cuando, en solo unas pocas décadas, los colonizadores europeos tomaron el control de estas tierras, tuvo lugar un complejo intercambio de riqueza, influencias e ideas que remodelaron la vida en América.

Conquistadores y colonizadores

La llegada al Caribe del navegante Cristóbal Colón el 12 de octubre de 1492 supuso el primer contacto entre Europa y América. Su expedición, financiada por la monarquía española, cuyo principal objetivo era encontrar una ruta por el oeste hacia Asia, no lo logró, pero sus informes favorables dieron lugar a siglos de colonización europea.

Los colonos españoles, entre los que había agricultores y artesanos, sacerdotes y conquistadores, así como líderes militares que buscaban fortuna en la conquista de nuevas tierras, llegaron rápidamente al Caribe y establecieron colonias que se convirtieron en las bases para la conquista del continente. Hacia 1533, tanto el imperio mexica como el inca habían caído, derrotados por una fusión de fuerza, habilidad, rivalidades locales, manipulación política y la importación de enfermedades

europeas como la viruela y el sarampión. Se estima que a principios de 1600, el contacto europeo había causado la muerte del 90 por ciento de la población indígena.

Intercambio e integración

Se ha denominado «intercambio colombino» al proceso de transferencias del Viejo al Nuevo Mundo y viceversa. La enfermedad fue solo un elemento de una nueva serie de intercambios (llamados «intercambios colombinos»). Los colonos españoles llevaron a América nuevos cultivos y animales, como el trigo, el arroz y la caña de azúcar, los caballos y el ganado, pero también las enfermedades. En dirección contraria, fluyeron las riquezas de minerales como el oro y la plata, así como nuevos cultivos como la patata, el maíz, el tomate y el tabaco.

Estos intercambios transformaron también la cultura y el tejido social de las sociedades indígenas. Los colonizadores europeos importaron millones de esclavos africanos para que se unieran a los trabajadores forzosos indígenas. También exportaron el cristianismo.

La religión fue la principal justificación de los colonizadores para la conquista y, aunque forzaron la conversión, las culturas indígenas se adaptaron. Los misioneros aprendieron los dialectos locales para difundir el cristianismo, pero las creencias tradicionales coexistieron con las religiones recién adoptadas. El colonialismo tuvo un impacto devastador, pero ha evolucionado en una síntesis de las culturas europea, indígena y africana.

▲ **Las potencias colonizadoras** europeas tomaron el control de los territorios del Caribe y América Latina a partir de 1492. España ocupó grandes zonas de Norteamérica, Centroamérica y Sudamérica, y Portugal invadió lo que es el Brasil actual desde la costa este.

▼ **Los tesoros ceremoniales de oro**, como este cuchillo de Perú, fueron saqueados por los conquistadores y se fundieron para financiar futuras expediciones.

▼ **El conquistador español** Hernán Cortés y el emperador mexica Cuauhtémoc se enfrentan en combate en 1521.

INFLUENCIAS CULTURALES

Ruinas fenicias

Gran parte de la Lisboa antigua y medieval fue destruida con el terremoto de 1755. Sin embargo, los restos que se han conservado en los claustros de la catedral de Lisboa han confirmado la presencia fenicia en la ciudad, conocida entonces como Alis Ubbo, desde 1200 a. C, aproximadamente. También se ha encontrado cerámica fenicia en el cercano castillo de São Jorge.

Arquitectura romana

Este magnífico acueducto, construido entre 1731 y 1799, sigue el curso del original romano. Durante la dominación romana, Lisboa (llamada Olisipo) se convirtió en el principal puerto de Lusitania, de donde partían pescado, aceite de oliva y vino al resto del imperio. Los romanos inspiraron algunas de las características propias de Lisboa, como sus pavimentos de piedra caliza.

Influencia musulmana

Desde la cima de la colina que domina la ciudad de Sintra, el palacio de Pena es una sorprendente combinación de arquitectura musulmana y cristiana. Uno de los legados más aparentes es el muro de arcos frente a la capilla. Muchos distritos de Lisboa tienen nombres moriscos, como el barrio de Alfama.

Lisboa

LA CIUDAD DE LA LUZ

▲▲ **Estos azulejos** muestran la imagen de la plaza del Comercio de Lisboa como era antes de que fuera destruida por el terremoto de 1755.

▲ **El fado, de carácter triste** y fatalista, desarrollado en Lisboa en el siglo XIX. Algunos sugieren que tiene raíces moriscas; otros afirman que surgió a partir de un estilo de danza afrobrasileña.

◄ **Una de las características emblemáticas** de Lisboa, los azulejos, llegaron a Portugal en el siglo XV, cuando algunas zonas del país estaban bajo el dominio árabe. La palabra proviene del árabe *al-zulayj*. Este moderno mural de azulejos representa el ajetreado puerto de Lisboa.

Cuenta la leyenda que, en 1200 a. C., los fenicios (*véanse* págs. 44-45) establecieron un asentamiento comercial en el estuario del Tajo. Entre 138 a. C. y 409 d. C., los romanos ocuparon este puesto de avanzada, y Octavio (el futuro emperador Augusto) le otorgó la categoría de ciudad hacia 30 a. C. Durante los siglos siguientes, Lisboa sufrió las invasiones de los alanos y los vándalos, formó parte del reino de los suevos y fue tomada finalmente por los visigodos. En el siglo VIII, pasó a formar parte del territorio musulmán (*véanse* págs. 86-87) durante 433 años. La arquitectura morisca y los nombres de los distritos sobreviven hoy en la ciudad.

En 1147, como parte de la Reconquista, caballeros cristianos liderados por Alfonso I asediaron y conquistaron la ciudad, que, en 1256, pasó a ser la capital de Portugal, aunque no prosperó hasta la Era de los Descubrimientos. Entonces, se instaló en la ciudad una comunidad de comerciantes que le proporcionó riqueza. Gran parte del dinero de Lisboa provenía de la trata, con unos dos mil esclavos que, desde 1450, llegaban cada año de África. Tras un devastador terremoto en 1755, Lisboa nunca volvió a su antigua gloria, y desde el siglo XIX fueron muchas las personas que la abandonaron.

El resurgir de la inmigración

En la década de 1960, empezaron a llegar trabajadores africanos de las colonias portuguesas, en particular de Cabo Verde, para cubrir la escasez de mano de obra. Cuando estas colonias obtuvieron la independencia, entre 1974 y 1976, Portugal recibió a medio millón de personas, muchas de ellas ciudadanos portugueses.

Desde la década de 1980, miles de inmigrantes han llegado a Lisboa desde Brasil, Angola y Guinea-Bisáu, países de lengua portuguesa, buscando una vida mejor. Además, en la década de 1990, hubo una afluencia procedente de Europa Oriental, lo que ayudó a transformar aún más a Lisboa en la metrópolis multicultural que es hoy en día.

> «Al viajero que llega por mar, Lisboa le ofrece ya de lejos una vista hermosa y soñadora, resplandeciente frente al azul vibrante del cielo, excitado por el sol».
>
> Fernando Pessoa, destacado escritor lisboeta

Sinagoga

En 1497, el rey Manuel I obligó a los judíos de Portugal a convertirse al cristianismo. La Inquisición persiguió a las familias que practicaban el judaísmo. La procesión de la ilustración inferior pasa por delante de la Shaare Tikvah, la primera sinagoga de Portugal desde la Edad Media, que constituyó la culminación de la larga lucha de los judíos portugueses por su reconocimiento.

Población africana

Muchas personas de ascendencia africana residen en Lisboa, debido a siglos de comercio de esclavos y a los vínculos coloniales de Portugal con el continente africano. A pesar de sus orígenes diversos, los inmigrantes afrodescendientes comparten un género musical, el kuduro, un estilo de música y danza originario de Angola que se hizo popular en los suburbios de Lisboa.

Comunidad brasileña

En la actualidad, los brasileños constituyen la mayor comunidad de inmigrantes de Portugal. Han llevado consigo su rica cultura. Una de las más populares es la telenovela, hasta el punto de que la jerga brasileña ha inundado el portugués. Este mural del activista indígena brasileño Raoni Metuktire fue pintado por el artista brasileño Eduardo Kobra en 2019.

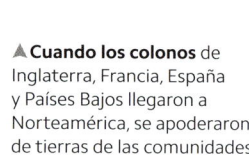

Invasión europea
LA COLONIZACIÓN DE NORTEAMÉRICA

Antes del siglo XVI, Norteamérica era el hogar de cientos de naciones indígenas, con una compleja variedad de lenguas, culturas y maneras de vivir. Las culturas indígenas de América que lograron sobrevivir durante los cuatro siglos siguientes lo hicieron a pesar de la invasión europea del continente, más que a causa de ella.

Esta invasión comenzó en 1565, cuando el conquistador español Pedro Menéndez de Avilés fundó San Agustín en Florida. Avilés quería crear una base desde la que competir con los colonizadores franceses, que también deseaban explotar los recursos de la región. De este modo, Norteamérica, donde los pueblos indígenas habían vivido en paz durante más de diez mil años, se convirtió en un campo de batalla entre las potencias europeas.

Un punto de apoyo en el Nuevo Mundo

En los cien años posteriores, franceses, suecos, daneses, noruegos, neerlandeses e ingleses competirían con los españoles para establecer un punto de apoyo en lo que llamaron el Nuevo Mundo. Cada una de las potencias europeas tenía sus propios objetivos, por lo que diferían en la manera de interactuar con los pueblos indígenas. Suecia compró tierras en el actual Delaware a las naciones Lenape y Conestoga, solo para ser expulsada por sus competidores holandeses, quienes se apoderaron de la tierra por la fuerza. Los españoles buscaban principalmente oro, por lo que se concentraron sobre todo en las tierras del suroeste. Cuando los franceses fundaron Quebec en 1608, pretendían desarrollar el comercio de pieles, por lo que solían intentar colaborar con los indígenas para mantener un buen suministro. Los ingleses querían pieles, pero también tierras, al principio solo para explotar sus recursos naturales, y, más tarde, para asentarse y crear nuevas comunidades de ultramar.

La colonia de Jamestown

En 1585, el inglés Ralph Lane estableció en Virginia una colonia efímera llamada Roanoke en honor a los indígenas del lugar (*véase* recuadro, pág. 120), pero que debió abandonar muy pronto después de provocar un conflicto con el vecino pueblo secotano. Una segunda colonia, establecida allí en 1587, también fracasó. La primera colonia permanente fue Jamestown, en la bahía de Chesapeake, donde se instalaron 104 colonos en 1607. Durante los siguientes quince años, llegaron 10 000 personas, pero no todas sobrevivieron. Más del 80 por ciento de la población falleció entre 1609 y 1610 en el que se conoce como el «tiempo de hambre», debido a la escasez de alimentos. No pudieron cultivar sus productos agrícolas, no tenían conocimientos de los recursos naturales locales y llevaron consigo enfermedades que no siempre pudieron tratar.

En estas condiciones, Jamestown no resultaba demasiado atractiva para las colonas. Con el fin de crear una sociedad sostenible y próspera, Virginia Company, la compañía inglesa clave en la colonización de la costa este de Norteamérica, tomó medidas especiales para llevar mujeres a la colonia. Noventa «esposas del tabaco» llegaron a Virginia en 1619 con el pasaje pagado por la compañía. Cuando se casaban con un colono, su marido reembolsaba a la compañía el precio del viaje con tabaco. Algunas mujeres fueron enviadas a Virginia en contra de su voluntad, y de las casi 150 que llegaron

▲ **Cuando los colonos** de Inglaterra, Francia, España y Países Bajos llegaron a Norteamérica, se apoderaron de tierras de las comunidades indígenas allí establecidas.

▼ **Las pieles de venado eran un importante** artículo comercial para los pueblos indígenas. Este manto de piel de venado con dibujos de conchas perteneció a Powhatan, un jefe indígena.

▼ **Este grabado en madera representa la aniquilación** de una aldea pequot por parte de la milicia colonial en 1637, durante la guerra Pequot en Nueva Inglaterra. Alrededor de cuatrocientos hombres, mujeres y niños fueron asesinados en menos de una hora.

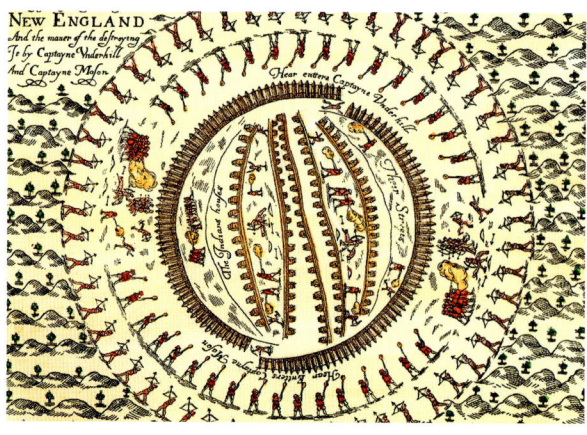

*See-non-ty-a, an Iowa Medicine
Man* es una obra del pintor
estadounidense George Catlin
(1796-1872). Catlin se especializó
en retratos de los pueblos indígenas,
y se esforzó por captar lo que temía
que fuera una «raza en extinción».

a Jamestown entre 1619 y 1622, solo sobrevivieron
35 durante los primeros seis años de su estancia allí.
A pesar de todo, la llegada de las mujeres a Jamestown
hizo que pasara de una estancia temporal, donde
los hombres podían hacer fortuna antes de regresar
a Inglaterra, a un hogar permanente.

Relaciones con los indígenas

Las relaciones entre los colonos de Jamestown y
Powhatan, el *mamanatowick* («jefe principal») de una
confederación de al menos treinta naciones indígenas de
la zona, que les había brindado apoyo militar y pagado
impuestos, se deterioraron. Al principio, la confederación
de Powhatan había recibido bien a los ingleses,
ofreciéndoles alimentos y permitiéndoles el uso de
la tierra, pero el contacto amistoso cesó en 1609.

A menudo, los pueblos indígenas ayudaron a los
primeros colonos a sobrevivir, proporcionándoles
sustento hasta que sus cultivos empezaban a dar fruto.
Un hecho fundamental fue que los europeos aprendieron
de los lugareños cómo cultivar el tabaco. En Virginia
se desarrolló una lucrativa industria tabacalera que
atrajo a más colonos y, más tarde, a esclavos, para
trabajar en las plantaciones y despejar grandes áreas que
habían constituido el hogar de las naciones indígenas.

Por lo general, los europeos tomaron lo que les
interesaba de los pueblos indígenas y rechazaron cualquier
intento de integración con ellos. Conservaron sus culturas
en vez de aprender las lenguas indígenas o interesarse
por sus creencias. En su lugar, los colonos pretendieron
que los pueblos indígenas adoptaran las formas de
vida europeas. La hija de Powhatan, Matoaka (también
conocida como Pocahontas), fue hecha prisionera por
los ingleses en 1613. Fue bautizada como cristiana y
ofrecida como esposa a un plantador de tabaco inglés.
Es muy probable que no tuviera elección ni para la
conversión ni para el matrimonio, pero, más tarde,
los estadounidenses blancos la usaron como ejemplo
de cómo los indígenas podían volverse «civilizados».

Dominio inglés

A medida que más europeos iban llegando a
Norteamérica, las confrontaciones letales comenzaron
a hacerse más frecuentes, a la vez que las naciones
indígenas se veían obligadas a luchar para intentar
conservar sus tierras y los imperios europeos competían
por la dominación. En 1675, el pueblo pequot inició
una guerra en un último gran intento de los indígenas
de Nueva Inglaterra de detener la invasión europea.

Durante el siglo siguiente, neerlandeses y escandinavos
fueron perdiendo influencia, y los ingleses se impusieron

a españoles y franceses. En 1763, Inglaterra se hizo
con el control de las antiguas colonias francesas,
incluido Quebec, en la actual Canadá. Las granjas y
asentamientos ingleses se convirtieron en ciudades, y el
área de ocupación inglesa se adentró más por el interior
de Norteamérica, con grandes oleadas de colonos
que cruzaban el Atlántico. A mediados del siglo XVIII,
prácticamente toda la costa este estaba bajo el control
directo de los ingleses, formando las trece colonias
que se unirían para luchar por la independencia
y fundar finalmente los Estados Unidos de América.

▲ **Pintura que muestra al cuáquero inglés William Penn** firmando un tratado con Tamanend, un jefe de la nación Lenni-Lenape, para fundar la colonia de Pensilvania en 1681.

La colonia perdida

En 1587, unos 115 colonos, encabezados por el explorador
inglés John White, intentaron, por segunda vez, asentarse
en la isla de Roanoke en una ensenada de la actual Carolina
del Norte. Con los colonos al borde de la inanición, White
regresó a Inglaterra para pedir ayuda. Cuando, tres años más
tarde, pudo llegar de nuevo a Roanoke, la única señal de los
colonos fue una marca en un árbol que rezaba «Croatoan».
Su destino es un misterio, pero se cree que se fueron a vivir
con la cercana nación Weapemeoc (Croatoan).

«Nos veis desarmados y dispuestos a proporcionaros lo que necesitáis si venís de manera amistosa y no con espadas y armas, como para invadir a un enemigo».

Jefe Powhatan, carta al colonizador inglés John Smith, 1609

La ciudad de Quebec durante la construcción de *l'habitation* (un conjunto de edificios) en 1608. La obra fue supervisada por el fundador de la ciudad, el explorador francés Samuel de Champlain.

INFLUENCIAS CULTURALES

Culturas indígenas

El explorador francés Jacques Cartier en el primer encuentro con los pueblos iroqueses en Hochelaga, el actual Montreal, en 1535. El nombre del país se le atribuye a Cartier, quien reclamó Canadá para Francia. Empleó la palabra hurón-iroquesa *kanata*, que significa «asentamiento». En 1535, Hochelaga era el hogar de unos 1500 iroqueses, que vivían en casas comunales tradicionales.

Ocupación británica

El Marché Bonsecours, diseñado por el arquitecto británico William Footner, es un mercado público abovedado de dos plantas en Montreal. El desarrollo de nuevas industrias fue incentivado por la llegada de un gran número de colonos británicos desde finales del siglo XVIII, cuando Francia cedió Canadá a Gran Bretaña en 1763, tras la guerra de los Siete Años (1756-1763).

Cultura negra

Muchos afroamericanos llegaron a Montreal a finales del siglo XIX y principios del XX para trabajar en los ferrocarriles de la ciudad. Prosperaron comunidades como Little Burgundy, apodada «el Harlem del norte», con un pujante escenario del jazz. En la parte inferior, un quinteto de jazz toca en el Club St Michel, un importante cabaret ubicado en la calle de la Montagne.

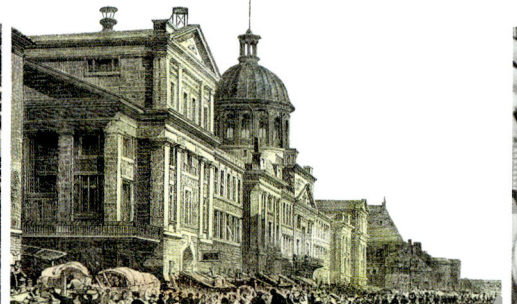

Montreal

LA CIUDAD DE LOS SANTOS

Montreal está situada en una gran isla, en la confluencia de los ríos San Lorenzo y Ottawa. Aquí habían vivido pueblos de las Primeras Naciones durante miles de años. Hacia 1000 d. C., las comunidades nómadas iroquesas empezaron a adoptar un estilo de vida más sedentario y a asentarse en pueblos, uno de ellos Hochelaga, la actual Montreal.

Cuando, en 1642, los misioneros franceses fundaron la colonia de Ville-Marie, más tarde Montreal, Hochelaga ya había desaparecido y la población indígena había sido diezmada por las enfermedades europeas, así como por las guerras con los pueblos vecinos. A pesar de los intentos de los iroqueses por defender su territorio, Ville-Marie se convirtió en una importante estación de comercio de pieles, y la población de colonos franceses fue creciendo poco a poco.

La ciudad crece

En 1760, las fuerzas coloniales británicas tomaron el control de Montreal y aumentó la inmigración británica. Después de la guerra de Independencia de Estados Unidos (1775-1783), también se establecieron en la ciudad los leales, que habían apoyado a los británicos. Fueron seguidos por inmigrantes de Irlanda, que huían del hambre, las enfermedades y la pobreza provocada por la Gran Hambruna de 1845-1849, mientras que más tarde comenzó a llegar un gran número de italianos. Ellos y otros inmigrantes ayudaron a construir y dotar de personal a la infraestructura de transporte, y formaron parte de la mano de obra de sus florecientes industrias.

Las primeras comunidades afroamericanas de Montreal surgieron en el siglo XIX, constituidas por antiguos soldados, personas que habían escapado de la esclavitud y, más tarde, por negros estadounidenses reclutados para trabajar en las redes ferroviarias. Desde la década de 1960, han buscado refugio en la ciudad muchas personas, incluso de Oriente Medio, África del Norte y Haití. En la actualidad, los inmigrantes constituyen el 28 por ciento de los habitantes de Montreal.

▲▲ **Las calles Saint-Paul y Saint Vincent**, que siguen siendo vías importantes, fueron construidas por los franceses en la década de 1670. En Montreal sigue siendo notable la influencia francesa.

▲ **El primer partido público de hockey** del que se tiene noticia se jugó en la pista de patinaje Victoria de Montreal en 1875. El hockey sobre hielo fusionó los deportes británicos e indígenas.

◄ **El arte callejero de Cedar Eve Peters**, una artista anishinaabe (ojibway) de la Primera Nación de Saugeen, en el distrito de Saint-Henri de Montreal, honra a sus antepasados.

«Montreal, [...] como el mismo Canadá, está diseñado para preservar el pasado, un pasado que sucedió en otro lugar».

Leonard Cohen, *The Favourite Game*, 1963

Inmigrantes italianos

Entre las décadas de 1880 y 1920 y tras la Segunda Guerra Mundial, millones de italianos, principalmente del sur, emigraron a América para huir de la pobreza. Muchos lo hicieron a Montreal, con lo que crecieron barrios como La Petite-Italie («Pequeña Italia») donde, en 1910, se encontraba esta tienda de comestibles propiedad de una familia italiana.

Comunidades asiáticas

Una banda chino-canadiense, ataviada con los colores de la bandera de Quebec, desfila por la calle Sainte-Catherine, Montreal, el Día de Canadá. La ciudad alberga una de las comunidades asiáticas más antiguas de Norteamérica. Su barrio chino surgió a finales del siglo XIX, cuando los trabajadores ferroviarios y los mineros chinos emigraron del oeste de Canadá para escapar de la discriminación.

Refugiados de Oriente Medio

El Festival del mundo árabe de Montreal celebra las artes del mundo árabe. Los movimientos de población más significativos de Oriente Medio y África del Norte comenzaron a finales de la década de 1970, debido a acontecimientos como la guerra civil libanesa (1975-1990). Desde 2011, han llegado a Canadá más de 40 000 refugiados sirios.

El pasaje del medio

LA TRATA EN EL ATLÁNTICO

CLAVE
Número de esclavos
→ 0-1 000 000
→ 1 000 000-4 000 000
→ 4 000 000-8 000 000

La trata en el Atlántico fue el mayor movimiento forzado de personas de la historia de la humanidad. Cuando los europeos llegaron a América, diezmaron las poblaciones indígenas, por lo que siempre existió escasez de mano de obra en las plantaciones y minas coloniales. Como respuesta, las potencias coloniales, recurrieron a los esclavos africanos.

A partir del siglo XVI, los comerciantes europeos viajaron a la costa occidental de África y compraron esclavos a mercaderes africanos o de origen europeo. La mayoría de estos esclavos eran al principio prisioneros de guerra, personas secuestradas, o vendidas como castigo o para pagar una deuda; por su parte, los europeos también llevaron a cabo sus propias redadas de esclavos. Esta práctica escaló hasta convertirse en una inmensa operación comercial, y entre los siglos XVI y mediados del XIX, los europeos enviaron 12,5 millones de africanos o más de África Occidental y Central al «Nuevo Mundo»: Norteamérica, Sudamérica (especialmente Brasil) y el Caribe.

Comercio triangular

Con la demanda creciente de mano de obra barata para las plantaciones en los siglos XVII y XVIII, los comerciantes europeos establecieron bases permanentes a lo largo de la costa occidental de África. En ellas intercambiaban bienes manufacturados por esclavos africanos. La mayoría de estos cautivos habían sido forzados a caminar, encadenados por el cuello, cientos de kilómetros, lo que constituía el conocido como el «primer pasaje». Tras ser encarcelados y examinados, por último eran vendidos a los comerciantes, quienes los metían en barcos para ser transportados a través del Atlántico (el «pasaje del medio»), antes de soportar el «pasaje final» desde el puerto hasta su lugar de esclavitud en las colonias.

Liberados de su cargamento humano, los barcos regresaban a Europa cargados de azúcar, tabaco, café y algodón producidos por la mano de obra esclava. Este «comercio triangular» transformó la economía, los sistemas políticos y la cultura en América, y generó una gran riqueza en Europa, pero devastó los estados africanos.

El incentivo económico de este comercio para los gobernantes de los reinos o los comerciantes de África Occidental los motivó a iniciar guerras o lanzar incursiones de secuestro, lo que desestabilizó la sociedad africana. En torno a los dos tercios de los cautivos eran hombres jóvenes, muchos de ellos agricultores, lo que diezmó las economías locales y provocó escasez de alimentos. La severa despoblación destruyó muchas comunidades; otros individuos se vieron obligados a huir tierra adentro hacia áreas remotas en un intento de escapar de las incursiones y la esclavitud.

Un viaje insoportable

Para los africanos que sobrevivían a la marcha forzada a la costa y al encarcelamiento antes del transporte (y fueron muchos los que no lo lograron), el pasaje del medio les infligía nuevos sufrimientos. Desnudos, marcados y encadenados con grilletes en las piernas, los cautivos debían soportar un viaje transatlántico de seis a once semanas hacinados bajo cubierta, a menudo tan apretados que no podían sentarse erguidos.

▲ **Los esclavos** se sacaban de África Occidental y se enviaban a Brasil, controlado por los portugueses; al Caribe, dominado por los españoles; y al sur de Estados Unidos.

▶ **La «Puerta sin retorno»**, en la prisión de la isla de Gorée, Senegal, era la puerta final que los esclavos africanos cruzaban en su continente de origen antes de subir a los barcos que los llevaban al Caribe y a América.

▼ **Un mural ghanés** representa a esclavos africanos en Assin Manso, uno de los mayores mercados de esclavos del país.

«Temía que me mataran [...] porque nunca había visto entre ningún pueblo tales casos de crueldad tan brutal».

Olaudah Equiano en su descripción de la tripulación en un barco de esclavos, 1789

Uno de los cuatro millones de esclavos africanos enviados a Brasil en una fotografía tomada en el puerto de Recife hacia 1869.

El hacinamiento, el calor sofocante y las deficiencias sanitarias causaban epidemias como la disentería, la viruela y el sarampión, mientras que la mala alimentación provocaba escorbuto y desnutrición. A bordo, los hombres y las mujeres estaban separados, y a veces se liberaba a las mujeres de las cadenas y les permitían ciertas libertades, como el acceso al aire fresco en la cubierta. Sin embargo, los miembros de la tripulación solían tratar a aquellas mujeres con extrema violencia, violándolas y agrediéndolas sexualmente. Antes de que se aboliera la esclavitud en el siglo XIX, más de 1,8 millones de esclavos africanos murieron en el pasaje del medio a consecuencia de enfermedades, abusos, falta de alimento o por oponer resistencia a sus captores.

Resistencia e identidad

Las rebeliones a bordo eran frecuentes. En alguna ocasión, los esclavos amotinados tuvieron éxito y dominaron a la tripulación, como en el levantamiento en la goleta española esclavista *La Amistad* en 1839, pero la mayoría de las veces la resistencia fue brutalmente aplastada. Los actos de resistencia individuales, que iban desde negarse a comer hasta intentar saltar por la borda, fueron también tratados con dureza. Los cautivos podían ser alimentados con violencia a la fuerza, y los capitanes solían colocar redes alrededor de los costados del barco para evitar los suicidios.

Los intentos de resistencia en el pasaje del medio fueron el reflejo de un nuevo sentido de comunidad forjado entre africanos de diferentes grupos étnicos, a los que les unía un trato deshumanizador. Muchos de ellos no hablaban el mismo idioma, pero desarrollaron métodos de comunicación mediante el canto, los gritos de llamada y respuesta y la percusión. Estos sistemas se siguieron utilizando en sus destinos como un medio de transmisión de instrucciones, advertencias y cultura oral entre las comunidades esclavizadas.

La religión fue otra fuente de identidad y subversión compartida. Muchos esclavos africanos invocaban el poder sobrenatural de los espíritus ancestrales y lanzaban maldiciones para tratar de dañar a sus esclavizadores. Los vínculos entre la espiritualidad, la música y la danza se mantuvieron sin ser advertidos por la brutalidad del viaje. En muchos barcos, la tripulación obligaba a los esclavos africanos a bailar en cubierta para mantener su salud. El resultado fue la transferencia de rituales, ritmos y cultura a través del Atlántico.

El pasaje final

Tras su llegada a América y al Caribe, los esclavos africanos eran subastados o vendidos directamente a comerciantes o propietarios de negocios, que los transportaban a sus lugares de trabajo, como plantaciones de azúcar, café, arroz y tabaco, minas de oro y plata, granjas y casas particulares. Eran sometidos a un período de «maduración» para aclimatarlos a su entorno y sus nuevas tareas.

Los esclavizadores no lograron despojar a los africanos de sus identidades. Surgieron otras nuevas, que sentaron las bases para las culturas afroamericana y caribeña posteriores. Aparecieron nuevas religiones en América y el Caribe, como el candomblé en Brasil y el vudú en Haití, que reconfiguraron las creencias africanas, la curación, la música y la danza en un nuevo contexto, en historias, folclore, espirituales y música como la samba y el jazz.

▲ **Mantener la danza y la música tradicional** era una forma de conservar los vínculos culturales con África, al mismo tiempo que proporcionaba a los esclavos africanos un pequeño grado de voluntad propia, e incluso un medio sutil de rebelión, utilizando a veces mensajes codificados en canciones.

▶ **En esta fotografía** se muestran esclavos trabajando en una plantación de café en la región de Vale do Paraíba en Brasil en 1882. Brasil fue el último país de América en abolir la esclavitud (en 1888).

Olaudah Equiano

Nacido en Essaka (la actual Nigeria), Equiano fue secuestrado a los once años y vendido como esclavo. Más tarde, liberado de la esclavitud y afincado en Londres, participó activamente en el movimiento abolicionista británico y escribió la historia de su vida (1789), que ayudó a la causa abolicionista.

«Antes de entrar en la casa, dos esclavas, contratadas por otro dueño, que estaban trabajando en el patio, me preguntaron a quién pertenecía. Respondí: "Vengo a vivir aquí". "¡Pobre niña, pobre niña! —dijeron ambas—. Debes tener un buen corazón si vas a vivir aquí". Cuando entré, me quedé de pie y llorando en un rincón. La señora llegó y me quitó el sombrero, un sombrerito de seda negra que la señorita Pruden había hecho para mí, y me dijo con voz áspera: "No has venido aquí para llorar en los rincones; aquí has venido a trabajar". Entonces me puso un niño en los brazos y, cansada como estaba, me obligaron de inmediato a retomar mi antiguo oficio de niñera. No era capaz de mirar a mi ama; su semblante era demasiado severo».

Mary Prince, una esclava de Bermudas en *The History of Mary Prince, A West Indian Slave, Related by Herself*, 1831. En 1828, el propietario de Prince, Thomas Wood, la llevó a Londres, donde, legalmente, se convirtió en una persona libre (la esclavitud había sido abolida en Gran Bretaña), pero permaneció con él hasta que una sociedad antiesclavista local la ayudó a salir de allí y encontrar trabajo. Por lo que sabemos, no logró regresar con su familia en las Indias Occidentales.

Dos mujeres son fotografiadas en Saint Croix, en las Indias Occidentales danesas. Después de la abolición de la esclavitud en Dinamarca en 1848, las personas que antes eran esclavas ahora ganaban un salario, pero muchas hacían el mismo trabajo agotador y vivían en los mismos alojamientos precarios que antes.

INFLUENCIAS CULTURALES

Colonizadores portugueses

Vista de la bahía de Guanabana y entrada a la ciudad de Río desde la terraza del convento de San Antonio, de una pintura de 1816. El convento fue construido por los portugueses en 1608 para albergar a los monjes franciscanos. El capitán naval portugués Gaspar de Lemos llegó a la bahía en enero de 1502, en lo que fue el primer contacto europeo con la región.

Esclavos de África Occidental

La esclavitud era fundamental en el Brasil colonial. Entre los siglos XVI y XIX, los portugueses llevaron a Río a unos dos millones de esclavos de África Occidental, más que a cualquier otra ciudad del mundo. Las influencias africanas han moldeado la gastronomía, el idioma, la música, la danza, el arte y la cultura de la ciudad; un ejemplo es la capoeira, una forma de arte marcial.

Infraestructura alemana

La migración desde Alemania fue alentada por el gobierno brasileño desde principios del siglo XIX. Los alemanes se instalaron inicialmente en el sur rural y, más tarde, en las áreas urbanas, entre ellas Río. Las empresas de ingeniería alemanas desempeñaron un papel clave en el desarrollo de la ciudad: por ejemplo, Siemens construyó líneas de telégrafo de largo alcance y la primera central telefónica de Río.

Río de Janeiro

LA CIUDAD MARAVILLOSA

▲▲ **Bailarines lujosamente** ataviados participan en el gran carnaval de Río de Janeiro, la manifestación cultural más importante de la ciudad, simbiosis de celebraciones africanas y europeas.

▲ **Una banda de samba de la favela Mangueira** en una *jam session*. La música y el baile de la samba tienen sus orígenes en las comunidades negras de Río y se basan en influencias africanas.

◄ **Etnias**, de Eduardo Kobra, es la obra de arte callejero más grande del mundo (récord Guinness). Inaugurada en 2016 para los Juegos Olímpicos, muestra cinco rostros, cada uno de los cuales representa un continente diferente.

Río de Janeiro está situada a orillas de la bahía de Guanabana, en una zona en la que, originalmente, había comunidades tupinambá, que vivían en grandes aldeas y pescaban en las ricas aguas de la costa. Muchos topónimos de la ciudad tienen origen tupinambá; por ejemplo, Ipanema significa «agua mala». Los europeos llegaron allí a principios del siglo XVI y aniquilaron a la población indígena. En la década de 1550, los colonos franceses fundaron un asentamiento en una isla en la bahía, de donde fueron expulsados por los portugueses, quienes fundaron Río de Janeiro en 1565.

Los portugueses dependían en gran medida de la mano de obra esclava que procedía, al principio, de los pueblos indígenas, quienes construyeron gran parte de Río. Entre los siglos XVI y XIX, Río se convirtió en sinónimo de la trata en el Atlántico (*véanse* págs. 124-127). Allí llegaron más esclavos africanos que a cualquier otro puerto de América, mientras que el azúcar, el oro, los diamantes, el café y otros los bienes producidos por los esclavos en Brasil se enviaban a Europa.

Migrantes modernos

En 1808, tras la invasión de Portugal por parte de Napoleón, la corte real portuguesa se trasladó a Río, con lo que se convirtió en la única capital europea fuera de Europa. En el siglo XIX, se modernizó e industrializó. Un gran número de inmigrantes llegó de Europa, Oriente Medio y Japón (*véanse* págs. 188 y 189), sobre todo a finales del siglo XIX y principios del XX. En las laderas que rodean el centro de la ciudad, surgieron asentamientos de la clase trabajadora, las favelas. Habitadas en un principio por soldados que habían luchado en la guerra de Canudos (1895-1897), se convirtieron en el hogar de millones de brasileños negros. Desde entonces se han unido a ellos muchos inmigrantes nacionales procedentes de las zonas rurales. Río, en la actualidad, con una población de seis millones de personas, es una de las ciudades más multiétnicas del mundo, con una mezcla de influencias indígenas, africanas y europeas, desde el carnaval y la samba hasta el fútbol y la manifestación cultural de la *capoeira*.

«Somos negros, indios, blancos, todo a la vez, nuestra cultura no tiene nada que ver con la europea».

Hélio Oiticica, artista visual brasileño

Trabajadores italianos

Las crisis políticas y económicas llevaron a los italianos a emigrar en masa a Brasil a finales del siglo XIX e inicios del XX. Cientos de miles llegaron a Brasil y, aunque la mayoría se dirigió al sur del país o a la región de São Paulo, se creó también una importante comunidad en Río. Muchos trabajaban en la industria del café, que alcanzó su auge durante estos años.

Comerciantes de Oriente Medio

Los migrantes de Oriente Medio, en particular de Líbano y Siria, comenzaron a establecerse en Río a finales del siglo XIX. Muchos trabajaban como comerciantes y vendedores ambulantes en mercados locales, como este en el Viaducto Carioca. Acontecimientos posteriores como el colapso del Imperio otomano, la Primera y la Segunda Guerra Mundial aumentaron más tarde el flujo de inmigrantes.

Trabajadores japoneses

Inmigrantes japoneses llegaron a Brasil a principios del siglo XX huyendo de la pobreza rural. La mayoría viajó a la región de São Paulo para cubrir la escasez de mano de obra en las plantaciones de café, pero un número considerable se instaló en Río. Aquí se puede ver a personas de ascendencia japonesa bailando durante el desfile de carnaval en 2008.

Traslado y rusificación

EXPANSIÓN DE RUSIA EN TIEMPOS DE LOS ZARES

Aunque Rusia es el país más extenso del mundo y abarca una octava parte del área habitada de la Tierra, hace seiscientos años constaba del pequeño ducado de Moscovia en torno a Moscú, bajo el dominio tártaro. Pero a finales del siglo xv, Moscovia comenzó a expandirse, primero hacia el oeste, para apoderarse de otros territorios de etnias rusas, y más tarde hacia el este, incorporando las tierras tártaras, y apoderándose de toda Siberia para construir el Imperio ruso, con muchas etnias bajo su control.

Aunque el control ruso se fue haciendo cada vez más amplio, su expansión no implicó el movimiento voluntario de la gente común. A finales del siglo xvi, los campesinos rusos se convirtieron en siervos, y tenían prohibido desplazarse con libertad. La mayoría de los siervos, que representaban más de un tercio de la población rusa, labraron la tierra durante toda su vida en un solo lugar, sumidos a menudo en una pobreza extrema. Sin embargo, los terratenientes podían desplazar a sus siervos a su gusto, transferirlos a un vecino o enviarlos a las tierras recién conquistadas en Siberia.

Hambruna y conquista

Entre 1601 y 1603, tuvo lugar la migración de mayor magnitud. Los helados veranos rusos hicieron que se perdiera casi toda la cosecha, lo que provocó una hambruna que se cobró la vida de dos millones de personas, un tercio de los rusos en aquel momento. Los refugiados inundaron las ciudades y el campo se vació. A causa de este desastre, muchos campesinos escaparon de la servidumbre y abandonaron su tierra para siempre a fin de empezar una nueva vida en las ciudades.

Durante los dos siglos siguientes, la expansión rusa en Siberia provocó nuevos movimientos de población. La élite rusa se enriqueció con la conquista de Siberia, gracias a la explotación de los ricos recursos naturales de la región y, además, reprimió de una manera brutal a sus pueblos indígenas. Para imponer su control, los rusos establecieron *ostrogs* (fortalezas con empalizadas) en toda Siberia para proteger a los rusos y exigir el *yasak*, un impuesto que se pagaba con pieles. Los yacutos del nordeste y los ainu de Kamchatka sufrieron grandes pérdidas humanas. Lo que ocurrió allí se considera en la actualidad un genocidio, ya que el 70 por ciento de la población indígena fue aniquilada en poco tiempo, víctimas directas de los rusos o de la viruela que llevaron con ellos. Asimismo, la demanda rusa de pieles afectó a la fauna salvaje local.

Dominación cultural

En la década de 1700, el estado ruso comenzó a ofrecer tierras a los campesinos en la periferia del imperio a cambio de que hicieran el servicio militar, en un intento de «rusificar» Siberia y la «Pequeña Rusia» (la actual Ucrania). Al principio, los granjeros rusos tuvieron problemas, y la forma sajá de criar renos, utilizada en Yakutia durante miles de años, no era sostenible a gran escala. Sin embargo, con el tiempo, los rusos se asentaron en estos territorios: fueron la población dominante, y el ruso el idioma principal. Es lo que ocurre hoy en gran parte del norte de Asia, donde otras etnias son poblaciones minoritarias.

▲ **El imperio ruso creció** hasta abarcar una extensión enorme, desde Polonia y Finlandia, en el oeste, hasta Alaska y Sitka, en el este. El movimiento de personas hacia el este no fue voluntario.

▼ **Cosacos rusos** atacan al ejército del gobernante mongol Kuchum Kan en el río Irtysh en 1580. Esta ofensiva marcó el comienzo de la conquista rusa de Siberia.

◄ **En la guardia fronteriza de Moscovia**, del artista ruso Serguéi Ivanov, muestra a los tártaros de Crimea preparándose para atacar. Desde el siglo XVI hasta el XVIII, los tártaros invadieron Moscovia en numerosas ocasiones.

▼ **Una feria rural en Ucrania**, pintada en 1836 por el artista ruso Vasili Sternberg, muestra a los inmigrantes rusos que prosperan en la «Pequeña Rusia».

«[...] la mayor parte de las mejores tierras pasaron a manos de la población rusa [...] las tribus [indígenas] de Siberia fueron trasladadas al norte».

Siberia como colonia, del activista siberiano N. M. Yadrintsev, 1881

Los protestantes huyen de las persecuciones

LAS MIGRACIONES DE LOS HUGONOTES

En la Francia católica del siglo XVI, los protestantes que seguían las enseñanzas del teólogo francés Juan Calvino recibieron el nombre de hugonotes. El calvinismo era popular entre la élite francesa, e incluso era la religión del futuro rey Enrique IV; en 1562, en Francia había más de 800 000 hugonotes. Sin embargo, en la década de 1680, decenas de miles de protestantes abandonaron Francia en secreto para buscar refugio.

Las tensiones religiosas y la violencia habían estallado ya en la década de 1560, y pronto culminaron en la masacre de San Bartolomé de 1572, en la que tres mil hugonotes fueron asesinados en París por los católicos. La violencia continuó durante los dos meses siguientes, lo que provocó la primera gran oleada de emigrantes hugonotes.

Las hostilidades continuaron hasta que Enrique IV emitió el Edicto de Nantes en 1598 tras su ascenso al trono francés y su conversión al catolicismo. El edicto fue insólito e impopular, ya que promovía la tolerancia religiosa y concedía a los hugonotes todos los derechos civiles y la libertad de culto en muchas partes de Francia. El creciente resentimiento les hizo la vida difícil, y cuando, en 1685, el rey Luis XIV revocó el edicto, se vieron privados de todas las libertades religiosas y civiles.

Una fuga peligrosa y su impacto

A pesar del ambiente hostil, se prohibió a los hugonotes salir de Francia, por lo que quienes optaron por hacerlo se enfrentaron a un peligroso viaje a otros países europeos sin saber si serían aceptados o no. Muchos partieron en medio de la noche en pequeños botes de remos para encontrarse con barcos holandeses e ingleses que los esperaban frente a la costa. A algunos niños los sacaron de contrabando ocultos en barriles de vino. En muchos casos, un hombre se adelantaba para preparar el terreno y su familia lo seguía. Los que eran capturados eran ejecutados o condenados a trabajos forzados como chusma en las galeras (naves bajas impulsadas por velas y remos) de la flota francesa. No obstante, 200 000 hugonotes lograron escapar.

La partida de los hugonotes dañó gravemente la economía francesa, ya que muchos de ellos eran ricos y hábiles artesanos: tejedores de lana y seda, relojeros, libreros, artistas, talladores y diseñadores de ropa. Algunas ciudades perdieron gran parte de los artesanos más industriosos y hábiles, y tuvieron muchos problemas para recuperarse.

Una nueva vida

Alrededor de unos 50 000 hugonotes se establecieron en Inglaterra, donde suscitaron reacciones encontradas. Algunos ingleses se opusieron a esta repentina afluencia de inmigrantes, ya que los percibían como una amenaza para sus medios de vida. Otros se mostraron comprensivos y reconocieron que muchos hugonotes lo habían perdido todo al huir. En el año 1708, se otorgó a los refugiados el derecho a la ciudadanía plena con la promulgación de la Ley de Naturalización

▼ **Un relieve en piedra** sobre la puerta de una Iglesia protestante francesa en el Soho, Londres, Reino Unido, representa a una familia hugonota que huye de Francia en barco.

▼ **Los protestantes franceses** huyeron no solo a Inglaterra, sino también a otros países no declaradamente católicos, como la República de Holanda, Alemania y Rusia.

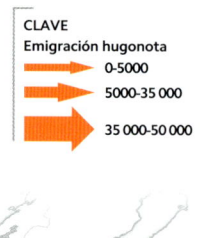

CLAVE
Emigración hugonota
➤ 0-5000
➤ 5000-35 000
➤ 35 000-50 000

de los Protestantes Extranjeros. Por su parte, los que se establecieron en Ámsterdam, la capital neerlandesa, obtuvieron el estatus de ciudadanos de pleno derecho en 1705. Los hugonotes también fueron bienvenidos en algunos estados alemanes y en Ginebra, aunque en la práctica solo optaron por permanecer en ella los relojeros. El sentimiento anticatólico en estas naciones apoyó en gran medida la causa de los inmigrantes.

Los hugonotes llevaron artesanía y dinero a sus nuevas patrias de adopción. El área londinense de Spitalfields, en la que se asentaron muchos tejedores hugonotes, se convirtió en un enjambre de industrias, y el efecto de sus innovaciones se extendió por toda la economía británica. Los hugonotes influyeron también en el arte y la moda, así como en el hecho de que Gran Bretaña se convirtiera en una economía capitalista basada en los bancos, el crédito y las acciones. Hacia 1760, los hugonotes dispersos por Europa ya no se consideraban extranjeros.

◀ **Unos tres mil hugonotes** fueron masacrados por los católicos en París durante la noche de san Bartolomé en 1572, como se muestra en este grabado neerlandés de 1696.

En esta obra de 1566, el artista neerlandés Jan Antoon Neuhuys muestra el dolor de los hugonotes que dejaban atrás a los miembros de su familia.

Colonización del Cabo

LOS HOLANDESES EN SUDÁFRICA

Entre 1588 y 1672, el comercio, la ciencia, el arte y los barcos holandeses fueron la envidia del mundo, y la República de Holanda experimentó una «edad de oro». Se hizo muy rica gracias a sus vínculos comerciales en todo el mundo, con barcos holandeses que navegaban a Asia y América, y que, de regreso, llevaban especias y sedas.

La Compañía Holandesa de las Indias Orientales (VOC en neerlandés) operó en Indonesia, y la Compañía de las Indias Occidentales (WIC), en América. Establecieron puertos y centros comerciales como Batavia (la actual Yakarta), en Indonesia, y Surat, en el oeste de India, así como en el cabo de Buena Esperanza, en Sudáfrica, utilizado por los navíos comerciales como punto de parada y reaprovisionamiento mientras navegaban entre Asia y Europa.

La VOC creó su primer asentamiento en el Cabo en 1652. Al principio era más bien un centro comercial que una colonia, pero la compañía se percató con rapidez de que, para aprovisionar a sus barcos con suficientes productos frescos, era también necesario que hubiera agricultores. En consecuencia, animó a los empleados y sus familias en los Países Bajos a iniciar una nueva vida en la colonia, ofreciéndoles libre tránsito y trabajo como agricultores independientes. A mediados del siglo XVIII, unos 13 000 holandeses se habían asentado en Sudáfrica.

Comunidades indígenas

Los khoikhoi y los san (conocidos colectivamente como los joisán) eran los pueblos indígenas del Cabo. Vivían como cazadores-recolectores y pastores, pero los holandeses los obligaron a trabajar en sus granjas sin remuneración, sometiéndolos a un trato brutal e impidiéndoles abandonarlas. Además de apoderarse de las tierras de los joisán y negarles el acceso al agua, lo que desplazó a gran parte de fuera de la zona, los

colonos los expusieron también a enfermedades como la viruela, contra la que no tenían inmunidad. Los colonos perpetraron al menos dos grandes masacres del pueblo joisán, a lo que este respondió atacando a los colonos y quemando sus granjas.

Necesidades de mano de obra

El clima cálido y seco resultó ser un gran desafío para los agricultores holandeses (llamados bóeres y, más tarde, *afrikáners* en neerlandés), que no podían hacer frente a la creciente necesidad de productos agrícolas y ganado por parte de los barcos y los colonos de la VOC. Para satisfacer la demanda, los holandeses consiguieron más mano de obra transportando esclavos de sus otras

▲ **Los holandeses crearon** el primer asentamiento europeo en Sudáfrica en Table Bay, en la región del cabo de Buena Esperanza. Estaba poblada por colonos holandeses y esclavos de otras colonias holandesas.

▼ **Este ladrillo** del castillo de Buena Esperanza, la base de la Compañía Holandesa de las Indias Orientales en el Cabo, lleva las letras VOC (siglas de Vereenigde Oost-Indische Compagnie), el nombre de la compañía en neerlandés.

▼ **El asentamiento de Ciudad del Cabo** se fue ampliando en el siglo XVII, a medida que un número cada vez mayor de barcos holandeses acudía a avituallarse durante sus viajes entre Europa y Asia.

colonias: Angola y Costa de Marfil e Indonesia
y Malasia. En 1692 había unos 300 esclavos en el
asentamiento, pero en 1793 su número había aumentado
a 14 000. En su mayoría trabajaban en las zonas rurales,
pero también en la recién creada ciudad portuaria
de Ciudad del Cabo.

La influencia de estos diversos grupos de personas
se pone de manifiesto en el idioma afrikáans, que surgió
del neerlandés hablado por los colonos. Fue adaptado
por los esclavos y sus amos, además de ser adoptado por
otros pueblos sudafricanos.

Cambio de normas

A finales de la década de 1700, la VOC era
económicamente inviable. Los británicos se
apoderaron del asentamiento del Cabo en 1795, pero
permitieron que los holandeses siguieran gobernándolo;
en 1814, los holandeses cedieron la colonia a Gran
Bretaña. Aunque los británicos abolieron la esclavitud
en sus territorios en 1808, permitieron que los
holandeses mantuvieran a sus esclavos hasta 1838.

El comercio holandés del opio

La poderosa Compañía Holandesa de las Indias Orientales
dominaba el comercio con las Indias Orientales (la actual
Indonesia), y el opio era uno de los productos clave. Utilizado
como analgésico, el fármaco se administraba también a los
marineros de la compañía para tratar la fiebre tifoidea, entre
otras enfermedades. Esta pintura, de hacia 1650, muestra a
los capitanes y oficiales holandeses de la Compañía Holandesa
de las Indias Orientales consumiendo alcohol y opio en
Indonesia entre viajes a Europa con escala en Ciudad del Cabo.

▲ **El gobernador neerlandés**
del asentamiento del Cabo,
Jan Willem Janssens, aparece
reunido con los líderes
de los joisán en 1803,
cuando los británicos devolvieron
brevemente el Cabo a los
holandeses.

▶ **Esta pintura alegórica** del artista mogol Basawan (h. 1590) representa una escena caótica, pero en la que Akbar el Grande, que cabalga descalzo sobre un elefante salvaje, parece controlarlo todo. El éxito de Akbar como gobernante radicó en su cooperación con todos sus súbditos: musulmanes, hindúes, persas, centroasiáticos y pueblos indígenas.

Una era de riqueza y bienestar

EXPANSIÓN DEL IMPERIO MOGOL

En su apogeo, el Imperio mogol abarcaba la mayor parte de los actuales India, Pakistán, Bangladesh y Afganistán, con una población de unos cien millones de personas. Duró más de dos siglos y se convirtió en uno de los imperios más ricos de la historia.

La dinastía mogol se fundó en 1526, cuando Babur, un gobernante musulmán de origen turco-mogol del actual Uzbekistán, en Asia Central, invadió el norte de India a través de Afganistán. El islam ya había llegado al subcontinente indio en el siglo VII, pero el dominio mogol desempeñó un papel clave en la difusión, consolidación e integración de la religión en una región con una gran mayoría hindú.

Migraciones de Asia Central y Persia

Entre los soldados procedentes de Asia Central había miembros de la tribu turca Chagatai y uzbekos. Muchos de ellos se establecieron en India, y miles procedentes de Asia Central emigraron durante los siglos XVI y XVII para ponerse al servicio del Imperio mogol, en particular en la Administración.

También tuvo lugar una importante inmigración persa. Humayun, el hijo y sucesor de Babur, que tenía un gran respeto por la cultura persa, invitó a India a nobles y administradores de Persia (el actual Irán), y el idioma persa se convirtió en la lengua de la corte y la Administración del Imperio mogol. Muchos inmigrantes eran musulmanes sunitas, pero se sentían discriminados en Persia, donde los musulmanes chiitas eran cada vez más dominantes. Durante los siglos posteriores, muchos persas de profesiones diversas emigraron a India en busca de trabajo, como médicos, pintores, arquitectos y artesanos.

Los mogoles sentían una profunda relación con sus raíces, y las influencias persas y de Asia Central son evidentes en el arte y la arquitectura mogoles, que llegaron a su apogeo con Akbar el Grande (reinado de 1556 a 1605). Los elementos de estas culturas, junto con los estilos islámico e hindú, se pueden ver en monumentos mogoles como el Taj Mahal, mandado construir por el emperador Sha Jahan (reinado de 1628 a 1658).

El reinado de Akbar representó asimismo el punto culminante de la tolerancia religiosa. El emperador tenía un gran interés en otras religiones, e invitó a su corte a hindúes, budistas, cristianos, zoroástricos, judíos y musulmanes. Abolió el impuesto (*jizya*) a los no musulmanes, permitió las peregrinaciones hindúes y colocó a nobles hindúes en altos cargos. Un legado del Imperio mogol fue el establecimiento de grandes comunidades musulmanas, sobre todo en el norte de India, que perduraron hasta la Partición (*véanse* págs. 218-221), así como en otras zonas.

Decadencia del imperio

La intolerancia religiosa entre los sucesores de Akbar puede haber sido un factor en el declive de los mogoles, que comenzó en torno a 1700. Bajo el gobierno del conservador Aurangzeb (reinado de 1658 a 1707), se reintrodujo el *jizya* y los líderes hindúes se rebelaron. Las invasiones de los persas (1738) y los afganos (1761) asestaron nuevos golpes decisivos a los mogoles. El debilitado imperio se mantuvo durante otro siglo, pero, en 1858, fue finalmente disuelto por los británicos.

▲ **El Imperio mogol** se extendía hasta el Himalaya, en el norte, y la meseta de Decán, en el sur, y desde Kabul, en el oeste, hasta Bengala, en el este.

▼ **Adorno enjoyado**, llamado *sarpech*, que se usaba en la parte delantera de los turbantes en la corte mogol y en Persia.

▼ **Nur Jahan**, cuya familia emigró de Persia a India, se casó con Jahangir, el cuarto emperador mogol. Se cree que constituyó el verdadero poder detrás del trono, con una gran habilidad política y una gran cultura y creatividad.

Pennacook

Mohicanos

Massachusetts

Pocumtuc   **Boston** ◻   *Bahía de
Massachusetts*

Nipmuc   *de Inglaterra*

Plymouth ◻   *Bahía del Cabo Cod*

Wampanoag

Nauset

OCÉANO
ATLÁNTICO

Padres peregrinos y puritanos

LOS PROTESTANTES INGLESES COLONIZAN NUEVA INGLATERRA

CLAVE
- ▬▶ Ruta de los peregrinos en 1620
- ▬ Fronteras modernas del estado
- ▮ Colonia de la bahía de Massachussetts
- ▮ Colonia de Plymouth

El 16 de septiembre de 1620, el *Mayflower* partió rumbo a Norteamérica desde el puerto inglés de Plymouth. De los 102 pasajeros a bordo, casi la mitad eran separatistas protestantes (llamados más tarde «padres peregrinos»). Se trataba de puritanos radicales cuyas opiniones los habían llevado a romper con la Iglesia de Inglaterra.

El *Mayflower* tenía como destino el río Hudson, en el norte de Virginia. Sin embargo, el mal tiempo hizo que el barco se desviara de la colonia inglesa y se dirigiera hacia el cabo Cod, donde desembarcaron en lo que es en la actualidad el puerto de Provincetown. Antes de descencer a tierra, los pasajeros redactaron el Pacto del Mayflower, un conjunto inicial de normas para el autogobierno. Todos acordaron seguir siendo súbditos leales del rey inglés, Jacobo I, y establecer una sociedad cristiana y legal.

En la costa, encontraron tumbas indígenas, que saquearon para utilizar las provisiones y las ofrendas de maíz que contenían. Más tarde fundaron la colonia de Plymouth en una tierra que era de la tribu wampanoag, que ya había sufrido las consecuencias del contacto con los comerciantes europeos, que habían llevado consigo una enfermedad mortal que fue la casusa de la muerte del 90 por ciento de la población indígena de la región.

Relación con los wampanoag

El primer invierno en la colonia de Plymouth fue brutal. Murió más de la mitad de los colonos y el resto pudo sobrevivir al hambre solo gracias a los wampanoag, que les enseñaron a cazar y a cultivar maíz. Por su parte, los wampanoag buscaron una alianza con los colonos que les brindara protección contra las naciones indígenas rivales. Después de una buena cosecha en 1621, los colonos la celebraron con una fiesta a la que asistieron Massasoit, el jefe de los wampanoag, y noventa miembros de su tribu. Esta fiesta se conoce como el primer Día de acción de gracias, que ahora es una fiesta nacional en Estados Unidos. Sin embargo, muchos indígenas consideran el Día de acción de gracias como un recordatorio del despojo de sus tierras y de la muerte de millones de sus antepasados.

Más migración y tensiones

En 1630, llegó a Nueva Inglaterra otro grupo de puritanos, que fundó la colonia de la bahía de Massachusetts, una estricta sociedad teocrática, al norte de Plymouth. A diferencia de los peregrinos, los puritanos pretendían «purificar» la Iglesia de Inglaterra, despojándola desde dentro de cualquier reminiscencia de las prácticas católicas. Pronto, más grupos de puritanos emigraron de Inglaterra a Nueva Inglaterra, de modo que, en la década de 1670, Boston, la capital de la colonia, tenía una población de cuatro mil habitantes.

A medida que llegaban más colonos, ya fueran o no puritanos, los pueblos indígenas comenzaron a verse sometidos a una violencia creciente, al desplazamiento y a las enfermedades. Las tensiones aumentaron, lo que llevó, en 1675, a la guerra del rey Felipe, denominada así por Metacomet, el jefe de los wampanoag, al que los ingleses llamaban Felipe. La guerra aplastó a los wampanoag y a otros pueblos indígenas. Los ingleses asesinaron o esclavizaron a miles de ellos, los mismos que les habían ayudado a sobrevivir.

Los puritanos del *Mayflower*, que más tarde fueron conocidos como los padres peregrinos, fueron exaltados en el folclore y en las obras de arte estadounidenses blancas, como en este grabado del siglo XIX que idealiza su desembarco.

«Nosotros, los wampanoag, te recibimos a ti, hombre blanco, con los brazos abiertos, sin imaginar que era el principio del fin».

Frank James, líder wampanoag, 1970

◀ **Los padres peregrinos** establecieron una colonia en torno a Plymouth, mientras que más tarde los puritanos fundaron la colonia de la bahía de Massachusetts alrededor de Boston. Sin embargo, para entonces, Nueva Inglaterra era la patria tradicional de muchas naciones indígenas.

◀ **John Alden y Priscilla Mullin, pasajeros del *Mayflower***, fueron de los primeros peregrinos que contrajeron matrimonio en la colonia de Plymouth, donde, en 1623, recibieron como regalo cuatro acres de terreno para que construyeran su casa.

◀ **Tisquantum** enseña a los padres peregrinos cómo plantar maíz y fertilizarlo con arenques muertos. Squanto, que es el nombre con el que se le conocía, pertenecía a la tribu de los patuxet y fue convertido en esclavo por los ingleses en 1618. Sus captores le enseñaron inglés.

Del campo a la ciudad

LA REVOLUCIÓN INDUSTRIAL

La Revolución Industrial, que comenzó en Gran Bretaña en la segunda mitad del siglo XVIII, introdujo un cambio profundo en la demografía de todo el mundo. En el paisaje rural aparecieron las fábricas y millones de personas abandonaron el campo para trabajar en las nuevas ciudades industriales.

Los factores que determinaron la migración del campo a la ciudad fueron muy variados. Las innovaciones en la agricultura redujeron la demanda de trabajadores agrícolas, mientras que los avances tecnológicos llevaron a la creación de factorías en los pueblos y ciudades, que requerían muchos trabajadores. Las nuevas tecnologías produjeron también excedentes de alimentos para sostener el crecimiento de la población en las ciudades y, a medida que se iba expandiendo el Imperio británico, se abrían nuevos y vastos mercados para los productos manufacturados.

El empresario británico Richard Arkwright supo aprovechar la oportunidad y abrió la primera fábrica del mundo, la Cromford Mill, en Derbyshire, en 1771. En ella, máquinas accionadas por la fuerza hidráulica hilaban algodón a gran escala, operadas día y noche por una fuerza laboral de hombres, mujeres y niños. A finales del siglo XVIII, ciudades industriales como Mánchester y Bradford crecieron entre los yacimientos de carbón del norte de Inglaterra, y se construyeron redes ferroviarias con trenes movidos por locomotoras a vapor, así como canales para el transporte de mercancías y personas.

Vida en la ciudad

Atraídas por las fábricas, familias enteras abandonaron el campo y se trasladaron a las ciudades. La población de Mánchester se sextuplicó entre 1771 y 1831, y en 1911 alcanzó los 2,3 millones de habitantes.

Las familias más ricas se trasladaron a los suburbios. La vida urbana para las clases trabajadoras era muy dura. En las casas, con mala ventilación y carentes de servicios sanitarios, los trabajadores vivían hacinados. Eran frecuentes las enfermedades como la tuberculosis y el cólera. En la mayoría de las fábricas, las condiciones de trabajo eran agotadoras y peligrosas. Hasta la aprobación de la Ley de fábricas en 1833, los niños de tan solo seis años trabajaban dieciséis horas al día. En la década de 1840, con la Gran Hambruna, miles de personas emigraron de Irlanda a Gran Bretaña (y a Estados Unidos, *véanse* págs. 174-177).

Aunque millones de personas abandonaron el campo, en el crecimiento demográfico de las ciudades subyacía una tasa de natalidad acelerada. Los jóvenes podían casarse y el crecimiento económico los animó a tener familia. Sus hijos podrían recibir cierta educación, lo que les permitiría conseguir mejores trabajos y salarios más altos. En 1750, el 15 por ciento de la población británica vivía en ciudades; en 1900, el porcentaje ya era del 85 por ciento.

Una tendencia imparable

La industrialización se extendió por el resto de Europa. Bélgica, Francia y Alemania experimentaron sus revoluciones. La Revolución Industrial en Estados Unidos comenzó a finales del siglo XVIII, con una segunda ola a mediados del XIX. Entonces, el país ya se había convertido en una potencia industrial. Desde entonces, este movimiento del campo a las ciudades se ha acelerado en todo el mundo.

▶ **Bradford's Salt's Mill** y Saltaire Village se construyeron teniendo presente el bienestar de los trabajadores. En Titus Salt, la ciudad industrial del propietario del molino, había un hospital, una escuela y lavaderos públicos.

«He hecho el doble de trabajo que solía hacer por menos salario. Las máquinas lo aceleran».

Charles Aberdeen, trabajador de una fábrica de algodón en Salford, norte de Inglaterra, 1832

▶ **Las ciudades británicas crecieron con rapidez** a lo largo del siglo XIX, especialmente en las Midlands y el noroeste de Inglaterra; este mapa muestra las principales ciudades industriales.

CLAVE

▢ Campos carboníferos

◀ **Los barrios marginales sucios** y superpoblados de la ciudad de Glasgow, en Escocia, eran el hogar de los inmigrantes pobres del campo escocés y de Irlanda.

Glasgow Edimburgo

Newcastle Sunderland

Leeds Bradford

Mar de Irlanda Mánchester Sheffield

Liverpool

Nottingham

Leicester

Birmingham

Swansea Londres

Cardiff Bristol

Southampton

El crecimiento industrial de Londres se concentró en torno al río Támesis. Esta imagen de 1863 muestra a trabajadores siderúrgicos y maquinaria junto al río en el barrio de Blackfriars.

«No cruzamos el paso de Nomugi por gusto / lo hacemos por nosotros y nuestros padres. Cuando termine la temporada de penoso hilado / el mundo volverá a ser brillante / y tal vez pueda casarme. Como soy pobre, a los doce años / me vendieron a esta fábrica / Cuando mis padres me dijeron: "Ya es hora de irte" / mi corazón lloró lágrimas de sangre. [...] ¡Madre! Odio la temporada en la planta de seda; / va de las cuatro de la tarde a las cuatro de la madrugada. [...] Quisiera poder ofrecer a mis padres vino de arroz, / y ver sus lágrimas de felicidad caer en la copa. [...] Su carta dice que están esperando el final del año. / ¿Están esperando más el dinero que a mí?».

«Mis padres», canción de una trabajadora japonesa de la seda, hacia 1900

Mujeres japonesas trabajan en una fábrica de seda en esta versión coloreada de una fotografía de hacia 1900. Los agentes reclutaban niñas de familias campesinas con la promesa de que el trabajo les permitiría ganar un buen salario. En realidad, estas niñas dormían tan solo cuatro horas al día y trabajaban muchas horas por una pequeña compensación.

Londres

CIUDAD COSMOPOLITA POR EXCELENCIA

Aunque en aquella zona en torno al Támesis ya existieron asentamientos anteriores, la primera ciudad real que se erigió allí fue construida por los romanos (*véanse* págs. 60-63). Londinium se estableció en la década de 40 d. C. con edificios de piedra y el primer puente sobre el río del que se tiene noticia. La ciudad fue abandonada después de la caída de Roma, pero en el siglo VII d. C, se desarrolló un asentamiento anglosajón llamado Lundenwic, cerca de lo que hoy es Covent Garden. En la Edad Media, Londres se había convertido en un importante centro comercial y en la capital de la nación. Atrajo a inmigrantes de toda Gran Bretaña y del extranjero, desde los tejedores flamencos del siglo XIV hasta los hugonotes del siglo XVII (*véanse* págs. 134-135).

En la década de 1780, Londres albergaba hasta 20 000 negros africanos libres y esclavos. La industrialización (*véanse* págs. 142-143) incrementó también su población, ya que acudieron a ella muchos de los irlandeses que huían de la Gran Hambruna de la década de 1840 y familias judías que escapaban de la persecución en Europa del Este (*véanse* págs. 160-161). En el siglo XIX, empezó la migración desde el sur de Asia a pequeña escala, con *lascars* (marineros del este de India) que vivían en los alrededores de los muelles, a los que se unió la primera comunidad china en Limehouse, cuando algunos marineros abrieron lavanderías y restaurantes.

▲▲ Estos coloridos mosaicos en la estación de metro de Tottenham Court Road fueron creados por el artista pop Eduardo Paolozzi. Nacido en Escocia, hijo de inmigrantes italianos, se trasladó a Londres en la década de 1940.

▲ El templo de Shri Swaminarayan en Neasden, Londres, fue tallado pieza por pieza en India y ensamblado en Londres. Cuando se finalizó, en 1993, era el mayor templo hindú fuera de India.

▶ El carnaval de Notting Hill tiene lugar a finales de agosto desde 1966, cuando fue organizado por los activistas comunitarios Rhaune Laslett y Andre Shervington. Inspirados en la cultura del carnaval en el Caribe, sus carrozas, bailarines disfrazados y escenarios musicales atraen a las calles a cientos de miles de personas.

Las migraciones del siglo XX

El declive del Imperio británico trajo consigo más cambios. En la década de 1940, la escasez de mano de obra en Londres llevó al gobierno a aceptar a inmigrantes del Caribe de una manera activa (*véanse* págs. 232-233), así como del sur de Asia para trabajar en el nuevo Servicio Nacional de Salud o en el sistema de transporte público de Londres. Un gran número de italianos emigró para trabajar en las fábricas y en la restauración. Algunos suburbios experimentaron sucesivas oleadas de inmigración, como Brick Lane, en el East End, que ha albergado a hugonotes franceses, inmigrantes judíos y bangladesíes. En las últimas décadas, Londres ha recibido a refugiados de las guerras civiles en Siria y Afganistán, y ha atraído a inmigrantes de toda la Unión Europea. En la actualidad, Londres es una ciudad dinámica y cosmopolita, en la que viven personas que hablan más de trescientos idiomas.

INFLUENCIAS CULTURALES

Trabajadores de la construcción irlandeses

En la construcción de la estación de St Pancras (en la imagen en 1867) y otros proyectos a menudo trabajaron inmigrantes irlandeses, muchos de los cuales llegaron después de que la Gran Hambruna de 1845-1849 hiciera que la vida fuera insoportable. En 1851, Londres se había convertido en el hogar de más de 100 000 irlandeses.

Comunidad judía

El East End de Londres fue el hogar de una gran comunidad judía a finales del siglo XIX, formada por los judíos que huían de los pogromos en Rusia y Europa del Este. Se unieron a un número menor, que se había asentado cuando los judíos fueron readmitidos en Inglaterra en 1656, y establecieron sinagogas y negocios, como estos baños de vapor, aunque a menudo tuvieran que enfrentarse a la discriminación.

Religiones del sur asiático

La calle Southhall High se convirtió en el centro de una nueva comunidad asiática de inmigrantes después de la Segunda Guerra Mundial, ya que muchos huyeron de India, Pakistán (y, más tarde, de Bangladesh) para huir de la guerra o la pobreza, o en busca de trabajo en Gran Bretaña. Fundaron templos hindúes, mezquitas y *gurdwaras* sijes, lo que incrementó la diversidad religiosa de Londres.

> «Vine a Londres. Se había convertido en el centro de mi mundo y trabajé duro para llegar a él».
>
> V. S. Naipaul, escritor trinitense, *An area Of darkness*, 1964

La generación del Windrush

Los inmigrantes del Caribe llegaron por primera vez en un número considerable en 1948 a bordo del *Empire Windrush*. Cambiaron sus hogares en islas como Jamaica, Trinidad y Barbados por áreas como Brixton, en el sur de Londres, llevando consigo la música y los productos caribeños y africanos, así como muchos restaurantes caribeños.

Inmigración árabe

Muchos árabes de los países del Golfo que se habían enriquecido con el petróleo en la década de 1970 invirtieron o se asentaron en Londres, lo que hizo que la vestimenta árabe se considerara natural. Otros huyeron de la inestabilidad en Oriente Medio (los palestinos llegaron tras las guerras de 1948 y 1967, seguidos de libios, sirios e iraquíes) para crear una comunidad árabe muy diversa.

El sur de Londres nigeriano

Una ola de inmigrantes nigerianos en Reino Unido se instaló en Peckham, al sureste de Londres, en las décadas de 1970 y 1980. Salieron de Nigeria cuando la economía se desplomó tras el final del auge del petróleo y establecieron en Londres una dinámica comunidad. En 2011, había 115 000 londinenses nacidos en Nigeria, con unos 13 600 en el distrito de Southwark.

5

Movimientos
y libertades

1700-1900

Movimientos y libertades

1700-1900

Las migraciones masivas provocadas por la expansión imperial europea alcanzaron nuevas cotas en el siglo XIX. A partir de la década de 1780, Gran Bretaña envió convictos a Australia (donde más adelante llegaron colonos libres y buscadores de oro), quienes expulsaron a los pobladores originales de Australia de sus tierras tradicionales. En África del Sur y Occidental, los indígenas libraron guerras contra los europeos, que disponían de armas de fuego y ejércitos bien entrenados. Con todo, a finales de siglo, las potencias europeas controlaban casi toda África y había un número significativo de colonos blancos en Sudáfrica, Kenia y el África Francesa del Norte. En la propia Europa, debido a los emigrados de la Revolución francesa, los exiliados de los movimientos independentistas latinoamericanos y las personas que huían del régimen zarista ruso, los refugiados políticos se habían convertido en un fenómeno de peso. Sin embargo, la migración más significativa se produjo fuera de Europa, cuando un gran número de europeos se trasladó a Estados Unidos, cuya pujante economía atrajo a millones de inmigrantes. Algunos huían de la persecución política, mientras que otros lo hacían de penurias económicas extremas, como la Gran Hambruna de Irlanda de 1845-1849.

Voortrekkers se preparan para el conflicto en Sudáfrica (págs. 162-163)

La ciudad de Nueva York bullía de inmigrantes en el siglo XIX (págs. 174-177)

«Traedme a vuestros cansados, a vuestos pobres, /
a vuestras masas hacinadas que anhelan ser libres».

Emma Lazarus, poeta judía estadounidense, «El Nuevo Coloso» (en inglés, *The New Colossus*), 1883

Muchos de estos nuevos colonos se dirigieron hacia el oeste, donde expulsaron a los pueblos indígenas de sus tierras tradicionales y obligaron a muchos a emigrar a la árida Oklahoma. Mientras tanto, un gran número de esclavos en el sur de Estados Unidos buscó refugio en los estados libres del norte utilizando las rutas de escape conocidas como Underground Railroad.

Buena parte de las migraciones de esta época giraron en torno al trabajo. Si bien hubo trabajadores chinos que fueron a Estados Unidos para construir ferrocarriles en los estados occidentales, también se dieron amplias migraciones dentro del sudeste asiático,

bien para ejercer de comerciantes o como obreros urbanos. A partir de la década de 1830, los británicos atrajeron a obreros indios al Caribe ofreciéndoles abusivos contratos como trabajadores sin salario en las plantaciones, mientras que, desde la década de 1860, muchos trabajadores japoneses emigraron a regiones cercanas como Corea o aceptaron contratos en Brasil, Estados Unidos y Hawái.

Los barcos de vapor, las embarcaciones para canales, los primeros ferrocarriles y la mejora de las carreteras hicieron que los viajes fueran más rápidos y económicos; además, la mejora en la atención sanitaria aumentó la supervivencia en los viajes más duros.

Un soldado británico supervisa un tren de convictos en Australia (págs. 154-157).

Obreros chinos a su llegada a Singapur (págs. 164-165).

Huida del Terror

EMIGRADOS DE LA REVOLUCIÓN FRANCESA

La Revolución francesa comenzó el 14 de julio de 1789 con la toma de prisión parisina real de la Bastilla. Aquel acto simbolizó la ira y la desesperación del pueblo llano, que, a diferencia de las clases dominantes, se enfrentaba al hambre y a una carga de impuestos que no podía asumir. La sublevación hizo que los miembros de la aristocracia, temiendo por su vida, huyeran de Francia; algunos se marcharon en el acto, mientras que otros lo hicieron cuando se recrudeció la violencia.

Huida de la Revolución

Esta primera ola migratoria estuvo conformada por aristócratas contrarios a la revolución, entre ellos miembros de la familia real. Estos y todos los demás que huyeron pasaron a ser conocidos como *émigrés* («emigrados»). El período del Terror (1793-1794), durante el cual el gobierno revolucionario guillotinó en público a Luis XVI y a su reina, María Antonieta, y ordenó la guillotina para miles de personas por traición, propició una segunda ola de refugiados. Del total de más de 100 000 exiliados, la mayoría eran profesionales y empresarios ricos y con formación cuya creciente influencia suscitó conflictos con el gobierno revolucionario. Por otra parte, el nuevo régimen confiscó los bienes de los emigrados y los condenó a muerte si regresaban.

La vida en el extranjero

Si bien todos los países vecinos acogieron refugiados, en particular Austria, los estados alemanes y Estados Unidos, fue a Reino Unido donde más llegaron (más de 40 000). Además de ser un país con fama de tolerante, la distancia que lo separaba de Francia por el canal de la Mancha daba una mayor sensación de seguridad. Los refugiados tendieron a concentrarse en ciertas zonas de Londres, entre ellas el Soho, donde ya existía presencia francesa (*véanse* págs. 134-135).

Al principio, el *establishment* británico desconfió de estos recién llegados de su enemiga Francia, y algunos creyeron que habían ido para difundir peligrosas ideas revolucionarias. Aunque ciertos jóvenes radicales acogieron con satisfacción esa posibilidad, las noticias sobre los asesinatos en masa llevados a cabo sin juicio durante el Terror modificaron las actitudes, e incluso aquellos que habían simpatizado con los revolucionarios se volvieron contra ellos. Mientras tanto fue creciendo el apoyo a los refugiados, y, en 1792, se creó el Emigrant Relief Committee para recaudar fondos destinados a su cuidado. Aun así, la vida de los emigrados era dura (la mayoría había llegado casi en la miseria), y muchos aristócratas se vieron obligados a ganarse la vida como profesores de danza, arte, esgrima o francés.

Regresar a Francia

Napoleón Bonaparte llegó al poder en 1799 tras un golpe de estado que supuso el final de la Revolución francesa. Concedió cierta clemencia a los emigrados, y muchos aprovecharon para regresar a Francia de inmediato. Cuando, en 1815, la monarquía francesa acabó por restaurarse, los emigrados conformaron una poderosa facción política. Sin embargo, algunos optaron por permanecer en el extranjero, sobre todo en Estados Unidos y Reino Unido, donde crearon un legado cultural que influyó en las artes visuales, la literatura, la moda y la gastronomía.

▲ **La revolución** generó migraciones hacia muchas zonas de Europa, como Reino Unido, Irlanda, Dinamarca, Suecia y Prusia, así como Estados Unidos.

▼ **Caricatura de 1789** en la que se ridiculiza el orden social y el peso de los impuestos antes de la Revolución. En la imagen, un hombre corriente lleva a cuestas a un miembro de la nobleza y a otro del clero.

Reacción artística

Louise-Elisabeth Vigée-Lebrun, artista que huyó de Francia, realizó este autorretrato. Mientras estuvo exiliada en Europa y cuidaba de su hija, Julie, siguió pintando a la realeza europea. Para sobrevivir, algunos emigrados ejercieron de sastres, costureras, sombrereros y artistas.

«El emigrado solo deja su país para buscar la guerra contra él, el refugiado solo lo hace cuando este le declara la guerra».

Pierre-Louis Roederer, miembro de la Asamblea Constituyente, 1795

▲ **La guillotina** se usó durante el Terror, período en el que el Gobierno francés puso en marcha duras medidas contra los sospechosos de ser enemigos de la Revolución. La amenaza de la guillotina hizo que muchos huyeran del país.

▶ **La duquesa de Polignac** fue amiga íntima de María Antonieta, esposa de Luis XVI, y un miembro mal visto de la nobleza. Temiendo por su vida, huyó de Francia en 1789.

Colonizadores y convictos

LOS BRITÁNICOS EN OCEANÍA

Antes de 1776, el traslado a las colonias americanas era un castigo habitual entre los convictos británicos. Sin embargo, una vez que las colonias obtuvieron la independencia, los recién formados Estados Unidos ya no aceptaron convictos. Cuando las prisiones británicas se fueron hacinando, el gobierno británico barajó Australia como posible colonia penal. Aunque el capitán James Cook había reclamado Australia para Gran Bretaña, el país ya albergaba a los prósperos pobladores originales de Australia (que es el término moderno para designar a los pueblos aborígenes, *véanse* págs. 18-19). Haciendo caso omiso de estos habitantes, Gran Bretaña envió a Australia, en mayo de 1787, once barcos de la llamada Primera Flota, en la que iban 750 convictos (en torno a una cuarta parte mujeres), y 250 hombres libres, en su mayoría marines. La flota desembarcó en Port Jackson (actual bahía de Sídney) en enero de 1788. A esta le siguieron otras flotas en 1790 y 1791.

Para los eora, un grupo de pobladores originales de Australia que vivían en los alrededores de Sídney, esta invasión resultó devastadora. Su modo de vida giraba en torno a un profundo respeto por la naturaleza, que despreciaron los colonos al desbrozar la tierra para la agricultura y practicar la caza y la pesca excesivas. Los colonos europeos masacraron a los eora para robarles sus tierras y les contagiaron enfermedades. En una década, el 90 por ciento de los eora había muerto y gran parte de su cultura y de su historia desapareció.

La vida para los recién llegados

Los colonos de Nueva Gales del Sur pasaron apuros al principio: el clima era impredecible, y la tierra, estéril. Los varones convictos trabajaban en proyectos gubernamentales, por lo general en granjas o en la construcción. Las mujeres lo hacían como empleadas domésticas de los oficiales, tejían ropa o hacían la colada. Los convictos que trabajaban duro podían obtener una «libertad condicional» que les otorgaba ciertas libertades y la oportunidad de ganar dinero. A quienes se les concedía el indulto absoluto obtenían la libertad total. En la década de 1820, estos «emancipados», incluidos los que habían cumplido condena, superaban en número a los convictos.

El fin de los traslados

El traslado de convictos al este de Australia finalizó en 1853, y la estructura social de la colonia de Nueva Gales del Sur empezó a cambiar cuando la población de antiguos convictos empezó a igualarse al creciente

▶ **La Primera Flota** recorrió unos 24 000 km en su viaje a Australia, durante el cual hizo tres paradas para aprovisionarse; las siguientes flotas se dirigieron a Nueva Zelanda.

▶ **Los llamados *convict love tokens***, como este penique tallado en 1825 por Cornelius Donovan, de diecinueve años, eran monedas que los convictos les entregaban a amigos y seres queridos como recuerdo antes de su traslado a Australia.

▼ **En 1823, Sídney** era una próspera comunidad agrícola que se expandía a gran velocidad gracias a un programa de obras públicas basado en la mano de obra de convictos.

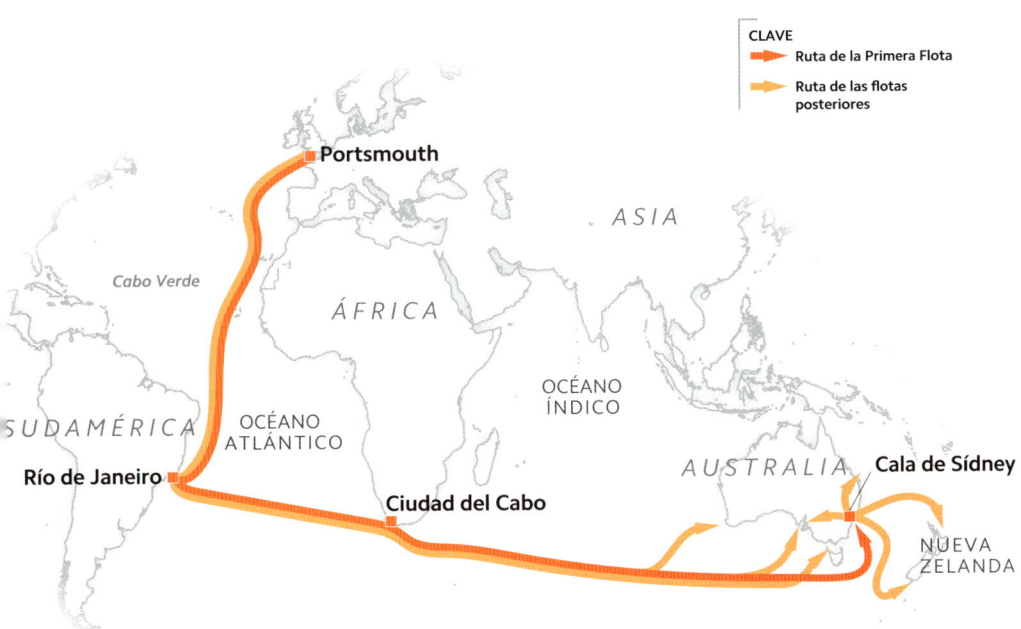

CLAVE
Ruta de la Primera Flota
Ruta de las flotas posteriores

▲ **Woollarawarre Bennelong**, un anciano eora que los colonos de la Primera Flota se llevaron de su comunidad en 1789, actuó como mediador entre su pueblo y el gobierno británico.

número de colonos libres que habían emigrado por elección propia. Sin embargo, las colonias seguían necesitando personas para que trabajasen en el interior de Australia a fin de equilibrar la discrepancia numérica entre sexos, entre ellas mujeres solteras. La solución del gobierno británico fue la emigración asistida.

Entre 1832 y 1850, unos 127 000 granjeros irlandeses y escoceses pobres y otros emigrantes británicos recibieron un pasaje asistido a Australia (constituyeron el 70 por ciento de todas las llegadas). Algunos llegaron con poco dinero e hicieron fortuna, pero, para otros, la vida fue difícil. Los migrantes asistidos podían vivir a bordo del barco en el que hubieran llegado mientras buscaban trabajo. Transcurridos diez días, tenían que

buscarse la vida. Las oportunidades para las mujeres como institutrices, modistas o doncellas eran limitadas, por lo que algunas recurrían al trabajo sexual. Otras ejercieron de peones agrícolas.

La vida para los pobladores originales de Australia
Aunque la vida mejoró para muchos colonos, no sucedió lo mismo con los pobladores originales de Australia. Los colonos siguieron cometiendo atrocidades contra ellos y rara vez recibían un castigo. Los pobladores originales de Australia intentaron defenderse para conservar sus tierras y sobrevivir, pero por aquel entonces ya se habían visto diezmados a causa de la colonización, y, poco a poco, se fueron retirando de la frontera de los colonos.

Pasajeros del *Sobraon*, el barco más rápido de cuantos recorrieron la ruta migratoria Reino Unido-Australia de 1866 a 1891. Este buque atendía solo a pasajeros de primera y segunda clase.

«No podemos meterlos en un barco y llevarlos de vuelta a casa, así que tendremos que compartir el país y cuidarlo entre todos».

Allen Madden, anciano del pueblo gadigal (nación eora), 2009

▲ **En 1880, la comunidad maorí** del lago Rotorua, Nueva Zelanda, accedió a arrendar tierras al gobierno británico para que este construyera un balneario de estilo europeo destinado a visitantes y colonos.

El objetivo de Australia Meridional, que se convirtió en la primera colonia no fundada por convictos, fue atraer colonos con oportunidades agrícolas y comerciales. En Victoria, la fiebre del oro propició la emigración desde toda Australia y Gran Bretaña en las décadas de 1850 y 1860, lo que agravó el trastorno que supuso la introducción del ganado ovino y bovino. Los mineros talaron árboles, contaminaron ríos y perforaron. Sin embargo, los guías aborígenes trabajaron junto con los colonos, a los que les enseñaron yacimientos de oro y buscaron comida y agua para ellos. Mientras, las clases medias británicas empezaron a ver en Australia una oportunidad de formar parte de la clase alta colonial. Entre 1851 y 1861, la población europea de Australia pasó de 450 000 a 1 150 000 habitantes.

Anexión de Nueva Zelanda

A principios del siglo XIX aumentaron cada vez más los colonos europeos, o *pākehā*, que, atraídos por los ricos recursos naturales de las islas, se asentaron en Nueva Zelanda. En 1840, Gran Bretaña hizo efectiva la anexión de Nueva Zelanda mediante el Tratado de Waitangi, un pacto firmado con más de quinientos jefes del pueblo maorí tangata whenua, custodio tradicional de Nueva Zelanda durante siete siglos (*véanse* págs. 100-101). La sociedad maorí se basaba en ciertas costumbres muy arraigadas, así como en un sentido de respeto y tutela hacia el mundo natural. Los maoríes supieron ver que el desarrollo de una relación laboral positiva con los británicos les beneficiaría en lo económico, pero, aunque el tratado se redactó en maorí y en inglés, hubo diferencias en la traducción. Si bien el tratado parecía conceder los mismos derechos a ambos pueblos, muchos de los que se les garantizaban a los maoríes acabaron ignorados. Más adelante, los británicos interpretaron el tratado como una concesión de soberanía absoluta para ellos. A los colonos británicos que habían adquirido tierras en Nueva Zelanda se sumaban ahora los llegados con la ayuda gubernamental. Atraídos por el descubrimiento de oro y las oportunidades agrícolas, en 1867 ya había más de 200 000 inmigrantes. Estos iban acompañados por misioneros, cuyo objetivo era sustituir la religión maorí por el cristianismo. El gobierno impuso la alfabetización en inglés y confiscó grandes extensiones de tierra. Además, abolió las reivindicaciones comunales tradicionales de los maoríes sobre la tierra y los títulos de propiedad individualizados, lo que permitió que se pudiera comerciar fácilmente con la tierra. Como había sucedido antes en Australia, con los colonos llegaron las enfermedades. En 1870, tras décadas de conflicto, quedaban muy pocos maoríes para resistirse a la colonización.

Colonización de Hawái

Los primeros colonos llegaron a Hawái hace 1500 años en barco desde la Polinesia. En 1778, con la llegada del capitán británico James Cook, comenzó una nueva etapa en la colonización. En la primera década del siglo XIX, llegaron misioneros y colonos protestantes procedentes de Gran Bretaña y Estados Unidos. Esta escena representa el bautismo de Kalanimoku, primer ministro del rey Kamehameha I, con la bandera hawaiana como telón de fondo. Los colonos crearon plantaciones de azúcar y compraron tierras, y, en 1898, Estados Unidos se anexionó Hawái.

Sídney

LA CIUDAD PORTUARIA

Sídney ya estaba habitada por los pobladores originales de Australia cuando, en 1788, llegaron barcos con convictos y marines británicos (*véanse* págs. 154-157). Aprovechando el conocimiento de la tierra que tenían los pobladores originales de Australia y utilizándolos como mano de obra, los colonizadores, poco a poco, transformaron Sídney en un próspero asentamiento. Además, construyeron casas de campo de estilo inglés con jardines y levantaron grandes edificios públicos de estilo georgiano colonial.

Atraer a nuevos colonos

Entre las décadas de 1830 y 1850, muchos granjeros británicos e irlandeses pobres emigraron a Sídney gracias a planes migratorios con apoyo gubernamental. La fiebre del oro que tuvo lugar en 1851 en Nueva Gales del Sur suscitó una nueva ola migratoria de Europa, Estados Unidos y China. Muchos buscadores de oro chinos se quedaron y se instalaron en el actual centro de Sídney (CBD, por sus siglas en inglés) y en Haymarket.

La escasez de mano de obra tras la Segunda Guerra Mundial (1939-1945) dio lugar al *populate or perish* («poblar o perecer»), un intento del gobierno australiano para fomentar la inmigración de blancos europeos y de habitantes de Oriente Próximo. Estos migrantes crearon comunidades muy unidas en los suburbios de Sídney. En la década de 1970 se abandonó la «política de la Australia blanca» (*véanse* págs. 236-237) y llegaron muchos inmigrantes de Asia, sobre todo de Vietnam (*véanse* págs. 240-241). En el siglo XXI, la mayoría de los recién llegados son indios con conocimientos de informática, sanidad e ingeniería, así como chinos, muchos de los cuales han creado empresas. Todo ello ha hecho de Sídney una ciudad diversa y con una de las mayores poblaciones inmigrantes del mundo: hoy, más del 40 por ciento de sus residentes ha nacido en el extranjero.

> «Adiós para siempre a Inglaterra [...], / Adiós para siempre al viejo Old Bailey [...], / Vamos rumbo a Botany Bay».
>
> Conocida canción folclórica del siglo XIX

▲ ▲ **Comunidad griega ortodoxa de Sídney** en un desfile de 2018 para celebrar el 200.° aniversario de la independencia griega en el marco de un festival anual que es ya uno de los mayores eventos culturales de la ciudad.

▲ **Bailarines tradicionales fiyianos de meke** actúan para sus mayores en el festival anual del Día de Fiyi en Sídney. Más de la mitad de la población fiyiana de Australia reside en Nueva Gales del Sur.

▶ **Figuras wandjina sobre la Ópera de Sídney** en 2016, de Donny Woolagoodja, que, como descendiente de los pobladores originales, promueve su cultura. Estas imágenes representan a espíritus mitológicos de las nubes y la lluvia asociados con la creación del mundo.

INFLUENCIAS CULTURALES

Instituciones británicas

Los británicos colonizaron Sídney en 1788. Durante el siglo XIX establecieron muchas de sus instituciones culturales y construyeron numerosos edificios públicos, como el Hospital General (hoy la casa de la moneda, o Royal Mint) y la catedral de Santa María. El tranvía de vapor de Sídney se inauguró en 1879. En 1930 era ya uno de los mayores del mundo.

Legado chino

En 1851, miles de cantoneses llegaron a Sídney en busca de riqueza durante la fiebre del oro. Muchos se quedaron y se convirtieron en jardineros, ebanistas, banqueros y comerciantes. Sídney posee un potente legado chino materializado en un gran barrio chino y un jardín estilo Ming. Los chinos conforman uno de sus mayores grupos migratorios.

Barrio italiano

Si bien a finales del siglo XIX en Sídney no vivían muchos italianos, esta población aumentó en la década de 1920 y, sobre todo, tras la Segunda Guerra Mundial. Muchos italianos trabajaban en la construcción o en la industria alimentaria. Montaron tiendas, pastelerías, charcuterías y restaurantes, sobre todo en Leichhardt («la pequeña Italia») y popularizaron el aceite de oliva y el brócoli en Australia.

Refugiados libaneses

Los primeros libaneses llegaron a Sídney a finales del siglo XIX huyendo del Imperio otomano. Se establecieron en la zona de Redfern, donde montaron almacenes y fábricas. Tras la Segunda Guerra Mundial y durante la guerra civil libanesa (1975-1990) llegaron oleadas más numerosas. En 1972, los musulmanes libaneses construyeron la mezquita de Lakemba en honor al imán Alí bin Abi Talib.

Pequeños negocios vietnamitas

Tras la guerra de Vietnam empezaron a llegar a Sídney solicitantes de asilo que huían de la persecución comunista. La mayoría se asentó en el distrito de Cabramatta, donde se crearon pequeños negocios, sobre todo tiendas de comestibles, panaderías y restaurantes.

Nueva oleada india

En el siglo XXI, los indios que emigraron a Sídney lo hicieron para trabajar como médicos, enfermeros, informáticos e ingenieros. En la actualidad constituyen uno de los mayores grupos de inmigrantes. Introdujeron festividades hindúes a gran escala, como la fiesta Diwali y el Holi, y bailarines de Bollywood participan en el festival multicultural de Parramasala.

CLAVE
MIGRACIÓN JUDÍA
0-50 000
50 000-250 000
250 000-2 000 000

La Zona de Asentamiento

LOS JUDÍOS HUYEN DE LA PERSECUCIÓN EN RUSIA

▲ **Los judíos rusos** huyeron sobre todo a Norteamérica, Sudamérica, Reino Unido, África y Australia entre 1880 y 1924.

▼ **Postal estadounidense** de principios del siglo XX en la que figura una familia emigrante afincada en Estados Unidos celebrando el Año Nuevo judío. El telón de fondo es un brindis escrito en yidis: «Brindemos y que le vaya bien al mal año».

▼ **Judíos de Kichinev** (actual Chisináu, Moldavia) entierran ceremonialmente los rollos de la Torá profanados durante un pogromo en la Pascua de 1903. El pogromo de Kichinev atrajo la atención mundial sobre la persecución de los judíos rusos.

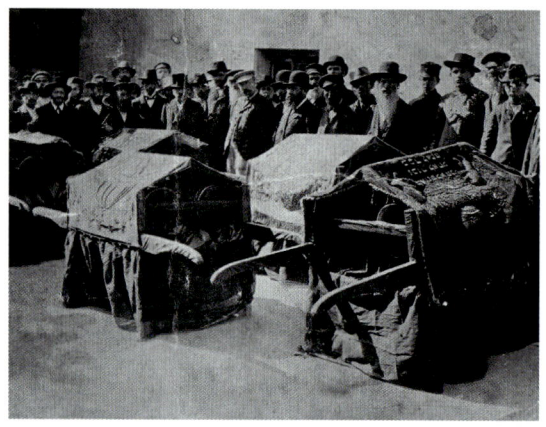

Eran muy pocos los judíos que vivían en la Rusia imperial a principios del siglo XVIII. Sin embargo, tras las particiones de Polonia (1772-1795), llegó a Rusia una gran población judía. Los sentimientos judeofóbicos llevaron a Catalina la Grande a imponer restricciones económicas y de residencia (conocidas como «inhabilitaciones»). En ellas se delimitaba un área oficial en la que podían vivir los judíos: la llamada Chertá Osédlosti, o Zona de Asentamiento. Esta extensión incluía zonas de residencia en las regiones occidentales, habitadas por judíos durante muchos siglos, así como tierras alrededor del mar Negro.

La vida en la Zona de Asentamiento

Creada por los decretos de 1783, 1791 y 1794, la Zona de Asentamiento se situaba en el extremo occidental del imperio, e incluía tierras de Polonia, Lituania, Letonia, Bielorrusia, Moldavia y Ucrania. En la década de 1880, el 95 por ciento de los 5,3 millones de judíos de Rusia vivía en la Zona de Asentamiento (el otro 5 por ciento lo hacía fuera de esta sin permiso de residencia legal), pero, incluso dentro de esta zona, el asentamiento estaba restringido. Los judíos tenían prohibido residir en grandes ciudades como Kiev (en la actual Ucrania) y en la mayor parte del campo, lo que obligó a la población judía a concentrarse en pocas ciudades, como Minsk… (en la actual Bielorrusia) y Varsovia (en la actual Polonia).

Al tener restringido el acceso a la educación y prohibida la agricultura, los judíos se vieron limitados a unas cuantas ocupaciones. Estas escasas oportunidades económicas y el rápido crecimiento de la población llevaron a los judíos rusos a la pobreza extrema. En la década de 1860, el zar Alejandro II permitió a algunos judíos abandonar de forma temporal la Zona de Asentamiento, en concreto a comerciantes, académicos, veteranos de guerra y artesanos.

Huida de la Zona de Asentamiento

La situación llegó a un punto crítico a finales de la década de 1880, cuando se produjo una serie de violentas masacres (los llamados «pogromos»). Los infundados rumores de que el asesinato de Alejandro II, en 1881, había sido un complot judío desencadenaron una oleada de ataques. A menudo alentadas por la oficialidad, las turbas cometieron violaciones y asesinatos contra los judíos y los saquearon. Miles de judíos huyeron de Rusia. Las expulsiones de Moscú y Kiev en 1890 y otros pogromos no hicieron sino aumentar este flujo migratorio. Entre 1880 y 1914, más de dos millones de judíos rusos huyeron de Europa en barco rumbo a Estados Unidos, Canadá, Argentina, Australia, Egipto y Sudáfrica. Otros cientos de miles se marcharon a Reino Unido y Francia. Quienes permanecieron en el Imperio ruso tuvieron que enfrentarse a las restricciones religiosas de la Unión Soviética y a la ocupación nazi de Polonia.

Lo habitual era que primero se marcharan los hombres a buscar trabajo y alojamiento antes de ir a por su familia. Esta búsqueda tenía lugar en distritos de grandes ciudades, como el londinense East End y el neoyorquino Lower East Side. La mayoría llevó una vida complicada: pocos hablaban inglés, ya que se comunicaban en yidis. Sin embargo, con el tiempo, las comunidades judías rusas y su cultura acabaron prosperando en sus nuevas patrias.

«Noche tras noche [...] llevaban a los pobres judíos desde los muelles [...] aún atenazados por el pánico, desde Rusia».

Informe sobre la emigración judía a Whitechapel, East End, Londres, 1884

Niños judíos congregados en una estrecha calle de Varsovia en 1897, cuando la ciudad formaba parte del Imperio ruso.

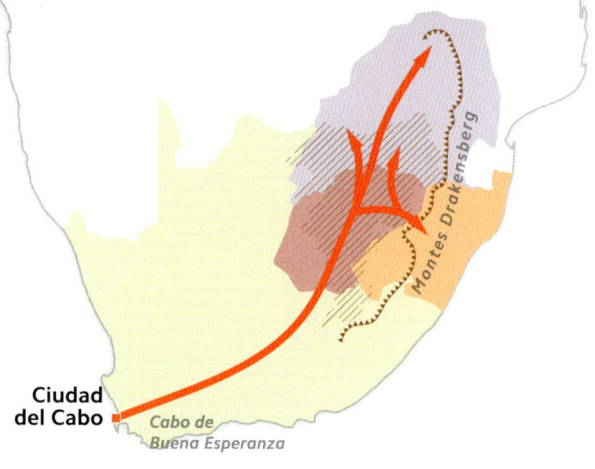

Ciudad del Cabo

Cabo de Buena Esperanza

Atravesar el Alto Veld

LOS BÓERES EN SUDÁFRICA

▲ **Los *voortrekkers*, o bóeres,** viajaron hacia el nordeste desde la Colonia del Cabo, luego se extendieron a las actuales provincias del Estado Libre y KwaZulu-Natal, y a través del Alto Veld hasta Transvaal.

▼ **Familias enteras lucharon** en los enfrentamientos con los pueblos indígenas africanos, en los que los hombres dispararon mosquetes que cargaban mujeres y niños. Las armas de fuego les dieron a los bóeres una enorme ventaja sobre los africanos, que usaban lanzas y palos.

▼ **Los colonizadores europeos** expulsaron a los xhosa de la Colonia del Cabo, y entre 1779 y 1879 libraron una serie de guerras por la tierra.

Entre 1835 y 1845, unos 15 000 granjeros de origen neerlandés, o bóeres (término que deriva de la palabra neerlandesa que significa «granjero»), junto con 10 000 africanos esclavizados y grandes rebaños de ganado, abandonaron sus hogares en la Colonia del Cabo, controlada por los británicos y situada en la actual Sudáfrica, y emigraron hacia el nordeste en busca de nuevas tierras. Esta migración masiva se conoció como la Gran Marcha (o Gran Trek), y sus participantes, como los *voortrekkers* («los primeros en marchar»). Un siglo después, los nacionalistas afrikáners se apropiaron de esta historia para sustentar la imposición del *apartheid* en Sudáfrica.

Del control neerlandés al británico

Los bóeres descendían de colonos neerlandeses que habían llegado a la región del cabo de Buena Esperanza en 1652. A medida que aumentaba su número, se fueron desplazando hacia el interior y la costa, y al hacerlo, expulsaron en muchos casos de sus tierras a pueblos indígenas africanos, como los xhosa. Gran Bretaña se hizo con el control de la zona en 1806 e inició una brutal campaña para desplazar a los xhosa. Aunque estos contraatacaron, en 1879 los británicos ya se habían anexionado el territorio xhosa. A fin de aumentar la población anglófona y tener un mayor control, en 1820, el gobierno británico introdujo un plan de asentamientos con el que atraer a los británicos a

establecerse en Sudáfrica. La afluencia resultante causó resentimiento entre los bóeres, a quienes les disgustaba esta anglicanización. Además, una vez que los británicos abolieron la esclavitud, en 1834, los bóeres ya no pudieron gestionar sus granjas de la misma manera, ya que dependían de la mano de obra de esclavos africanos. Para conservar su modo de vida, los bóeres decidieron marcharse en busca de nuevas tierras que no estuvieran bajo el control británico.

Territorio disputado

La primera procesión de bóeres para colonizar nuevas tierras partió en 1835, y lo hizo sobre todo a caballo y en grandes carretas tiradas por bueyes. Los granjeros discreparon sobre dónde asentarse y la procesión se dividió.

Un grupo se dirigió al norte de la actual Provincia del Estado Libre, donde se enfrentó a los ndebele, que vivían allí. En 1837 expulsaron a los ndebele hacia el norte, al otro lado de la frontera de la actual Sudáfrica.

Otro grupo, liderado por el antiguo comandante del ejército Piet Retief, cruzó los montes Drakensberg hacia Natal en 1837. Como la zona costera oriental en la que se habían fijado los bóeres estaba justo al sur del territorio zulú, Retief le preguntó al rey zulú Dingane si les concedería tierras. Este firmó un acuerdo, pero cuando vio a los bóeres como invasores peligrosos, lanzó un ataque sorpresa y masacró al grupo. En 1838, los bóeres se vengaron en la batalla del Río Sangriento. Tras esta batalla, el rey zulú Mpande permitió a los bóeres que se asentaran en algunas zonas a cambio de que lo ayudaran a derrocar a Dingane. Estos crearon tres estados independientes: Natalia (Natal), anexionado por Gran Bretaña en 1843; el Estado Libre de Orange y la República Sudafricana (Transvaal).

«Abandonamos esta colonia con la plena seguridad de que el Gobierno inglés [...] nos permitirá gobernarnos sin injerencia».

Piet Retief, líder bóer, 1837

◀ **La ruta de los *voortrekkers***, o bóeres, estaba plagada de peligros. Sus carretas, llamadas *kakeebeenwaen* («carretas de mandíbula»), contaban con un ingenioso diseño: las grandes ruedas traseras se podían quitar y atar ramas pesadas debajo para evitar que el vehículo se precipitara por laderas empinadas y barrancos.

Atravesar el mar de la China Meridional

DE CHINA AL SUDESTE ASIÁTICO

Como mínimo desde el siglo XV, mercaderes chinos de los centros comerciales de Fujian y Guangdong, en el sur de China, habían viajado y se habían asentado en otros países del sudeste asiático. En el siglo XVII, los colonos chinos ya se habían establecido de diversas formas en toda la región. Muchos siguieron siendo comerciantes, mientras que otros, en Java, Indonesia, se convirtieron en agricultores de éxito. Además, algunos ocuparon cargos administrativos locales. Los emigrantes fueron en su mayoría hombres y muchos se casaron con mujeres locales. A lo largo de los siglos, sus descendientes formaron grupos étnicos, como los *peranakan* (que significa «nacidos en el lugar» en malayo e indonesio), que viven en Malasia, Indonesia y Singapur.

A mediados del siglo XVII, la inestabilidad asociada a la caída de la dinastía Ming provocó un nuevo éxodo de refugiados chinos al sudeste asiático que duró hasta el siglo XVIII. En su mayoría campesinos sin formación, muchos llegaron a Vietnam y Camboya, donde acabaron ganándose bien la vida, sobre todo con el cultivo de arroz.

La mano de obra china en las colonias europeas

En el siglo XIX, cuando el gobierno Qing permitió que los comerciantes se asentaran en Singapur y Malasia, se produjo un período de emigración masiva al sudeste asiático. Mientras, las potencias europeas establecieron colonias en la región. Los colonizadores necesitaban mano de obra, mientras que en China la depresión económica, provocada por el crecimiento demográfico y la interrupción del comercio a raíz de las guerras del Opio (1839-1860), llevó a la gente a buscar trabajo en otros lugares. Además, la derrota de China en estas guerras obligó a que el país abriera varios de sus puertos al comercio exterior y a los residentes extranjeros. Esto propició la emigración, ya que facilitó el reclutamiento y transporte de obreros chinos a los destinos coloniales del sudeste asiático.

Los británicos, en particular, favorecieron la llegada de trabajadores chinos, a los que consideraban muy diligentes; y muchos inmigrantes chinos se trasladaron voluntaria e involuntariamente a las colonias británicas como culis, o *coolies* (mano de obra barata no cualificada). Hacia 1850, Singapur se había convertido en un centro desde el que los intermediarios chinos suministraban mano de obra china a las minas y plantaciones de la Malasia británica (Malasia) y de las Indias Orientales Neerlandesas (Indonesia). Por lo general, estos obreros se movían a través de dos intermediarios chinos, uno en

la parte china y otro en la colonia europea. A los trabajadores se les pagaba poco; además, los costes de transporte, alimentación y alojamiento (más intereses añadidos) corrían a su cargo, y la deuda se deducía de los salarios que les abonaban sus empleadores europeos.

Comunidades chinas e influencias

Si bien los primeros colonos chinos del sudeste asiático se adaptaron a las tradiciones locales, los inmigrantes que llegaron a partir del siglo XIX mantuvieron sus propias costumbres y erigieron templos y escuelas en las que se impartían clases en lenguas siníticas. El hokkien, hablado en la provincia de Fujian, se sigue utilizando hoy en algunas partes del sudeste asiático.

Aunque Siam (Tailandia) nunca se colonizó, también atrajo a un gran número de inmigrantes chinos, que trabajaron en sus carreteras, ferrocarriles, minas y plantaciones. A medida que la comunidad china fue creciendo, el gobierno empezó a restringir su influencia y fomentó la asimilación. Sin embargo, en el siglo XX, algunos inmigrantes chinos dirigían grandes empresas y dominaban la economía tailandesa.

▲ **Obreros chinos** a principios del siglo XX tras su llegada a Singapur en barco desde la provincia de Fujian. Estos hombres, en su mayoría pobres, trabajaron en la construcción de carreteras, ferrocarriles y edificios cívicos. La fotografía está coloreada.

El Sendero de Lágrimas

EXPULSIÓN DE LOS NATIVOS EN ESTADOS UNIDOS

▲ En este mapa figuran las tierras de las cinco naciones antes de su traslado y las rutas que tomaron cuando las llevaron al Territorio Indio.

◀ Esta colcha, confeccionada por Chris Wolf Edmonds, está inspirada en la historia del pueblo cheroqui. El ave fénix simboliza la esperanza en el futuro, mientras que la figura masculina representa la desesperación del viaje.

Aparte de los indios pueblo, sedentarios del sudoeste, la mayoría de las naciones nativas de Estados Unidos ha sufrido reubicaciones forzosas. Las migraciones de las llamadas Cinco Tribus Civilizadas incluyen algunas de las historias de migración de nativos norteamericanos más conocidas. De ellas participan las naciones que se habían convertido al cristianismo y adoptado muchas costumbres europeas: los choctaw, los chickasaw, los cheroquis, los seminolas y los muscogee (también llamados creek). Los estadounidenses blancos intentaron justificar la expulsión de los nativos a través de la teoría del destino manifiesto (*véanse* págs. 168-169). En 1830, la Ley de Traslado Forzoso de los Indios puso en marcha la reubicación de los pueblos nativos del centro-sur de Estados Unidos en el recién definido Territorio Indio (actual Oklahoma).

Camino al oeste

Los choctaw, conducidos a la fuerza a Misisipi en 1831, fueron la primera de las cinco tribus expulsadas. «Vi un sendero hacia el gran río y, entonces, lloré», dice una canción recopilada por la historiadora choctaw Muriel Wright. Aunque la expulsión de los seminolas de Florida comenzó en 1832, la nación, apoyada por varios cientos de estadounidenses negros, algunos de los cuales habían escapado de la esclavitud en Florida, contraatacó en lo que se conoce como segunda guerra Seminola. A diferencia de otras expulsiones, la de los seminolas no consistió en una larga marcha hacia el oeste. El proceso duró unos veinte años y le costó miles de dólares al gobierno estadounidense, ya que llevó a tropas para perseguir con perros a los seminolas y obligarlos a subir a barcos en el río Misisipi. Aunque unos 4400 seminolas acabaron en el Territorio Indio, alrededor de quinientos permanecieron en Florida.

La nación muscogee fue conducida a la fuerza a Oklahoma en 1834-1835, aunque solo 11 500 personas de las 15 000 que se trasladaron sobrevivieron al viaje. Los chickasaw fueron expulsados en 1837, y unos 16 000 cheroquis se vieron obligados a trasladarse al oeste del río Misisipi entre 1838 y 1839.

El nombre Sendero de Lágrimas procede de los relatos de los cheroquis sobre su expulsión al Territorio Indio. A los cheroquis se les obligó a vivir en campamentos mientras los soldados saqueaban sus casas. Las condiciones en estos lugares eran de una insalubridad letal. Desde allí, los cheroquis se vieron obligados a recorrer, en gran parte a pie y a menudo descalzos, 1600 kilómetros hacia el oeste hasta llegar al Territorio Indio. Muchos fallecieron en este viaje de tres meses; otros fueron asesinados por los blancos durante el trayecto. Se estima que entre 4000 y 8000 cheroquis no sobrevivieron.

La vida en el Territorio Indio

Una vez en el Territorio Indio, las naciones nativas intentaron sacar lo mejor de este nuevo comienzo. Los cheroquis construyeron una sólida infraestructura y prosperaron durante un período que algunos consideran una edad de oro, pero este auge, resultado de la adaptación a las costumbres estadounidenses de los blancos, fue posible a expensas de la cultura cheroqui. Las Cinco Tribus Civilizadas construyeron escuelas en el Territorio Indio, a menudo junto con misiones cristianas, donde se enseñaba a los niños nativos a asimilarse.

En la actualidad, Oklahoma alberga a cerca del 14 por ciento de toda la población nativa de Estados Unidos. Pese a su historia, los cheroquis, con 141 000 que aún viven en su reserva de Oklahoma y otros 149 000 que residen fuera de ella, son la nación nativa más numerosa del país.

▲ **Este panel de un mural** pintado por el artista muscogee Johnnie Diacon para el Museum of Native American History de Arkansas muestra las duras condiciones invernales que vivieron los muscogee durante la larga caminata hasta el Territorio Indio.

◄ **La nación choctaw** fundó, en 1845, la Armstrong Academy de Chahta Tamaha como escuela para varones. Los choctaw concedían gran importancia a la educación y la consideraban necesaria para sobrevivir en el mundo de los blancos.

La búsqueda de oro atrajo a decenas de miles de inmigrantes al «salvaje Oeste» en la década de 1840. La mayoría de estos buscadores de oro eran hombres, y la vida podía ser solitaria y violenta. Deadwood, ciudad minera de las colinas Negras de Dakota del Sur, fue famosa por su anarquía y corrupción.

Carretas en dirección al oeste

LA FRONTERA ESTADOUNIDENSE

A lo largo del siglo XIX, muchos colonos europeos empaquetaron su comida y sus escasas pertenencias en carromatos (o *prairie schooners*, literalmente «goletas de las praderas», como se las conocía) y se dirigieron hacia el oeste en busca de nuevas tierras que cultivar y espacios abiertos en los que cazar. La minería también atrajo a nuevos colonos al oeste, y algunos emigrantes, como los mormones, se trasladaron para escapar de la persecución religiosa en el Medio Oeste. Entre 1843 y 1869, más de medio millón de colonos viajó por una de estas tres rutas principales: la senda de Oregón, la senda de California y la senda de los mormones.

Expansión del territorio

Los colonos se expandieron hacia el oeste sin tener en cuenta que las tierras habían estado ocupadas durante miles de años por pueblos nativos, a los que expulsaron de sus hogares y los militares acorralaron en zonas cada vez más reducidas. Muchos creían en el llamado «destino manifiesto», la idea de que era voluntad de Dios que los europeos colonizaran América por ser racial y culturalmente superiores, y que tenían el deber de «civilizar» y convertir al cristianismo a la población nativa «pagana». La ruta más famosa hacia el oeste fue la senda de Oregón, que partía de Independence, Misuri, y recorría 3200 kilómetros a través de las llanuras y las

Montañas Rocosas hasta Oregon City, en el noroeste. Atraído por panfletos que hablaban de tierras fértiles aún por reclamar, el primer grupo, de unas diez carretas, partió en 1841 por un sendero trazado por los comerciantes de pieles. A los pocos años, enormes caravanas de cien carretas salían con frecuencia al comienzo del verano con la esperanza de cruzar las Rocosas antes de que llegara el invierno. El arduo viaje duraba cinco meses, durante los cuales los bueyes tiraban de los carros y las familias caminaban a su lado. En el punto álgido de estos desplazamientos, a mediados del siglo XIX, decenas de miles de personas fallecían en ruta, sobre todo por enfermedades o en accidentes en pasos de montaña escarpados. Después, en 1869, se terminó de construir el Ferrocarril Transcontinental, gracias al cual se pudo viajar de costa a costa en un intervalo de entre ocho y diez días.

Granjas y pueblos ganaderos

El primer hogar en el oeste de muchas familias de agricultores consistía en un refugio excavado en una ladera. En las llanuras, donde había pocos árboles, las primeras casas, conocidas como *soddies*, se construyeron con cuadrados de tepes (*sods*) cortados del suelo. Aunque los primeros colonos tuvieron que ser autosuficientes, poco a poco fueron apareciendo pequeños pueblos: así, se abrieron comercios minoristas y bancos para atender a la creciente población, y se edificaron escuelas, iglesias y salones. También surgieron pequeños asentamientos fronterizos, conocidos como *cattle towns* («pueblos ganaderos»). Estos pueblos, abastecidos por la industria ganadera y situados a menudo en cruces de ferrocarril, eran el lugar donde los vaqueros vendían su ganado a los rancheros o a los envasadores de carne, que luego la transportaban por tren a las ciudades.

▲ **Las rutas más populares** partían de Nauvoo, Illinois, o Independence, Misuri, e iban en dirección noroeste hacia Portland, oeste hacia San Francisco o sudoeste hacia Los Ángeles, evitando Texas.

▼ **Las caravanas** estaban formadas por cientos de colonos que se unían para ofrecerse apoyo y protección.

◄ **El descubrimiento de oro** hizo que muchos aventureros partieran a California en busca de fortuna.

La Expedición Donner

En 1846, un grupo de 87 colonos, liderados por George Donner, partió de Misuri. Salió tarde y tomó un «atajo» que hizo que el trayecto se demorara dos semanas más. En el camino perdieron el ganado, fueron atacados y quedaron atrapados en la nieve. Solo sobrevivieron 47.

«Podía ver cómo se levantaba nuestra casa de tepes. Qué emoción cuando todos nos montábamos en la carreta de madera para echar un vistazo. [...] Sentíamos que teníamos una casa completamente nueva otra vez; [...] era el paraíso, y cómo lo disfrutábamos.

Teníamos dos grandes problemas: la suciedad y las moscas. En verano retorcíamos periódicos y prendíamos la punta. [...] El abuelo Meehan le dio un toque final a su *soddy* al enlucir el interior; nadie tenía una casa tan fácil de mantener limpia como mi abuela. [...]

Los pioneros negros trabajaban duro; además de cultivar mucho maíz, judías y las hortalizas que tenían, todos criaban ganado. La tierra era demasiado arenosa como para cultivar cereales, así que la respuesta fue el ganado».

Ava Speese Day, granjera estadounidense negra cuya familia se estableció en la región de Sand Hills, Nebraska, en 1907. Fue descendiente de Moses Speese, antiguo esclavo que se estableció en el condado de Custer, Nebraska, en la década de 1880.

La familia Shores, sentada frente a su casa en el condado de Custer, Nebraska, en 1887. Jeremiah Shores (segundo a la derecha) era hermano de Moses Speese (*véase* superior) y también había sido esclavo. Shores y Speese formaron parte de un grupo de emigrantes negros conocidos como Exodusters, los cuales iniciaron nuevas vidas en Nebraska, que era un lugar seguro para los colonos negros.

El ferrocarril subterráneo

LOS ESTADOUNIDENSES NEGROS HUYEN DE LA ESCLAVITUD

CLAVE

▢ Estados libres

▢ Estados esclavistas

▢ Canadá

En 1860 había casi cuatro millones de esclavos en el sur de Estados Unidos. Obligados a trabajar sobre todo en plantaciones de algodón y azúcar, vivían atrapados por un sistema que les arrebataba sus derechos humanos y los trataba como propiedades de sus esclavizadores.

El sur era un territorio hostil para los esclavos: en virtud de la Ley de Esclavos Fugitivos de 1793, las autoridades locales podían retener a quienes buscaban la libertad y devolverlos a sus esclavizadores, incluso si se encontraban en los llamados «estados libres». Las autoridades castigaban con dureza a quienes buscaban la libertad y eran capturados, y quienes escapaban de la esclavitud no tenían forma de ganarse la vida de una manera legítima. Además, como los esclavistas ofrecían recompensas por ellos, su captura era un negocio lucrativo.

Entre 1750 y el comienzo de la guerra civil estadounidense en 1860, entre 40 000 y 100 000 esclavos lograron llegar al norte (donde la esclavitud estaba proscrita, aunque los estadounidenses negros no tenían los mismos derechos que los blancos) y a Canadá (donde se había abolido la esclavitud), gracias al llamado ferrocarril subterráneo, constituido por una red secreta de rutas y pisos francos dirigida por abolicionistas y antiguos esclavos.

Rutas hacia la libertad

Los «maquinistas» del Underground Railroad («ferrocarril subterráneo o clandestino») utilizaron la terminología ferroviaria para ocultar su verdadero propósito. Aquellos que buscaban su libertad tenían que llegar por su cuenta a los estados fronterizos entre el norte y el sur, pero, una vez allí, podían ponerse en contacto con un «revisor», que los guiaba a escondites conocidos como «estaciones» (casas particulares, iglesias o escuelas), dirigidas por un «jefe de estación». Los maquinistas establecieron rutas

en el oeste a través de Ohio hasta Indiana e Iowa, y en el este a través de Pensilvania. Sin embargo, estas entrañaban peligros tanto para los que buscaban la libertad como para quienes los ayudaban. Quienes huían llevaban poco consigo y se enfrentaban al hambre, al frío y a traicioneras travesías fluviales en su viaje hacia el norte. Los buscadores de la libertad viajaban de noche en pequeños grupos y no estaban seguros ni durante el trayecto ni una vez llegaban al norte. Los cazarrecompensas les seguían la pista.

Para muchos, el destino era Canadá, donde los cazarrecompensas estaban prohibidos y las comunidades de antiguos esclavos habían montado sus propias granjas e iglesias. Quienes escapaban de la esclavitud gozaban allí de mucha más libertad que en el norte de Estados Unidos; incluso podían aspirar a cargos públicos y formar parte de jurados. Muchos trabajaron para que otros alcanzaran la libertad o enseñaron a los recién llegados los conocimientos necesarios para encontrar trabajo.

Ayudar a otros a escapar

Quienes ayudaban se arriesgaban a ser multados, encarcelados o incluso linchados por turbas enfurecidas. Si bien algunos blancos cuáqueros desempeñaron un papel clave en el ferrocarril subterráneo, la mayoría de los revisores eran estadounidenses negros. En este sentido, destaca Harriet Tubman (*véase* recuadro), quien se aventuró a regresar al sur en muchas ocasiones.

La presión política para abolir la esclavitud fue en aumento hasta que, el 1 de enero de 1863, el presidente Abraham Lincoln promulgó la Proclamación de Emancipación, que inició al fin el proceso de liberación de millones de esclavos. La esclavitud se abolió el 18 de diciembre de 1865, cuando el Congreso ratificó la 13.ª Enmienda a la Constitución de Estados Unidos.

▲ **Las rutas para quienes buscaban la libertad** desde los estados esclavistas del sur conducían a los estados libres del norte y a Canadá, donde la esclavitud se había abolido.

▼ **Levi Coffin**, cuáquero y abolicionista (en el centro con sombrero), y su amigo Jonathan Rummel (extremo derecha), rodeados por un grupo de antiguos esclavos a los que han rescatado.

Harriet Tubman

Nacida como esclava en Maryland, Harriet (1822-1913) huyó a Filadelfia en 1849. Regresó a Maryland para ayudar a otros a escapar. Realizó trece viajes en total y ayudó a setenta personas en el ferrocarril subterráneo a Canadá.

▲ **Este mural del ferrocarril subterráneo** en Dolgeville, estado de Nueva York, representa a un grupo de buscadores de la libertad a los que guía un «revisor» durante la noche.

◄ **La casa de Levi Coffin** en Cincinnati, Ohio, fue una «estación» del ferrocarril subterráneo, un lugar en el que quienes buscaban la libertad podían descansar en su viaje hacia el norte.

A la tierra de la libertad

GRAN MIGRACIÓN A TRAVÉS DEL ATLÁNTICO

Uno de los mayores movimientos de personas de la historia fue el que tuvo lugar entre 1846 y 1940, cuando cruzaron el Atlántico 55 millones de europeos, la mayoría de los cuales se asentaron en Estados Unidos, y algunos se dirigieron a Canadá y Sudamérica. Si bien son varias las razones de esta migración masiva, entre ellas se encuentran la pobreza, las penurias y la opresión política y religiosa, así como mejores salarios.

La primera ola

La mayoría de las personas que llegaban a Norteamérica a principios del siglo XIX procedían de Irlanda. La vida ofrecía pocas perspectivas a los jóvenes irlandeses, en especial a los hijos más pequeños, que no podían heredar tierras; así, casi un millón se embarcó rumbo a Estados Unidos y Canadá en las décadas de 1820 y 1830. Atraídos por las perspectivas de trabajo en el canal de Erie y en las nuevas carreteras y ferrocarriles, muchos se asentaron en ciudades de la Costa Este.

La Gran Hambruna, que había asolado Irlanda en la década de 1840, disparó la emigración irlandesa. Una plaga de la patata y la cruel reacción de los terratenientes y el gobierno británico dejaron a cientos de miles de personas en la indigencia, hambrientas y sin casa ni fuente de ingresos. Desesperadas, familias enteras se embarcaron hacia Estados Unidos.

En 1847, cientos de «ataúdes flotantes», o *coffin ships*, partían de Liverpool hacia Norteamérica repletos de emigrantes irlandeses. Aprovechándose de su difícil situación, los armadores usaron embarcaciones de todo tipo, fueran adecuadas o no. Las condiciones a bordo eran nefastas. Los pasajeros se pasaban la mayor parte de los dos meses del viaje hacinados bajo la cubierta, sumidos en la oscuridad y con pocos alimentos y agua. Las enfermedades abundaban. En un relato de la época

se habla de «la pestilencia del aire que los jadeantes sufrientes respiraban y volvían a respirar». A su llegada, a muchos inmigrantes los retenían en estaciones de cuarentena, como la de Grosse-Île, en Quebec, en un intento de detener la propagación de enfermedades infecciosas. En un sonado incidente ocurrido en el verano de 1847, una epidemia de tifus en esta estación provocó la muerte de más de cinco mil inmigrantes irlandeses antes de propagarse a la ciudad de Quebec.

En busca de esperanza

En su mayoría no cualificados, sin dinero, con poca ropa y escasas esperanzas, los inmigrantes irlandeses de las décadas de 1840 y 1850 eran ya de los más pobres de Europa incluso antes de la Gran Hambruna, y a su llegada a Norteamérica se encontraron con unas condiciones no mucho mejores. A menudo hacinados en viviendas precarias, se enfrentaron a la hostilidad de potenciales empleadores y a la discriminación religiosa por su catolicismo, sobre todo en Estados Unidos.

Con todo, Estados Unidos y Canadá seguían ofreciendo más oportunidades que Irlanda, y muchos trabajaron en la construcción, la minería, el ejército, la policía o como empleados domésticos. La emigración irlandesa continuó mucho después de la Gran Hambruna; así, dos tercios de la población irlandesa partió a Norteamérica en la primera década del siglo XIX.

▲ **A partir de la década de 1820**, la migración transatlántica ofreció a los europeos con menos recursos la oportunidad de conseguir tierras y trabajo en Norteamérica y Sudamérica.

▼ **Si bien las tarjetas de inspección** expedidas por las compañías navieras demostraban que los inmigrantes habían pasado un control sanitario a la salida, muchos enfermaban durante el viaje.

▼ **Las guerras por la tierra** que se produjeron durante la década de 1880 en Irlanda enfrentaron a terratenientes y arrendatarios, que luchaban por pagar el alquiler, y provocaron desalojos. Al verse sin nada, estas familias siguieron el ejemplo de los primeros emigrantes irlandeses y se marcharon a Estados Unidos.

A partir de 1886, a los inmigrantes que entraban en Estados Unidos a través de Nueva York los recibió la estatua de la Libertad, que pasó a simbolizar sus esperanzas de refugio y nuevas oportunidades.

En la década de 1860, el desarrollo de los barcos de vapor hizo mucho más rápida la travesía transatlántica, aunque las condiciones no mejoraron demasiado.

También cruzaron el Atlántico por aquella época emigrantes alemanes, noruegos, suecos y neerlandeses, empujados por las dificultades económicas, la agitación política y el deseo de una mayor libertad religiosa.

Antes de 1840, la mayoría de estos europeos septentrionales eran agricultores experimentados que decidieron asentarse en el Medio Oeste estadounidense, donde montaron algunas de las granjas más productivas del país. Después de 1848, los disturbios políticos y el desempleo en Alemania propiciaron la inmigración a ciudades como Chicago, Milwaukee, Cincinatti y San Luis.

Una segunda ola

En la década de 1890, aunque se ralentizó la emigración procedente de Europa Septentrional y Occidental, aumentó la del sur y el este del continente. Estas regiones tardaron en industrializarse, y el atractivo de un futuro mejor al otro lado del Atlántico era muy tentador. Muchos judíos de Rusia y Europa Oriental huyeron de la persecución; húngaros, polacos, checos, serbios, eslovacos y griegos, junto con no europeos de Siria, Turquía y Armenia, se marcharon para eludir los efectos de las crisis agrícolas, la represión política y la superpoblación. La mayoría se instaló en ciudades como Nueva York, Boston y Detroit.

Los más numerosos durante este período fueron los italianos. Los emigrantes del sur de Italia y Sicilia, en su

Aptos para el acceso

Con el fin de procesar a los recién llegados, se crearon estaciones de inmigración en puertos de entrada, como la isla Ellis, en el río Hudson, Estados Unidos, y Grosse-Île, en el golfo de San Lorenzo, Canadá (inferior). Miles de personas pasaban a diario para hacer largas colas y someterse a inspecciones médicas y legales. Para la mayoría, el calvario duraba solo unas horas, aunque algunas permanecían retenidas durante semanas, en especial si se sospechaba que estaban enfermas. Las mujeres y las niñas no podían salir sin un acompañante masculino.

«Un hombre emprendedor y deseoso de progresar lo dará todo por venir a este país libre, donde al hombre se le permite prosperar y florecer».

John Doyle, carta a Irlanda, 1818

◄ **Los edificios de apartamentos** se convirtieron en viviendas hacinadas y lugares de trabajo en los que muchas familias de inmigrantes se mantenían gracias al trabajo a destajo, como coser prendas o confeccionar pequeños objetos.

mayoría agricultores, fueron a Sudamérica, sobre todo a Argentina, donde esperaban encontrar tierras después de que la inmigración a Estados Unidos las hubiera «copado» hasta la costa del Pacífico. Los italianos del norte, más urbanizado, se sintieron atraídos por las ciudades del nordeste de Estados Unidos, como Nueva York, Baltimore, Boston y Filadelfia.

Muchos italianos eran jóvenes que no pensaban quedarse en el extranjero, sino ahorrar hasta poder regresar a casa y trabajar en la granja familiar o heredarla. Más de la mitad acabó quedándose en Norteamérica y optó por enviar dinero a su familia en Italia. Los inmigrantes italianos se toparon con los mismos prejuicios que los irlandeses una generación antes. Surgieron «pequeñas Italias» en muchas ciudades: comunidades muy unidas, a menudo hacinadas, y con familias de un pueblo o región de Italia a veces agrupadas en torno a unas cuantas calles.

Un legado transatlántico

Hacia 1900, la entrada en Estados Unidos y Canadá era cada vez más difícil, ya que los gobiernos respondieron al creciente sentimiento antiinmigración, albergado incluso por parte de quienes habían inmigrado antes. El primer objetivo fueron los inmigrantes asiáticos, a los cuales se les permitía entrar pero se les denegaba la ciudadanía; además, si deseaban entrar en Canadá, tenían que pagar impuestos. Tras la Primera Guerra Mundial, esta postura se endureció aún más y también se restringieron las llegadas transatlánticas de europeos.

Aunque la inmigración se ralentizó, para aquel entonces el tejido social del continente americano había cambiado: un siglo de migraciones había transformado ciudades y paisajes rurales, impulsado la industrialización y creado un crisol multiétnico que constituyó la base de una nueva cultura.

◄ **Mulberry Street, en Manhattan**, fue, en 1900, uno de los mayores enclaves italianos de Estados Unidos. Sus vendedores ambulantes, comerciantes y residentes inmigrantes conformaron una «pequeña Italia». La fotografía está coloreada.

Trabajadores en una viga durante la construcción del edificio RCA de Nueva York en 1932. Muchos inmigrantes o procedentes de familias migrantes participaron en la construcción del *skyline* urbano. La investigación sugiere que dos de los hombres que aparecen en la imagen podrían ser los irlandeses Matty O'Shaughnessy (extremo izquierda) y Sonny Glynn (extremo derecha), y el vasco Natxo Ibargüen, de Balmaseda, segundo por la izquierda.

INFLUENCIAS CULTURALES

Colonizadores neerlandeses

Los colonizadores neerlandeses fundaron en 1626 Nueva Ámsterdam en Manhattan. Allí construyeron un ayuntamiento y un puerto, en el cual se cargaban pieles, que se transportaban a Europa en barcos que regresaban con mercancías europeas para comerciar en Norteamérica.

Enclave italiano

A partir de la década de 1820 hubo varias olas de inmigración italiana a Estados Unidos. A finales del siglo xix y principios del xx, en torno a un tercio de los italianos que llegaron a Estados Unidos se instalaron en Nueva York. Al principio se asentaron en East Harlem y Lower Manhattan, donde el barrio de Mulberry Street (en la fotografía, coloreado) pasó a conocerse como «Little Italy».

Negocios judíos

Aunque ya había algunos colonos judíos en Nueva Ámsterdam, llegaron muchos más de Europa a partir de la década de 1880. En 1920, la población judía de Nueva York rondaba el millón y medio de habitantes, la mayoría de los cuales vivían en el Lower East Side, donde montaron tiendas y restaurantes *kosher*. Hoy en día, Nueva York es la ciudad con más judíos del mundo.

Nueva York

LA GRAN MANZANA

El Nueva York actual estuvo habitado por comunidades indígenas lenape mucho antes de que llegaran los colonos europeos a principios del siglo XVII. Los primeros colonizadores fueron los neerlandeses, que en 1626 llegaron a un acuerdo con la población local para conseguir Manhattan. Allí fundaron un asentamiento para el comercio de pieles, Nueva Ámsterdam. Expulsaron de forma gradual a los nativos y utilizaron a los esclavos africanos como mano de obra forzada.

En 1664, las fuerzas británicas se apoderaron del asentamiento, lo rebautizaron como Nueva York y propiciaron la emigración desde Gran Bretaña. La esclavitud siguió siendo fundamental: en 1703, el 42 por ciento de los hogares tenía esclavos africanos. Nueva York, que siguió expandiéndose tras la independencia de Estados Unidos, en 1790, era la mayor ciudad de Norteamérica.

Migración masiva y crecimiento

Durante el siglo XIX y principios del XX se produjo una inmigración masiva desde Europa, de la cual formaron parte, entre otros, los irlandeses, que dejaban atrás la Gran Hambruna (*véanse* págs. 174-177) y los judíos, que escapaban de los pogromos en Rusia (*véanse* págs. 160-161). Entre 1910 y 1970, llegaron muchos estadounidenses negros procedentes de los estados sureños (*véanse* págs. 202-203). Nueva York experimentó un rápido crecimiento. En 1898, sus cinco distritos (Manhattan, Queens, Brooklyn, el Bronx y Staten Island) se fusionaron para dar lugar a una sola ciudad. En 1920, la población de la ciudad era de más de 5,6 millones de personas.

A partir de la década de 1950, se instalaron muchos puertorriqueños, mientras que a finales de la siguiente hubo inmigración procedente de China y el sudeste asiático. En las últimas décadas han llegado inmigrantes de Latinoamérica, Asia, África y Europa. En la actualidad se hablan más de ochocientos idiomas en esta ciudad, que tiene una población de 8,8 millones de personas.

▲▲ *Skyline* **de Nueva York**, representado en esta pintura de 1943, obra del artista negro William H. Johnson, que se trasladó a la ciudad desde Florence, Carolina del Sur, a los diecisiete años.

▲ **Los lenape celebraron en 2018 su primer** *powwow* **en Manhattan** desde que, en el siglo XVII, los expulsaran de la zona los colonos neerlandeses.

◀ **Músicos callejeros tocando jazz** en Central Park. Si bien el jazz se originó en Nueva Orleans, se convirtió en sinónimo de Nueva York gracias a músicos famosos y populares salas, como el Cotton Club.

> «La ciudad, vista desde el puente de Queensboro, es siempre la ciudad que se ve por primera vez, con su promesa inicial intacta de todo el misterio y la belleza del mundo».
>
> F. Scott Fitzgerald, *El gran Gatsby*, 1925

Cultura negra de Harlem

A principios del siglo XX, la gran migración de estadounidenses negros de los estados sureños a los del norte y la llegada de inmigrantes caribeños transformaron Harlem. Durante las décadas de 1910, 1920 y 1930, fue el escenario del renacimiento de Harlem, que implicó un florecimiento de la música, la literatura, el teatro y el activismo político negros.

Celebraciones chinas

Muchos de los chinos que habían emigrado a Estados Unidos por la fiebre del oro de California o los trabajos en los ferrocarriles se establecieron en Nueva York en el siglo XIX. Aunque el gobierno estadounidense limitó la inmigración china desde la década de 1880 hasta finales de la de 1960, ha aumentado desde entonces. En la actualidad, Nueva York es la ciudad no asiática con la mayor población china del mundo, y cuenta con múltiples desfiles del Año Nuevo chino.

Legado puertorriqueño

Puerto Rico se convirtió en territorio estadounidense en 1898. Los puertorriqueños obtuvieron la ciudadanía estadounidense limitada diecinueve años después y muchos se asentaron en Nueva York. Alrededor del 9 por ciento de los neoyorquinos tienen ya ascendencia puertorriqueña, hecho que celebran con el desfile anual del Día Nacional de Puerto Rico.

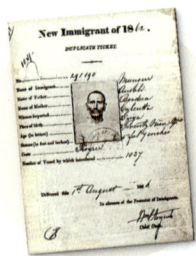

Explotación colonial
SERVIDUMBRE POR CONTRATO EN EL CARIBE

En 1830, la Revolución Industrial estaba arruinando la economía de India. La importación de productos manufacturados económicos procedentes de Gran Bretaña estaba acabando con las industrias artesanales indias; además, el desarrollo de la agricultura comercial para abastecer de materias primas (como el algodón, el té y el índigo) a dicho país estaba desviando tierras destinadas a la producción de alimentos y desplazando a los agricultores. El resultado fue el desempleo generalizado y la escasez de alimentos, lo cual desembocó en una hambruna a finales de la década de 1830 y en las de 1860 y 1870, cuando se produjeron sequías.

Para los propietarios británicos de plantaciones en el Caribe, el elevado desempleo en India se presentó como la solución a la escasez de mano de obra a la que se enfrentaban tras la abolición de la trata de esclavos. En virtud de un sistema de servidumbre por contrato, se comprometían a pagar el transporte de los indios, que quedaban obligados a trabajar para ellos durante un mínimo de cinco años. Para los indios que se enfrentaban a la pobreza y al hambre, era una promesa de la anhelada estabilidad económica, con lo que más de 400 000 viajaron al Caribe entre 1838 y 1917.

Engañados y maltratados

A los obreros indios les prometieron un salario fijo, una vida digna, asistencia sanitaria y repatriación una vez finalizado el servicio. Sin embargo, la mayoría fueron duramente maltratados. Alrededor del 17 por ciento de los migrantes falleció por enfermedades causadas por las malas condiciones en el viaje. A su llegada, soportaban unas condiciones de vida duras. Era habitual que los

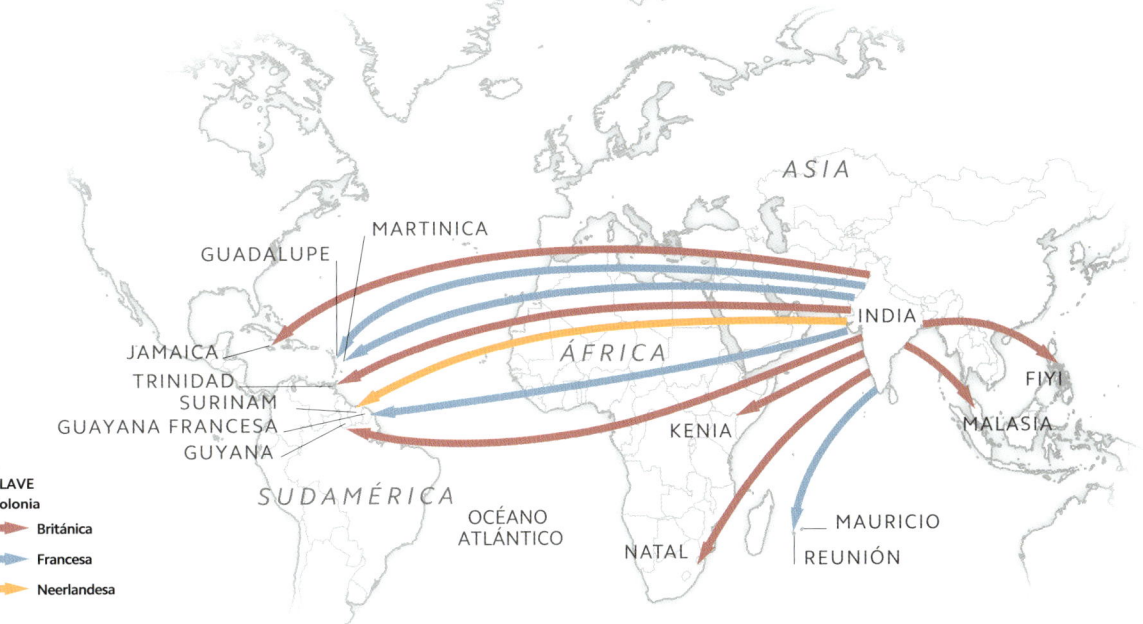

▶ **A la inmigración de trabajadores indios** al Caribe y Mauricio le siguió, en la década de 1860, el flujo de mano de obra a Fiyi, Malasia y África Oriental y del Sur.

CLAVE
Colonia
➤ Británica
➤ Francesa
➤ Neerlandesa

▽ **Este billete de registro**, expedido a la llegada, certificaba que a los inmigrantes los había llevado un transportista autorizado y los había examinado un agente de inmigración.

▽ **Inmigrantes cosechando plátanos** en Jamaica en 1910. Quienes habían trabajado en régimen de servidumbre en las plantaciones de azúcar se dedicaron a este trabajo.

▽ **Los inmigrantes** comenzaron a construir templos hinduistas en Trinidad en la década de 1890. Cuando acabaron sus contratos, abandonaron las fincas y se establecieron por su cuenta.

empleadores les retuvieran los salarios y los alimentos, les impusieran duros castigos y se negaran a repatriarlos cuando finalizaba su contrato. Sin forma de regresar a India, algunos obreros se vieron obligados a renovar sus contratos de servidumbre y quedaron atrapados.

Presión por el cambio

Hacia finales del siglo XIX, muchos obreros indios comenzaron a protestar contra el injusto sistema y el mal trato que se les dispensaba. Presionado por el movimiento nacionalista indio y tras una serie de investigaciones oficiales, el gobierno británico abolió en 1917 la migración sujeta a esta servidumbre.

La mayoría de los trabajadores que terminaron sus contratos optaron por permanecer en el Caribe, donde regentaron pequeñas explotaciones independientes, y su presencia creó un legado duradero. Se desarrollaron grandes comunidades indias como Guyana y Trinidad y Tobago, y surgió una nueva cultura indocaribeña, en la que la gastronomía, la música, las costumbres, etc. se fusionan con las tradiciones afrocaribeñas y europeas.

«Con una almohada al hombro, comencé mi peligroso viaje. Navegando en barco [...] a través de los mares, dejando atrás esposa y hermanas, en busca de dinero».

Canción popular cantonesa sobre la experiencia estadounidense, siglo XIX

La mano de obra inmigrante china constituía la mayor parte de la mano de obra en el extremo oriental del Ferrocarril Transcontinental. Hasta 15 000 chinos trabajaron en duras condiciones desde 1863 hasta que se terminó el ferrocarril, en 1869.

CLAVE
· · · · · Ferrocarril Transcontinental de EE. UU.

De Oriente a Occidente

MIGRACIÓN ASIÁTICA A ESTADOS UNIDOS

La primera gran emigración de Asia a Estados Unidos se produjo en la década de 1850, cuando, atraídas por la fiebre del oro en California, unas 25 000 personas procedentes de China llegaron a la Costa Oeste. Estos inmigrantes no tardaron en descubrir que California no era la tierra de sus sueños: era difícil encontrar oro y el trabajo escaseaba. Tras haber dejado a sus familias en China y no disponer de recursos para regresar, estos hombres hallaron trabajo como obreros en el Ferrocarril Transcontinental. Entre 1863 y 1869, unos 15 000 chinos trabajaron en la construcción de esta línea. Mientras sus compañeros estadounidenses dormían en vagones de tren y ganaban el doble que ellos, los chinos llevaban una vida nómada en tiendas de campaña. Cientos resultaron heridos o fallecieron.

Hostilidad y exclusión

A algunos ciudadanos estadounidenses les molestaba la presencia de los nuevos colonos chinos, sobre todo cuando, en la década de 1870, la depresión económica asoló Estados Unidos. Aunque la Ley de Exclusión China de 1882 vetó la entrada de más inmigrantes chinos a Estados Unidos, un resquicio legal (que sí permitía que entraran estudiantes y que los propietarios de negocios chinos en Estados Unidos hicieran llegar empleados) dio pie a que pisaran suelo estadounidense unos 200 000 chinos durante la prohibición.

Aunque esta exclusión social conllevó dificultades, también animó a los inmigrantes chinos a desarrollar sus propias comunidades. En el siglo XX, a medida que estas poblaciones chinas crecieron y a sus hijos les fueron concediendo la ciudadanía estadounidense, su estatus y sentido de pertenencia aumentaron. La invasión de China por parte de Japón en la Segunda Guerra Mundial (1939-1945) llevó a muchos estadounidenses de origen chino a alistarse en el ejército de Estados Unidos. Esto ayudó a disipar el sentimiento antichino en este país, lo que dio lugar a la derogación de la Ley de Exclusión en 1943.

La guerra de Corea

Tras la Segura Guerra Mundial, la división de Corea en Corea del Sur, apoyada por Estados Unidos, y la Corea del Norte comunista inició un flujo migratorio hacia Estados Unidos. El estallido de la guerra en la región provocó más llegadas. Las esposas coreanas de las tropas estadounidenses (las *war brides*, o «novias de guerra») se trasladaron a Estados Unidos, como también lo hicieron miles de coreanos desplazados y huérfanos de guerra. Entre 1955 y 1977, unos 13 000 huérfanos de estos fueron adoptados en Estados Unidos.

En 1965, la nueva Ley de Inmigración y Nacionalidad permitió la entrada de más inmigrantes de países no europeos, lo que provocó una afluencia de trabajadores cualificados y académicos de China y Corea. Muchos de estos coreanos tenían estudios secundarios pero hablaban poco inglés, por lo que abrieron pequeños pero prósperos negocios. Las comunidades coreanas crecieron en Los Ángeles y Nueva York a lo largo de la década de 1980.

Aunque la cifra de coreanos que se trasladaron a Estados Unidos disminuyó después de 1990, el número de chinos seguía aumentando. Hoy, en Estados Unidos residen 5,2 millones de estadounidenses de origen chino y 1,9 millones de origen coreano.

▲ **El este de Estados Unidos** recibe inmigrantes de Asia desde el siglo XIX, sobre todo de China y Corea, que acuden en busca de una nueva vida.

▼ **Los estadounidenses de origen coreano** celebran su legado en el desfile y festival anual del Día de Corea en la Sexta Avenida de Nueva York.

▼ **La** *war bride* **Yoong Soon** y su esposo, que estuvo destinado en Corea durante la guerra de Corea (1950-1953), presentando a su primogénito, el primero nacido en Estados Unidos de una coreana y un soldado.

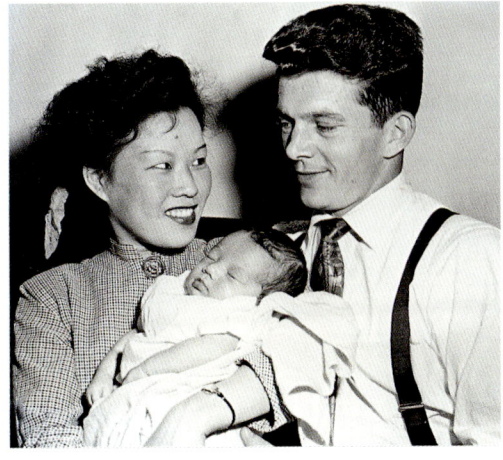

Después de la abolición

MIGRACIÓN A BRASIL

El golpe de estado que en 1889 instauró la Primera República Brasileña inició una nueva era de cambios económicos y sociales, entre ellos la llegada de unos cuatro millones de inmigrantes entre 1889 y 1930. Esta población, además de proporcionar mano de obra a las plantaciones brasileñas y a las nuevas ciudades industrializadas, cambió la composición étnica de Brasil y contribuyó a crear una nación multicultural moderna.

Inmigración de Europa

La escasez de mano de obra a raíz de la abolición de la esclavitud en 1888 fue una preocupación acuciante para la nueva república. Como la demanda de café brasileño aumentaba, el gobierno, desesperado por encontrar mano de obra barata para hacer crecer la economía, la buscó en el extranjero. Movido por la idea racista de que «blanquear» la población de Brasil era un ideal noble, el régimen decidió reclutar europeos.

El gobierno brasileño empezó a invertir en proyectos de inmigración europea, e incluso subvencionó el paso del Atlántico en barcos de vapor. Como buena parte de Europa padecía crisis económicas o políticas, los obreros de Portugal, España, Alemania y, sobre todo, Italia (los italianos representaban casi el 70 por ciento de la inmigración), deseaban aprovechar esta oportunidad.

La mayoría de los italianos hicieron el viaje en grupos familiares. Algunos aceptaron ofertas de tierras en el sur de Brasil, donde establecieron comunidades italianas basadas en minifundios autosuficientes. La mayoría se asentó en la región de São Paulo, donde desempeñó un papel clave en la expansión de la producción cafetera. Las condiciones de vida de estas familias fueron a menudo precarias y, tras los lacerantes informes consulares que describían un trato similar a la esclavitud, el gobierno italiano aprobó, en 1902, el Decreto Prinetti, que prohibió

la emigración subvencionada a Brasil. Aunque esto frenó de forma temporal las llegadas, en la década de 1920, las restricciones de entrada a otros países, como Estados Unidos, y los nuevos acuerdos entre el gobierno italiano y el brasileño volvieron a impulsar la inmigración.

Diversificación social

Al mismo tiempo llegó una nueva ola de inmigrantes procedentes de Líbano y Siria, expulsados del Levante a causa del colapso económico del Imperio otomano, la violencia contra la comunidad cristiana y la amenaza del servicio militar obligatorio. Como estos inmigrantes eran en su mayoría cristianos y su aspecto no difería mucho del de los brasileños, no tardaron en integrarse en la sociedad. Atraídos por las crecientes ciudades en lugar de por el campo, la mayoría de los árabes trabajaron como vendedores ambulantes o en la industria textil.

La ralentización de la inmigración europea a principios del siglo XX hizo que Brasil se enfrentase a otra escasez de mano de obra. En aquella ocasión, el gobierno optó por obreros japoneses. En 1933 habían llegado casi 150 000 japoneses, sobre todo para trabajar en las plantaciones de café. Al finalizar sus contratos, muchos de ellos se convirtieron en pequeños agricultores independientes, y hubo familias que se coordinaron para adquirir parcelas de tierra y trabajarlas. Al invertir en el desarrollo de sus comunidades locales e impulsar el crecimiento económico del país, estos inmigrantes japoneses hicieron que Brasil se encaminara al siglo XX y contribuyeron a un nuevo sentido de la identidad brasileña basado en la diversidad.

«Dejamos a los amos en Italia y somos dueños de nuestras propias vidas. No nos falta comida, bebida ni aire fresco, y esto significa mucho».

Paolo Rossato, inmigrante italiano, 27 de julio de 1884

ALEMANIA
ESPAÑA
PORTUGAL
ITALIA
LÍBANO
JAPÓN
BRASIL
CLAVE
0-100 000
100 000-1 000 000
1 000 000-2 000 000

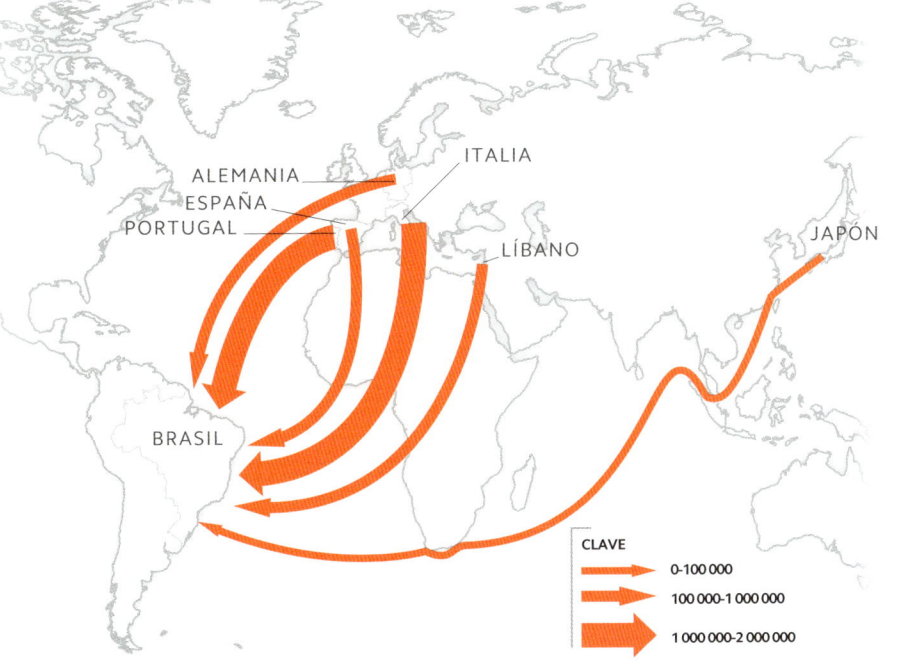

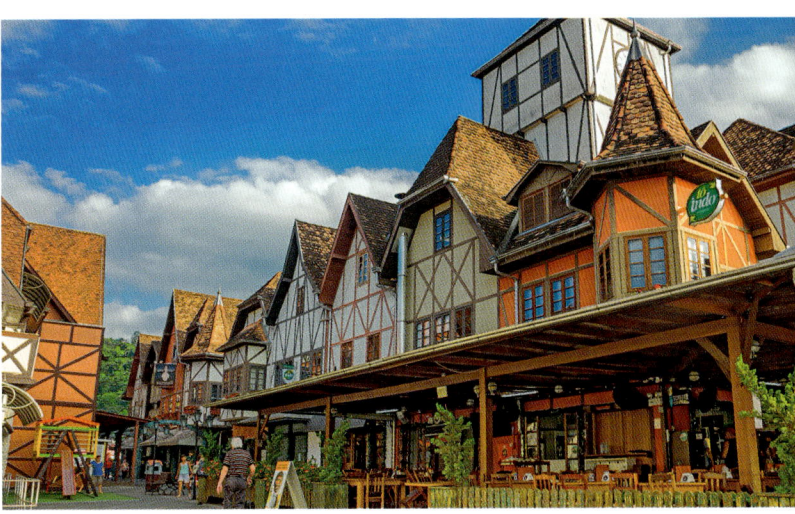

▲**La cultura, la gastronomía, las fiestas y la arquitectura** importadas de Europa caracterizaron a las ciudades de alemanes del sur de Brasil, como Blumenau, que atrajo sucesivas olas de colonos.

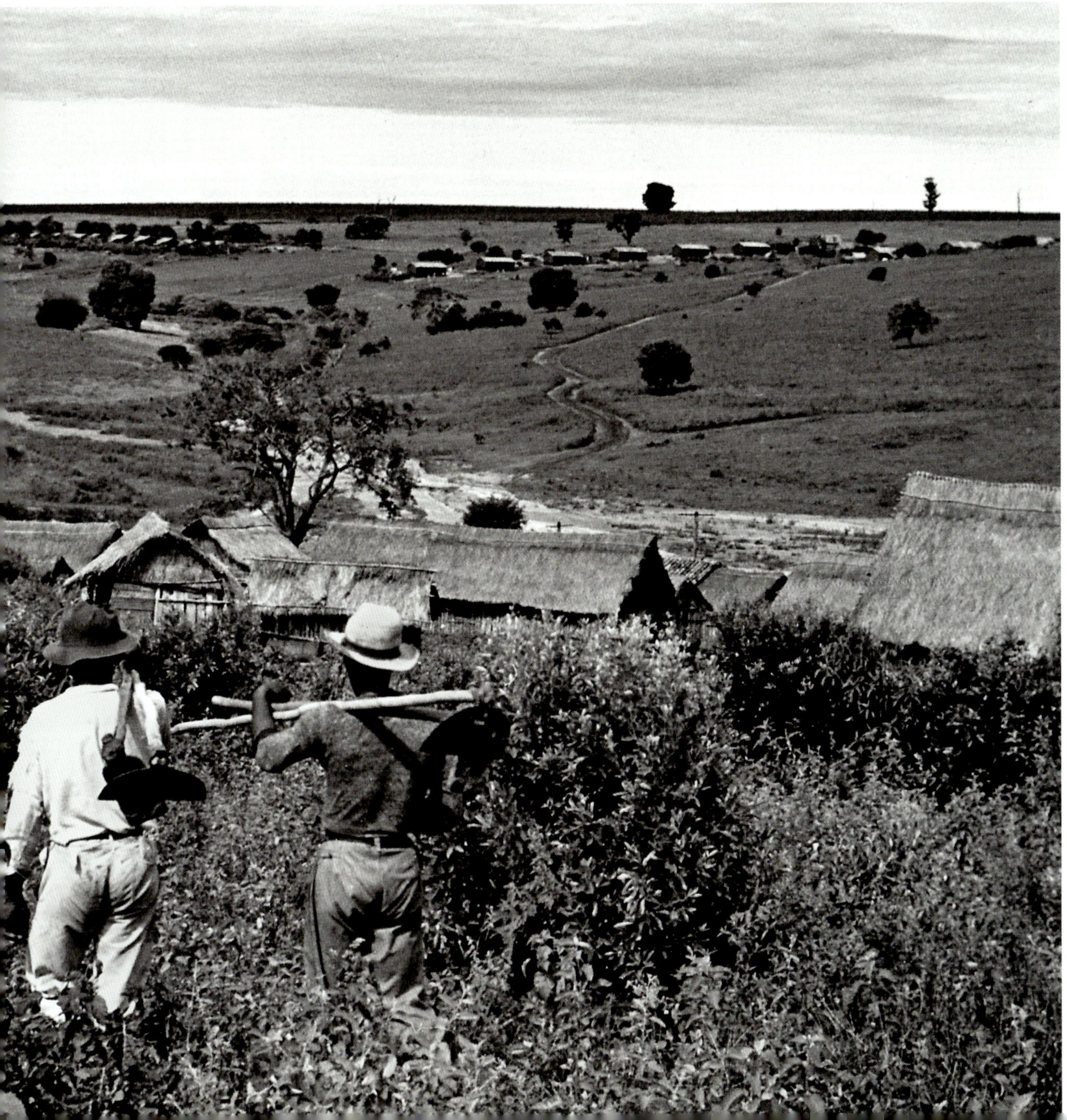

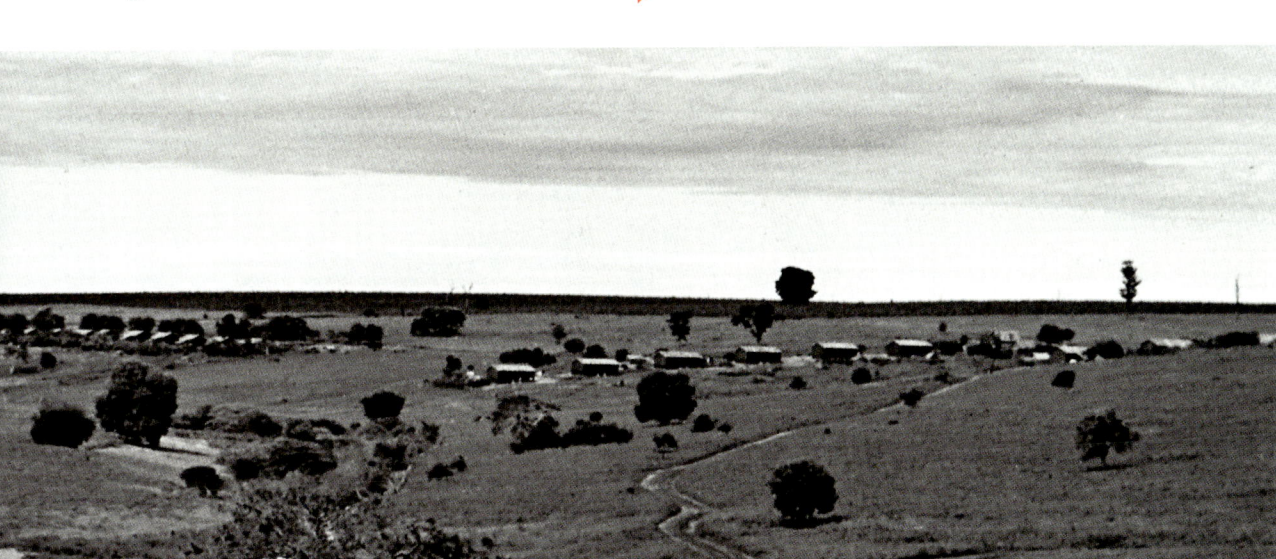

◄**Los inmigrantes japoneses** impulsaron la economía de la región de São Paulo al trabajar en plantaciones de café y desarrollar nuevas tierras de cultivo en su papel de pequeños propietarios.

Exportación de mano de obra

MIGRACIÓN LABORAL JAPONESA

Japón vivió su primera ola significativa de emigración en 1868, año de la Restauración Meiji, con la que se inició un proceso de modernización en el país tras más de dos siglos de reclusión. Aunque la anterior política de aislamiento había supuesto poca migración tanto hacia Japón como fuera de él, el país envió a 147 hombres y 6 mujeres al Reino de Hawái para trabajar en las plantaciones de azúcar del lugar. Como los trabajadores agrícolas japoneses estaban sufriendo enormes penurias y Hawái había perdido a muchos de sus obreros a causa de las enfermedades, ambos gobiernos acordaron que irían a Hawái trabajadores japoneses con contratos de tres años.

Pese al mal trato recibido en las plantaciones, la pobreza en Japón hizo que otras 27 000 personas se trasladaran al Reino de Hawái antes de su desaparición, en 1894. Muchas no pensaban quedarse (algunas vivieron entre Hawái y Japón, o regresaron a casa una vez terminado su trabajo), pero otras pemanecieron en Hawái y se involucraron en su creciente industria cafetera.

Hacia América

Los trabajadores japoneses empezaron a trasladarse al territorio continental estadounidense, donde encontraron trabajo en granjas, fábricas de conservas, ferrocarriles y aserraderos de California. A medida que su comunidad fue creciendo, muchos inmigrantes japoneses fundaron sus propias granjas y otros negocios. Sin embargo, el creciente sentimiento antijaponés entre los estadounidenses, que se sentían amenazados por los éxitos económicos de estos inmigrantes, frenó la llegada de más en virtud del Acuerdo de Caballeros de 1907, un tratado informal firmado entre Japón y Estados Unidos. Como los familiares de los inmigrantes aún podían reunirse con ellos, los hombres japoneses que estaban en Estados Unidos empezaron a buscar mujeres de Japón a

las que solo habían visto en fotografías para tomarlas como esposas. Hacia 1920, ya habían llegado más de 10 000 de estas *picture brides* («novias de fotografía»).

Cuando aumentaron las restricciones y los conflictos sociales en Estados Unidos, el gobierno japonés empezó a organizar la inmigración a Latinoamérica, empezando por México, en 1897; Perú y Bolivia, en 1899, y Brasil, en 1908. Como trabajaban en plantaciones, los inmigrantes se tuvieron que enfrentar a enfermedades, discriminación y salarios bajos. Con todo, en la década de 1920, cada vez había más inmigrantes, y muchos se fueron pasando de forma gradual a la agricultura independiente.

Expansión colonial

A principios del siglo XIX, Japón expandió su imperio hacia el sudeste asiático, y el gobierno promovió la emigración a sus territorios como otra solución a lo que consideraba un excedente de agricultores. Corea se convirtió en protectorado de Japón y, en 1906, se legalizó la propiedad extranjera de tierras coreanas, lo que propició que los inmigrantes japoneses adquirieran grandes parcelas de tierra cultivable. En 1910, cuando Japón formalizó la anexión de Corea, vivían allí 170 000 japoneses. En poco más de una década, esta cifra aumentó a 400 000.

Entre 1932 y 1945, unos 270 000 colonos japoneses se trasladaron a la Manchuria ocupada por Japón, en el nordeste de China. Muchos eran campesinos pobres en busca de una vida mejor. Sin embargo, este flujo de colonización se detuvo en 1945. Después de que la guerra con China y la Segunda Guerra Mundial provocasen la muerte de miles de japoneses en todo el imperio, muchos inmigrantes supervivientes decidieron regresar a Japón.

▶ **Cartel propagandístico de 1927** en el que se promueve la emigración japonesa a Manchuria mediante el anuncio de las ricas cosechas antes de la invasión japonesa de la región, en 1931.

▶ **Cientos de miles de personas** emigraron de Japón a otros países de Asia, Norteamérica y Sudamérica a finales del siglo XIX y principios del XX.

▲ **Trabajadores agrícolas**
cosechan piñas en una plantación
de Hawái en 1920. El trabajo
en el campo era una opción
habitual para los inmigrantes
japoneses, muchos de los cuales
pusieron en marcha exitosas
empresas agrícolas.

◄ **Inmigrantes japoneses**
llegan en barco a San Francisco,
California, en 1920. A partir de
la década de 1880, la escasez
de mano de obra atrajo a un
número creciente de inmigrantes
a California y Hawái.

439. - **À la Frontière**
Le Père et ses Fils, dont l'un sert au 2e Etranger,
l'autre dans l'Afrique Occidentale Allemande

DEUTSCHES-REICH

Collection spéciale Fincre, 9, Rue Mo...

▲ **Soldados coloniales** de
los ejércitos francés y alemán
congregados en la frontera
de África Oriental Alemana.
Las potencias coloniales
europeas se repartieron la tierra.
La fotografía está coloreada.

◄ **El pueblo herero** se resistió
al dominio colonial en África
del Sudoeste Alemana (actual
Namibia). Como resultado, los
colonos alemanes asesinaron,
entre 1904 y 1907, a cerca del
75 por ciento de la población
herero, y enviaron a los
supervivientes de este genocidio
a campos de concentración.

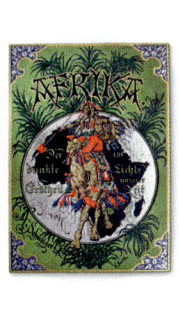

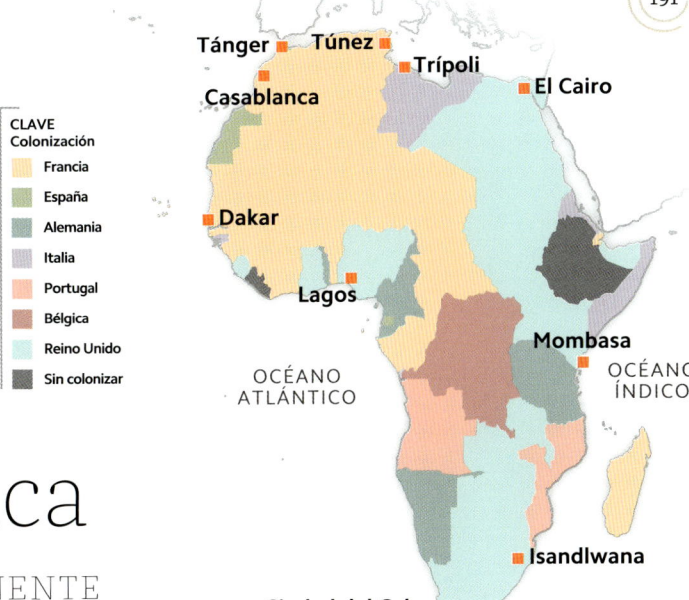

El reparto de África

LOS EUROPEOS COLONIZAN UN CONTINENTE

Desde el siglo XV, los africanos habían sufrido la usurpación europea de sus tierras, primero a través de los puestos comerciales establecidos por británicos, neerlandeses y portugueses, y luego de manos de misioneros y exploradores en busca de fortuna. En el siglo XIX, las rivalidades entre los europeos por la propiedad de los abundantes recursos de África desembocaron en la Conferencia de Berlín, organizada en 1884, sin representación africana, para resolver las distintas reclamaciones. Este episodio acabó en una lucha por la tierra y la influencia. Las principales potencias europeas se apresuraron a conquistar y colonizar.

En África del Norte ocupada por Francia, donde la proximidad y las tierras cultivables animaron a los colonos agrícolas, así como en África del Sur, donde los abundantes recursos minerales atrajeron a los británicos, la llegada de cientos de miles de inmigrantes europeos alteró de forma radical el equilibrio demográfico. En los lugares con menos colonos, fue el equilibrio de poder lo que cambió cuando los funcionarios impusieron el control europeo. La dominación colonial, en zonas como África del Sudoeste, provocó el genocidio de la población.

Pérdida de tierra y de libertad

Las autoridades y las empresas con apoyo gubernamental se apoderaron de tierras para crear asentamientos privados y financiaron la migración europea. Los intereses comerciales propiciaron, además, la toma de lugares privilegiados para desarrollar en ellos plantaciones y explotaciones mineras a gran escala. En muchas regiones, los africanos se vieron obligados a vivir en «reservas» (tierras, a menudo de escaso valor agrícola).

La agricultura a pequeña escala resultó insostenible, por lo que los africanos emigraron a los puertos o a las ciudades mineras en busca de trabajo. Esto empobreció aún más los distritos rurales, lo que provocó hambrunas y el declive de los pueblos tradicionales, ya que quedaban pocos para ayudar en la producción local de alimentos. Los europeos contrataban a africanos para que trabajasen en plantaciones, minas o en la construcción de carreteras y ferrocarriles por poco dinero y en malas condiciones. La mano de obra también incluía obreros trasladados de otras colonias de Asia Meridional.

Opresión administrativa

Además de que llegaron más europeos para trabajar como administradores coloniales, la influencia europea fue mayor a causa de unas nuevas leyes que beneficiaban a los colonizadores y privaban de derechos a los africanos. Los misioneros reforzaron este equilibrio de poder al fomentar el mito de la superioridad europea.

La imposición de fronteras nacionales basadas en las esferas de influencia europeas y no en la composición étnica generó una inestabilidad que no acabó con el período colonial. Estas fronteras artificiales unieron a distintos grupos étnicos, como los tutsis y los hutus en Ruanda, para conformar países sin ninguna unidad nacional, y dividió de forma arbitraria a otros. El conflicto interétnico resultante diezmó comunidades ya de por sí debilitadas.

A finales de 1914, el 90 por ciento de África estaba bajo control europeo. La reestructuración de la sociedad y la destrucción de las comunidades locales afectaron a África mucho después de la descolonización.

▲ **La colonización de África** por parte de los europeos hizo que Liberia y Etiopía fueran los únicos estados independientes del continente en 1914.

▼ **Los textos coloniales** reforzaron el mito ideológico de que los europeos estaban llevando la luz a África, el «continente oscuro».

> «Es probable que el mundo jamás haya sido testigo de semejante saqueo. África carece de medios para evitarlo».
>
> *The Lagos Observer*, 19 de febrero de 1885

CLAVE
Colonización
- Francia
- España
- Alemania
- Italia
- Portugal
- Bélgica
- Reino Unido
- Sin colonizar

Tánger · Túnez · Trípoli · El Cairo · Casablanca · Dakar · Lagos · Mombasa · Isandlwana · Ciudad del Cabo

OCÉANO ATLÁNTICO · OCÉANO ÍNDICO

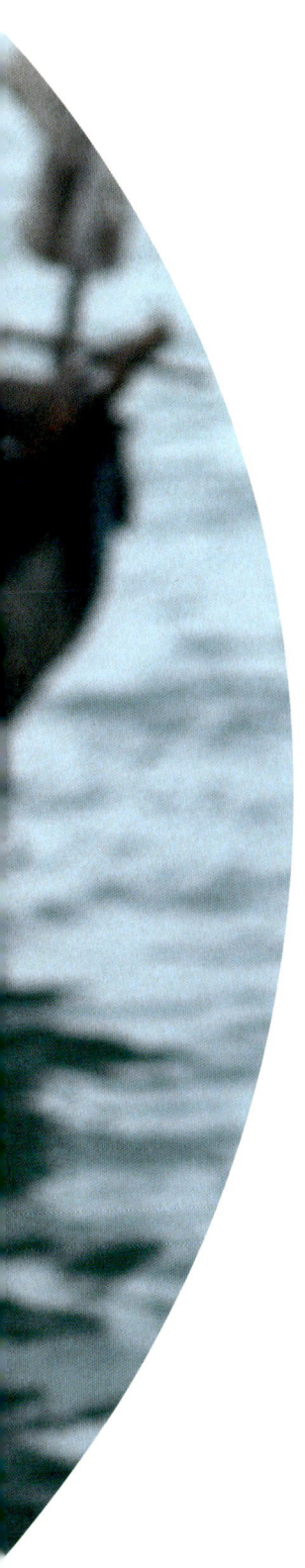

6

Descolonización y diásporas

1900-actualidad

Descolonización y diásporas

1900-actualidad

Si bien los migrantes de los siglos XX y XXI se han desplazado por muchas de las mismas razones que han movido a los seres humanos desde siempre, el ritmo del cambio tecnológico, los retos financieros y la magnitud de las catástrofes naturales y las guerras han hecho que estos desplazamientos hayan sido mayores y más rápidos que nunca. Las dos guerras mundiales generaron millones de migrantes y refugiados. Algunos, como los judíos que se trasladaron a Israel, emigraron en busca de un lugar seguro. Otros, como los italianos que se trasladaron a Norteamérica y Australia, lo hicieron para escapar de la ruina económica de sus propios países. Con todo, muchos se marcharon porque los cambios fronterizos los dejaron desamparados bajo gobiernos hostiles, como los polacos que emigraron al oeste desde la URSS o los alemanes que abandonaron lo que se convirtió en territorio polaco en 1945.

La descolonización generó problemas, ya que surgieron nuevas tensiones, como las derivadas de la partición de India en 1947, que provocó la huida de diez millones de refugiados y más de un millón de fallecidos. Las guerras civiles asolaron, además, muchos países recién independizados y provocaron enormes desplazamientos de población y las consiguientes crisis de refugiados.

Esmirna en llamas mientras los griegos intentan huir de Turquía en 1922 (págs. 210-211)

Refugiados japoneses tras la Segunda Guerra Mundial (págs. 214-215)

«Me maravillo ante la desesperación que me llevaría a subir a mis seres más queridos a un barco desvencijado para hacerles cruzar un mar inmenso».

Khaled Hosseini, escritor afgano-estadounidense, 2018

Las cuestiones económicas han seguido impulsando la emigración, como sucedió con los agricultores que huyeron de los estados de las praderas de Estados Unidos cuando la sequía convirtió sus campos en tierras desérticas en la década de 1930, con los emigrantes caribeños que respondieron a la llamada británica en busca de trabajadores desde finales de la década de 1940 y con los emigrantes sudamericanos y centroamericanos que se desplazaron a Estados Unidos, todos ellos en busca de oportunidades de empleo.

La tecnología ha hecho que resulte muy fácil desplazarse por todo el planeta; además, el contacto con los seres queridos que se encuentran lejos puede mantenerse por teléfono y a través de internet. Aunque quienes se desplazan tienen más oportunidades que nunca, sigue habiendo demasiadas personas que lo hacen a causa de la guerra, el hambre, las circunstancias económicas o el tráfico de personas. Aunque hoy en día hay convenios internacionales que protegen a migrantes, refugiados y solicitantes de asilo, su aplicación es desigual, y muchos sufren resistencia y prejuicios en sus nuevos hogares cuando los debates sobre inmigración se vuelven cada vez más enconados. Para quienes emigran, dejar su hogar aún suele ser el mayor reto de sus vidas.

Familia a la espera de comida durante la guerra civil en Perú (págs. 250-251)

Refugiados afganos y sirios llegan a la isla de Lesbos en 2015 (págs. 270-273)

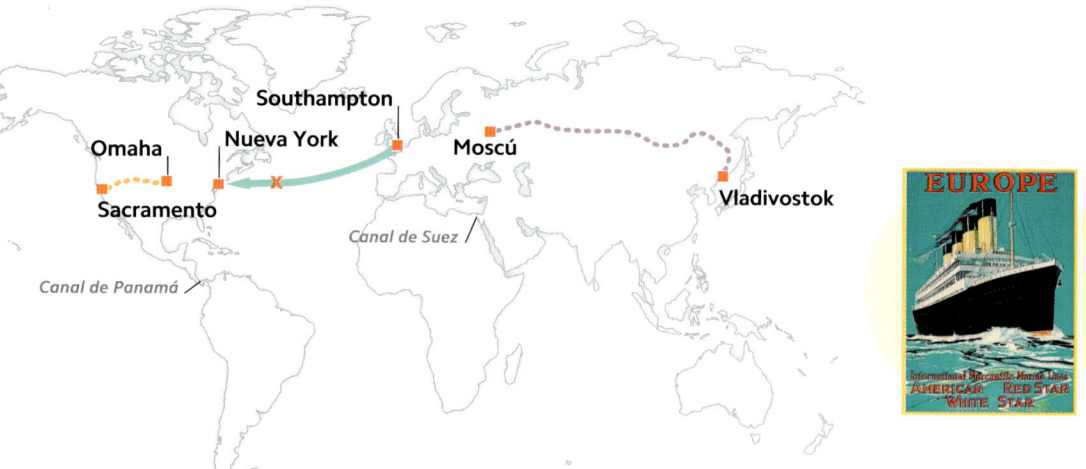

Un mundo en movimiento

LOS VIAJES A COMIENZOS DEL SIGLO XX

▲ **La inauguración de nuevos ferrocarriles**, líneas navieras y canales hizo del mundo un lugar más conectado.

▼ **Las navieras** llevaron a miles de emigrantes europeos a Estados Unidos. Las compañías de ferrocarril y las navieras utilizaron nuevos anuncios para atraer pasajeros.

▶ **La Exposición Universal de París de 1900** congregó a muchas culturas diferentes en un evento en el que se presentaron innovaciones y nuevas tecnologías de países de todo el mundo.

«Con salidas de Liverpool y Nueva York todos los miércoles y con escala en Queenstown [...] pasaje en segunda y tercera clase a tarifas económicas».

Anuncio de White Star Line, 1876

La migración mundial a finales del siglo XIX y principios del XX resultó mucho más fácil gracias a los avances en el transporte. Los barcos de vapor eran grandes, rápidos y cómodos, y los titanes del transporte marítimo, como Cunard y Hamburg-America Line, ampliaron rutas y redujeron tarifas a medida que fue aumentando la competencia. En 1895, el precio de una travesía transatlántica era de tan solo 10 dólares. Los inmigrantes también podían utilizar los nuevos «trenes barco», que se dirigían directamente a los puertos. El canal de Suez (inaugurado en 1869) redujo de forma espectacular la ruta entre Europa y Asia, así como el viaje a Australia a 35-40 días. Por su parte, el canal de Panamá (inaugurado en 1914 y construido con mano de obra inmigrante) unió los océanos Atlántico y Pacífico, lo que redujo el tiempo de viaje entre ambos.

Conectar el mundo

Las nuevas redes ferroviarias se extendieron por Asia, África y América. Estimularon el crecimiento de nuevos centros industriales y conectaron los puertos con las regiones del interior, lo que fomentó tanto la migración permanente como la estacional. Terminado en 1916, el Ferrocarril Transiberiano (con sus 9200 kilómetros, es la línea más larga del mundo) abrió amplias regiones de Rusia a nuevos asentamientos y a la industrialización.

Además, el desarrollo de las redes telegráficas mundiales a finales del siglo XIX tuvo un profundo impacto en la circulación de personas e ideas. Las nuevas redes de cables submarinos que se instalaron hasta India en 1870 y hasta Australia en 1872 permitieron la comunicación entre continentes. Además, en 1907 ya existía un servicio radiotelegráfico transatlántico. Todo ello facilitó la comunicación en el transporte marítimo y ferroviario.

El espíritu de esta época de avances científicos, desarrollo tecnológico y floreciente globalización quedó plasmado en hitos como la Exposición Universal de París de 1900. En esta feria, que atrajo a cincuenta millones de visitantes, se erigieron elaborados pabellones de cuarenta países con inventos de vanguardia, como el motor diésel.

Estallidos migratorios

Estos importantes avances tecnológicos y científicos suscitaron profundos cambios demográficos. La migración mundial se disparó a mediados de la década de 1890 y casi se duplicó hasta superar los tres millones anuales en torno a 1910. Las cifras alcanzaron su punto álgido justo antes de la Primera Guerra Mundial (1914-1918), con una migración transatlántica que llegó a los 2,1 millones y una migración al sudeste asiático y a Asia del Norte de casi 1,1 millones en 1913.

Los países experimentaron diversos cambios de envergadura. Por ejemplo, entre 1880 y 1915, Italia vivió una de las mayores emigraciones voluntarias de la historia, cuando cerca de trece millones de habitantes se marcharon para escapar de la pobreza en busca de nuevas oportunidades. Unos cuatro millones de italianos viajaron a Estados Unidos y unos dos millones se fueron a Argentina. Sin embargo, buena parte de la migración mundial de aquella época estuvo vinculada a una

servidumbre restrictiva, explotadora y, en ocasiones, forzada (*véanse* págs. 182-183). Entre 1896 y 1901, por ejemplo, las autoridades coloniales británicas enviaron a unos 35 000 obreros en régimen de servidumbre de India a África para la construcción del ferrocarril Uganda-Kenia, así como a decenas de miles más a África del Sur para trabajar en plantaciones, minas y ferrocarriles.

▼**Cartel** en el que se anuncia el Ferrocarril Transiberiano, que empieza en Europa (Moscú) y termina en Asia Oriental (Vladivostok, cerca de la frontera china).

El *Titanic*

Cuando zarpó de Reino Unido rumbo a Estados Unidos en 1912, el *Titanic* transportaba a 2224 personas, entre ellas cientos de emigrantes de Reino Unido, Irlanda, Rusia y Escandinavia. Tras colisionar con un iceberg, el barco se hundió y fallecieron más de 1500 personas.

C^{IE} INTERNATIONALE DES WAGONS-LITS
ET DES
GRANDS EXPRESS

L'EXTRÊME-ORIENT PAR LE TRANSSIBÉRIEN

HIVER 1907—1908

La guerra para terminar con todas las guerras

DESPLAZAMIENTO POR LA PRIMERA GUERRA MUNDIAL

Soldados australianos desfilan en Melbourne en 1914 antes de partir hacia la guerra. La Commonwealth de Australia prometió a Gran Bretaña su pleno apoyo durante la guerra, con lo que miles de sus soldados lucharon junto a las potencias aliadas.

«Uno se quedaba sin nada, arruinado, y así es como la gente comenzó a hablar de "los refugiados". Ya no éramos personas de verdad».

Refugiado belga

El primer conflicto mundial moderno se cobró más vidas y provocó más destrucción que ninguna otra guerra anterior. Alrededor de trece millones de civiles fallecieron y al menos otros diez millones se vieron desplazados, ya fuera dentro de sus países o hacia otros, lo que provocó una descomunal crisis de refugiados.

Víctimas del fuego cruzado

Más de treinta países participaron en el conflicto que tuvo lugar entre 1914 y 1918, la mayoría de ellos en el bando de las potencias aliadas, cuyos principales miembros fueron Gran Bretaña, Rusia y Francia. Sus enemigos fueron las llamadas «potencias centrales» (Alemania, Austria-Hungría, Bulgaria y el Imperio otomano). La mayor parte de los combates tuvieron lugar en Europa, tanto en el frente occidental (en el norte de Francia y Bélgica) como en el oriental, al este de Alemania, que tenía una extensión el doble que la del occidental.

A medida que los ejércitos fueron avanzando y ocupando territorio enemigo, muchos civiles se vieron desplazados en una zona que se extendía desde Bélgica hasta Armenia, pasando por Francia, Italia, Austria-Hungría, el Imperio ruso y Serbia.

Muchos de los civiles que vivían en el frente occidental se vieron obligados a abandonar sus hogares y a marcharse con las tropas en retirada. Tanto familias como individuos huyeron para evitar atrocidades (como ejecuciones de civiles y violaciones) a manos de las tropas enemigas o para eludir la ocupación de su patria. Muchos tuvieron que dejar atrás su vida en cuestión de horas.

Desplazamiento de millones de personas

Cuando, en 1914, Alemania invadió Bélgica, el norte de Francia, Polonia y Lituania, se produjo un éxodo de refugiados. De los 1,5 millones de civiles belgas que huyeron, 600 000 buscaron refugio en Francia, Gran Bretaña y Países Bajos, donde su llegada suscitó una respuesta humanitaria sin precedentes. En Francia, los refugiados recibieron ayuda económica del estado y asistencia benéfica mientras duró la guerra, lo que evitó que los más pobres acabaran en la indigencia. En Gran Bretaña hubo más de 2500 comités benéficos que ayudaron a realojar a 250 000 belgas, bien con familias de acogida o en internados creados ex profeso. Como la mano de obra nacional estaba diezmada, los refugiados no tardaron en ocupar los puestos vacantes: miles trabajaron en granjas y en fábricas de municiones para la producción de proyectiles.

Sin embargo, a medida que la guerra iba avanzando, la simpatía de la opinión pública por los refugiados empezó a decaer y se empezó a criticar su conducta. Se les acusaba, entre otras cosas, de tomarse los donativos benéficos como un derecho y de aspirar a un nivel de vida superior al justificable, o de ser desertores que, por falta de valor para enfrentarse al enemigo, habían optado por la salida fácil.

A diferencia del frente occidental, donde predominó la guerra de trincheras, la lucha en el oriental se desarrolló con movimientos rápidos en los que grandes ejércitos cruzaron una y otra vez las mismas enormes extensiones de tierra. Mientras Alemania y Rusia luchaban entre sí por el dominio, millones de civiles huían en busca de seguridad.

CLAVE
- Imperio austrohúngaro
- Imperio ruso
- Imperio alemán
- Turquía
- Estados nuevos

◀ **Tras la Primera Guerra Mundial**, las potencias aliadas redibujaron los mapas de Europa Oriental y Occidental, Oriente Próximo y África. Estas nuevas fronteras tuvieron consecuencias políticas y geográficas que han llegado hasta nuestros días.

▲ **Refugiados del este de Galitzia** (en la actualidad, parte de Ucrania) regresan en 1915 a sus aldeas con sus carros de caballos y su ganado tras la derrota de Austria-Hungría a manos de los rusos en la batalla de Galitzia, una de las mayores de la Primera Guerra Mundial.

◀ **Refugiados belgas** se agolpan a bordo de un tren que se dirige a la costa tras la evacuación de la ciudad de Amberes ante el avance de las tropas alemanas durante la Primera Guerra Mundial.

Durante el invierno de 1915, las fuerzas austrohúngaras se hicieron con buena parte de Serbia, lo que provocó la huida de soldados y civiles, temerosos de sufrir un trato brutal a manos del enemigo. Medio millón de refugiados marcharon a través de Kosovo hacia la costa adriática, un camino que hicieron a pie por montañas cubiertas de nieve. Unos 200 000 fallecieron durante el trayecto, aunque los supervivientes pudieron llegar a Albania. Mientras las tropas serbias se reagrupaban en Salónica, Grecia, en 1916, muchos civiles emigraron a Córcega y Francia; otros buscaron refugio en las colonias norteafricanas francesas de Túnez, Marruecos y Argelia.

Tácticas de guerra

Varios países utilizaron la guerra como excusa para expulsar a un gran número de sus propios ciudadanos y perseguir a los sospechosos de socavar el esfuerzo bélico o de ponerse de parte del enemigo. Las poblaciones minoritarias, como la comunidad armenia cristiana del Imperio otomano, fueron el objetivo más frecuente.

El Imperio otomano albergaba, en 1914, alrededor de 1,5 millones de armenios cristianos, que habían vivido durante generaciones junto a turcos y kurdos musulmanes en Anatolia Oriental, aunque no se les dispensaba el mismo trato. Cuando las fuerzas otomanas sufrieron reveses militares en la zona, se acusó a los armenios de haberse confabulado con los rusos para propiciar la derrota otomana. El gobierno, alegando que su presencia era una amenaza para la seguridad nacional, comenzó a deportar, en 1915, a los que vivían cerca de las zonas de combate. Expulsados de sus hogares, hombres, mujeres y niños armenios tuvieron que recorrer a pie valles y montañas para llegar a campos de concentración situados en las áridas regiones desérticas del sur del imperio. Se calcula que alrededor de un millón de armenios pereció durante el conflicto en estas marchas de la muerte, bien por deshidratación, inanición o enfermedades, bien masacrados. Quienes escaparon encontraron refugio en Oriente Próximo y Rusia, donde otros armenios les dieron comida y medicinas y se encargaron de los huérfanos.

En el Imperio ruso se produjeron desplazamientos semejantes. En 1917 había seis millones de refugiados en Rusia (*véanse* págs. 204-205), entre ellos comunidades minoritarias no rusas, como judíos, ucranianos, letones y polacos. Los comandantes rusos los convirtieron en chivos expiatorios de sus fracasos militares y los deportaron a las profundidades del interior de Rusia.

Armenia devastada

Tras la guerra, muchos armenios otomanos emigraron a Norteamérica. Entre ellos se encontraba Aurora Mardiganian. El relato de cómo la secuestraron durante una marcha de la muerte y la vendieron como esclava se plasmó en el filme *Ravished Armenia* (1919), en el que fue la protagonista.

Un nuevo orden mundial

La guerra y sus consecuencias provocaron el colapso de los imperios ruso, austrohúngaro, alemán y otomano. Las potencias aliadas se repartieron estos territorios, en los que fundaron nuevos estados nacionales, como Hungría, unidos por una identidad étnica común. Muchas personas desplazadas por la guerra o expulsadas del país en el que vivían se convirtieron de repente en apátridas, despreciadas en el lugar en el que se habían refugiado o temerosas de regresar a una patria que había pasado a manos de otros.

El orden mundial se había reorganizado, pero la crisis de los refugiados no cesó. Tras afectar a todas las naciones europeas, llevó a la creación de las primeras organizaciones internacionales y a que se legislara para proteger a los refugiados (*véanse* págs. 208-209), así como a coordinarse mejor para tratar a las poblaciones desplazadas.

◄ **Refugiados armenios**
congregados en Bakú, Azerbaiyán, en 1918. En su huida ante el avance de las fuerzas otomanas, muchos armenios de la región circundante escaparon a la ciudad.

«Hay todo un pueblo, aunque provenga de muchas naciones, que vaga por el mundo sin otro hogar que unos refugios cuya temporalidad se puede manifestar en cualquier momento».

Dorothy Thompson, periodista estadounidense, 1938

Nuevas vidas en el norte

LA GRAN MIGRACIÓN AFROAMERICANA

CLAVE
Estados sureños

La Gran Migración fue un desplazamiento masivo de afroamericanos desde el sur del país, una zona rural, hacia el norte y el oeste, ambas zonas urbanas, entre 1910 y 1970. Durante este período, unos seis millones de afroamericanos emprendieron un viaje, a menudo largo y arduo, en busca de una nueva vida.

Tras el final de la guerra civil, en 1865, muchos estadounidenses negros intentaron abandonar el sur, donde escaseaban las oportunidades laborales y el racismo era generalizado y se manifestaba con violencia racial. Esta situación se institucionalizó a partir de 1877 con la promulgación de las leyes Jim Crow, con las que se legalizó la segregación racial y se limitaron los derechos de los afroamericanos. Además, la aparición, en 1865, del Ku Klux Klan (un grupo terrorista de supremacistas blancos que persiguió a los afroamericanos y llevó a cabo linchamientos) hizo que la vida en el sur resultara peligrosa para estas personas. La perspectiva de una vida más segura, con menos restricciones y más oportunidades laborales, atrajo a muchos afroamericanos.

Rumbo a las ciudades

La primera fase de la Gran Migración se intensificó al estallar la Primera Guerra Mundial en 1914. Cuando las zonas industriales del norte y el oeste se enfrentaron a la escasez de mano de obra, los empleadores empezaron a publicar anuncios en los periódicos del sur para animar a los afroamericanos a emigrar. En 1940 comenzó una segunda ola migratoria como resultado de la creciente mecanización de la agricultura, así como de una ley gubernamental de 1938 con la que se quiso reducir los excedentes de cosechas a base de pagar a los agricultores a cambio de que no cultivaran una parte de sus tierras. Ambas medidas lograron reducir la demanda

de mano de obra en las granjas del sur. Los destinos más populares en la década de 1940 fueron a menudo los de más fácil acceso en tren (Chicago, Cleveland, Detroit, Nueva York, Pittsburgh, Filadelfia y San Luis). Las distancias eran a menudo enormes: hasta 1600 kilómetros para los que se dirigían al norte y 3200 para los que se encaminaban al oeste.

Una vez en la ciudad, los afroamericanos siguieron sufriendo injusticias y penurias, ya que resultaba difícil encontrar trabajo y alojamiento en las ciudades a causa de la superpoblación. Quienes tenían un empleo solían realizar largas jornadas en malas condiciones, a menudo en fábricas y mataderos. Además, aunque la segregación no era legal, la discriminación seguía siendo generalizada, y a muchos negros les negaban la vivienda y el trabajo por motivos raciales.

Un legado imperecedero

Pese a todas estas dificultades, muchos afroamericanos lograron montar sus propios negocios e infraestructuras en ciudades del norte y del oeste. Comunidades como la de Harlem, en Nueva York, dieron lugar a diversos movimientos culturales, como el Renacimiento de Harlem y el New Negro Movement, los cuales fomentaron el orgullo racial. Organizaciones y campañas de activistas negros, como el movimiento por los derechos civiles y los Panteras Negras, lograron importantes avances y acabaron con las leyes de Jim Crow en el sur.

En 1970, la demografía estadounidense había experimentado un cambio drástico. En 1900, alrededor del 90 por ciento de los afroamericanos vivía en el sur, y el 75 por ciento lo hacía en granjas. En 1970, más o menos el 47 por ciento residía en el norte y el oeste; más del 80 por ciento lo hacía en ciudades.

▲ Los afroamericanos emigraron del sur de Estados Unidos al norte y al oeste entre 1910 y 1970. La mayoría se trasladó de las zonas rurales a las grandes ciudades.

▼ Una mujer saca su equipaje para preparar un viaje desde Belcross, Carolina del Norte, para marcharse a trabajar a Onley, Virginia.

Ella Baker

Ella Baker (1903-1986) se trasladó a Nueva York y se convirtió en la mujer con el cargo más importante en la Asociación Nacional para el Progreso de las Personas de Color (NAACP), desde la cual se animó a los estadounidenses negros a luchar por sus derechos.

▲ **Grupo de agricultores migrantes** de Florida de camino a Nueva Jersey para recolectar patatas. Los estadounidenses negros se dirigieron al norte en busca de oportunidades.

◄ **La migración afroamericana** propició el Renacimiento de Harlem. Esta pintura, de Archibald J. Motley Jr., capta la floreciente escena cultural de las décadas de 1920 y 1930.

a Estados Unidos
RUSIA
Moscú
UCRANIA
ALEMANIA
FRANCIA
TURQUÍA
MONGOLIA
Harbin
CHINA
Shanghái
CLAVE
Emigración rusa
Deportaciones forzosas
Frontera rusa en 1922
Siberia
Estados bálticos
Repúblicas de Asia Central
1 Estonia
2 Letonia
3 Lituania
4 Uzbekistán
5 Turkmenistán
6 Tayikistán
7 Kirguistán
8 Kazajistán

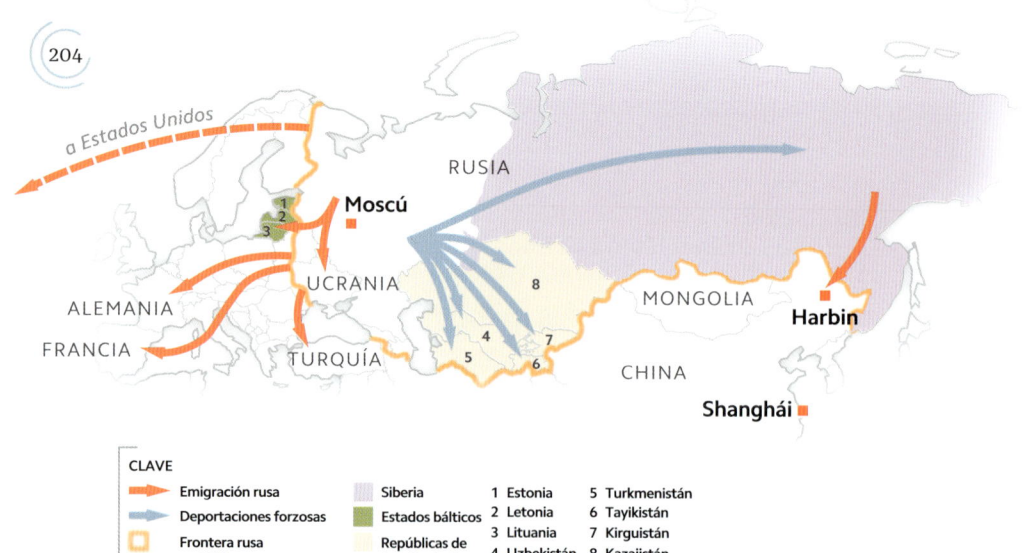

◀ **Los primeros emigrantes** huyeron del sur de Rusia a Ucrania, Turquía u otros países eslavos. Muchos se dirigieron al oeste, a los países bálticos. En el caso del este de Rusia, los refugiados optaron por China.

▼ **Al llegar a sus destinos**, muchos inmigrantes rusos tuvieron que emprender nuevas carreras. En la imagen figuran antiguos funcionarios del gobierno ruso trabajando como jugueteros en Alemania.

▶ ***Jar-Ptitza*** («Pájaro de fuego»), publicada por primera vez en 1921, era una revista mensual de arte y literatura dirigida a los emigrantes rusos residentes en Berlín.

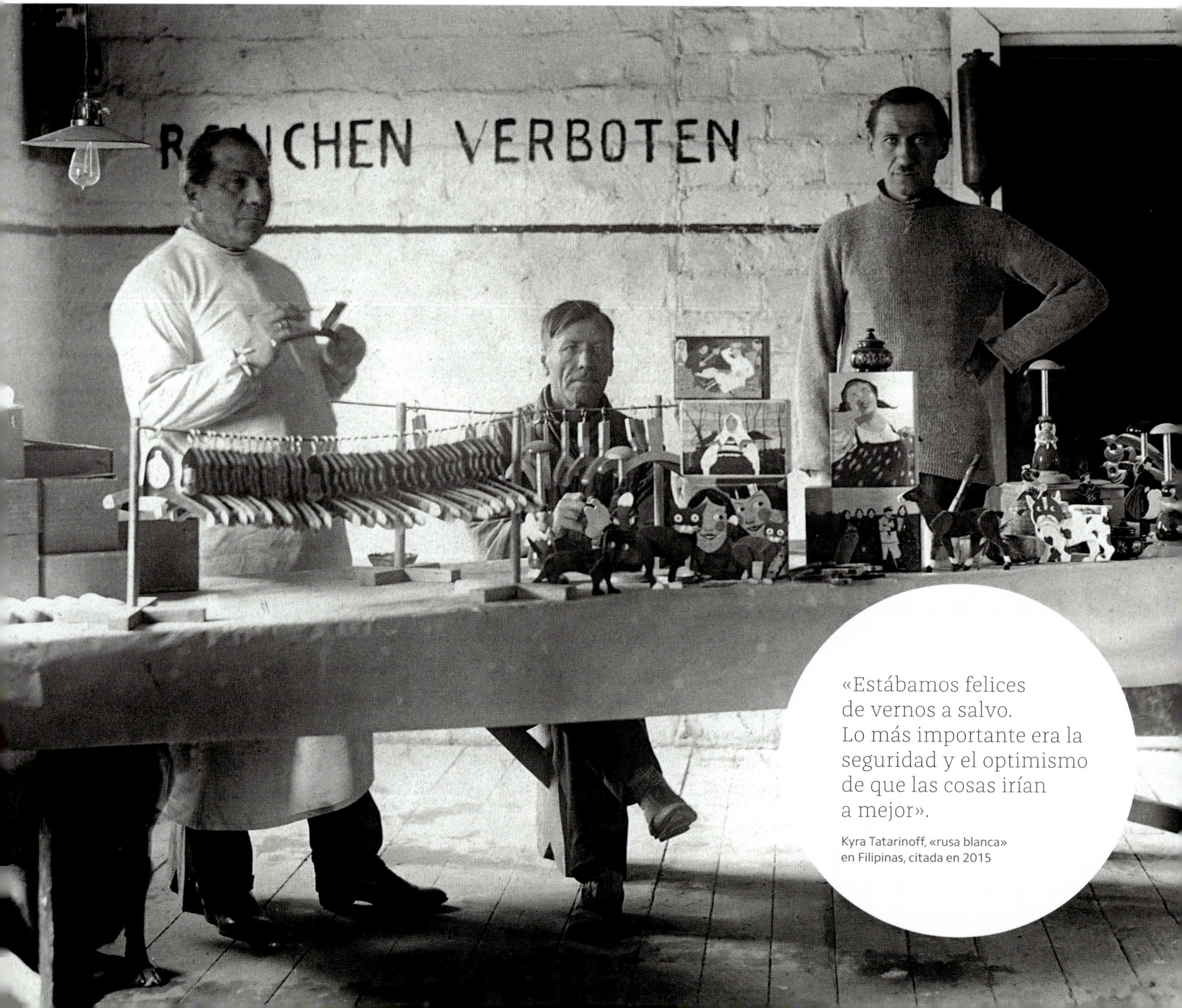

«Estábamos felices de vernos a salvo. Lo más importante era la seguridad y el optimismo de que las cosas irían a mejor».

Kyra Tatarinoff, «rusa blanca» en Filipinas, citada en 2015

Rusos en el exilio

HUIDA DE LA REVOLUCIÓN BOLCHEVIQUE

La Revolución rusa (1917) cambió la vida de todos los rusos y ejerció una gran influencia en el equilibrio de poder mundial durante décadas. Rusia ya se había visto convulsionada por la Primera Guerra Mundial, durante la cual millones de personas fallecieron o perdieron sus hogares. Tras esto, los rusos sufrieron una guerra civil de cinco años (1917-1922) en la que el Ejército Rojo luchó para defender al nuevo gobierno bolchevique (comunista) frente a sus adversarios. La ejecución del zar Nicolás II y su familia a manos de los bolcheviques en 1918 puso fin a una dinastía imperial de tres siglos y supuso un duro golpe para el *establishment* ruso.

Huir del régimen

Unos dos millones de rusos huyeron del país entre 1917 y 1922. A los que conformaron esta primera ola tras la revolución se les suele denominar «emigrados rusos blancos», ya que muchos de ellos apoyaban el movimiento «blanco», que deseaba reinstaurar el régimen zarista y se oponía a los bolcheviques (o «rojos»). Sin embargo, no todos apoyaban a los blancos, quienes, de hecho, eran un grupo dispar constituido por aristócratas, empresarios y terratenientes, intelectuales, artistas, militares, antiguos funcionarios y otros colectivos. Muchos emigrantes siguieron siendo ricos y les fue bien en sus nuevos hogares, aunque otros lo perdieron todo. Fueron muchos los países de destino de estos refugiados. Un gran número se marchó a otros países eslavos de Europa, a los países bálticos o a Europa Occidental, sobre todo a Alemania y Francia. Algunos viajaron a Estados Unidos. Y varios artistas rusos brillaron en sus nuevos hogares y exportaron elementos de la cultura rusa a Occidente, entre ellos el compositor Rajmáninov, el pintor Chagall, la escritora Nina Berbérova y el empresario de ballet Diáguilev. Los refugiados del este de Rusia partieron a China. Así, surgieron grandes comunidades rusas en ciudades como Shanghái y Harbin. En esta última, que se convirtió en un sofisticado centro de cultura rusa conocido como «el Moscú de China», los negocios se realizaban a menudo en un idioma *pidgin*, el moya-tvoya (que significa «mío-tuyo»), un híbrido entre ruso y chino mandarín.

Deportaciones forzosas

En las décadas de 1930 y 1940, el líder soviético Iósif Stalin llevó a cabo un programa de deportación masiva. Este formó parte de la política de limpieza étnica y colectivización de Stalin, según la cual las granjas más pequeñas se fusionaron para conformar otras más grandes controladas por el estado. Stalin se centró en los *kulaks* (campesinos más ricos a los que consideraba «enemigos de clase») y en las minorías étnicas, como los tártaros de Crimea y los chechenos, a los que envió a zonas remotas del norte, a Siberia o las repúblicas de Asia Central, a menudo a los campos de trabajo conocidos como *gulags*. En la actualidad, los historiadores sostienen que las deportaciones soviéticas acabaron con la vida de al menos veinte millones de personas. Aunque esta cifra pudo haber sido muy superior.

▲ **Los «rusos blancos»** que habían emigrado a China volvieron a verse desplazados tras la Revolución comunista china, en 1949. Más de seis mil refugiados fueron evacuados a la isla de Tubabao, Filipinas, donde esperaron a que la comunidad internacional les concediera asilo.

CLAVE
Estados de origen

- ━━ Michoacán
- ━━ Sinaloa
- ━━ Chihuahua
- ━━ Jalisco
- ━━ Guanajuato
- ━━ San Luis Potosí
- ━━ Veracruz
- ━━ Guerrero

Cruzar el río Bravo

DE MÉXICO A ESTADOS UNIDOS

Tras la guerra entre México y Estados Unidos (1846-1848), este país se hizo con más de la mitad del territorio mexicano. Esto provocó una migración de norte a sur, ya que muchos mexicanos de las zonas anexionadas a Estados Unidos se trasladaron a territorio mexicano. Esta tendencia se invirtió a finales del siglo XIX, cuando los mexicanos emigraron al sur de Estados Unidos para trabajar en las florecientes industrias agrícola y minera. La Revolución mexicana (1910-1920), la pobreza rural y la guerra Cristera (un levantamiento católico antigubernamental que se produjo en 1926-1929) impulsaron el flujo migratorio.

Durante la década de 1920, entre 50 000 y 100 000 mexicanos emigraron de forma ilegal a Estados Unidos cada año. A menudo considerados trabajadores temporales, al ser vitales para la economía, los agricultores estadounidenses presionaron para que México quedara exento de las cuotas de inmigración. Pero el crac del 29 y la posterior depresión provocaron el colapso de las industrias. Los inmigrantes mexicanos se quedaron sin empleo y tuvieron que enfrentarse a la hostilidad. Algunos regresaron a México por propia voluntad, aunque las autoridades estadounidenses repatriaron a miles a la fuerza.

De nuevo con falta de mano de obra durante la Segunda Guerra Mundial, Estados Unidos se llevó a 4,5 millones de hombres mexicanos con contratos de corta duración en el marco del Programa Bracero, iniciado en 1942. A los braceros no se les permitía llevarse a sus familias y tuvieron que hacer frente a trabajos agotadores, bajos salarios y discriminación. Durante los veintidós años que duró este programa, muchos más mexicanos emigraron de forma ilegal; así, en 1947, había diez veces más inmigrantes ilegales que legales. Estos estaban desesperados por encontrar

trabajo, a lo que hay sumar que los agricultores podían pagar aún menos a los trabajadores indocumentados.

Un corredor migratorio

En las últimas décadas, miles de latinoamericanos se han jugado la vida para viajar por tierra a través de México y llegar a Estados Unidos. Es un viaje que entraña peligros: según una encuesta realizada en 2017 por Médicos Sin Fronteras a migrantes y refugiados de Guatemala, Honduras y El Salvador, el 68 por ciento fueron víctimas de violencia durante su viaje por México.

Riesgo de muerte o detención

Con el fin de intentar evitar los controles, muchos de los inmigrantes latinoamericanos que usan el corredor mexicano hacia Estados Unidos toman La Bestia, una red de trenes de mercancías que viajan hacia el norte desde el sur de México. A medida que la política de inmigración estadounidense se ha vuelto cada vez más restrictiva y los controles fronterizos más estrictos, los inmigrantes y refugiados se han visto obligados a pagar a traficantes de personas conocidos como «coyotes» para que los lleven a través de la frontera.

Decenas de miles de los que consiguen cruzar la frontera acaban en centros de detención.

La inmigración procedente de Latinoamérica sigue siendo un tema político candente en Estados Unidos. Con todo, más de sesenta millones de sus habitantes tienen ascendencia latinoamericana.

▲ **Las rutas migratorias** entre los diversos estados mexicanos y las ciudades estadounidenses concretas se pueden calcular siguiendo el flujo de giros remitidos por los inmigrantes a sus familias en su país de origen.

▼ **Una alimentación adecuada**, alojamiento y un salario mínimo se convirtieron en obligaciones legales en la década de 1940 para los inmigrantes del Programa Bracero. Pese a ello, muchos empresarios estadounidenses no cumplían estos requisitos básicos y la explotación de los trabajadores mexicanos fue habitual.

▼ **Cuando se limitaron las cuotas del Programa Bracero,** los obreros mexicanos entraron de forma ilegal en Estados Unidos en la década de 1940. Los inmigrantes de esta imagen vadean el río Bravo en 1948 para llegar a Estados Unidos.

«[...] era importante poder mandar a mis hijos a la escuela. Eso fue lo que intenté hacer como bracero. Quería un futuro de verdad».

Rigoberto García Pérez, bracero en la década de 1950

Los trenes de la compañía Southern Pacific transportaron braceros a través de la frontera en la década de 1940 para que trabajaran en granjas de Estados Unidos. A su llegada, los obreros eran enviados a centros de procesamiento, donde se sometían a controles sanitarios y a fumigación antes de empezar a trabajar.

▲ **Fridtjof Nansen** (segundo por la derecha) posa con refugiados griegos en Rodosto, Grecia (actual Tekirdağ, Turquía), obligados a abandonar Turquía al final de la guerra greco-turca (1919-1922).

◄ **Niños polacos refugiados** asisten a una clase de idiomas en el campamento de la Administración de las Naciones Unidas para el Auxilio y la Rehabilitación (UNRRA, por sus siglas en inglés) en Indersdorf, Alemania, en 1945.

Búsqueda de cobijo
DEFINICIÓN DE ASILO Y REFUGIO

Las ideas modernas sobre el trato a los solicitantes de asilo y refugio datan de finales de la década de 1910. Fue entonces cuando las convulsiones de la Primera Guerra Mundial y de la Revolución rusa, junto con el colapso del Imperio otomano, provocaron desplazamientos masivos por toda Europa y ciertas zonas de Oriente Próximo. Tras estar retenidas como prisioneras de guerra, expulsadas de sus países, repatriadas a la fuerza, atrapadas en intercambios de población o desplazadas de otras formas, millones de personas se convirtieron en apátridas. Urgía ver cómo se podía ofrecer apoyo a todos estos individuos.

Pasaportes Nansen
En 1921, la Sociedad de Naciones (organización internacional fundada en 1920 con el objetivo de resolver de forma pacífica los conflictos entre países) nombró a Fridtjof Nansen (*véase* recuadro derecha) su primer Alto Comisionado para los Refugiados. Fue el primer organismo internacional que ofreció apoyo y protección a los refugiados. Si bien al principio se centró en ayudar a refugiados rusos dispersos por Europa tras la Revolución rusa (*véanse* págs. 204-205), después ayudó a, entre otros, armenios, asirios, turcos, griegos y españoles, así como a judíos de Austria y Alemania. Entre 1922 y 1938, unos 450 000 refugiados recibieron el llamado «pasaporte Nansen» con el que pudieron circular por Europa.

La Sociedad de Naciones esperaba que tanto estos pasaportes como el resto de esfuerzos en favor de los refugiados fueran una medida temporal. Sin embargo, la cifra de apátridas aumentó durante las décadas de 1920 y 1930. Ante la amenaza de lo que sería la Segunda Guerra Mundial, los países empezaron a cerrar sus fronteras a los refugiados, lo que dejó a muchos titulares

de pasaportes Nansen atrapados en campamentos de Europa. Es lo que sucedió con la cantante Alide Heller. Nacida en 1891 en la Rusia zarista, en la actual Jelgava, Letonia, se vio obligada a abandonar su hogar debido a la Revolución rusa y a vivir como apátrida en Milán y luego en Berlín mientras se formaba como cantante. Su pasaporte Nansen le permitió actuar ante el público de París, Berlín, Milán y Roma, pero cuando estalló la Segunda Guerra Mundial se quedó atrapada en Berlín, donde acudió en busca de ayuda a un campamento para desplazados. Heller tuvo que permanecer en Alemania hasta, al menos, 1968.

Las Naciones Unidas
En 1947, después de que la Segunda Guerra Mundial desplazara a decenas de millones de personas solo en Europa, la Sociedad de Naciones dio paso a la Organización de las Naciones Unidas (ONU), que amplió el apoyo de su predecesora a los refugiados de más allá de Europa. Al año siguiente, representantes de las 51 naciones de esta organización se congregaron bajo el liderazgo de Eleanor Roosevelt, presidenta de la Comisión de Derechos Humanos de las Naciones Unidas, para firmar la Declaración Universal de los Derechos Humanos de 1948. En este trascendental documento se recogieron algunos derechos fundamentales para los refugiados y solicitantes de asilo, como en el artículo 14.1: «En caso de persecución, toda persona tiene derecho a buscar asilo y a disfrutar de él en cualquier país».

En 1951, la ONU elaboró la histórica Convención sobre el Estatuto de los Refugiados. En ella se define el término «refugiado» y se establecen los derechos que lo asisten. Sigue siendo el fundamento del derecho internacional de los refugiados.

▲ **En este mapa** figuran los miembros originales de la Sociedad de Naciones en 1920. En la actualidad, la ONU cuenta con 193 miembros.

▼ **Los pasaportes Nansen** eran documentos de identidad que, entre 1922 y 1938, expidió la Sociedad de Naciones a los refugiados europeos para facilitarles el desplazamiento por Europa.

Fridtjof Nansen

Nacido en 1861, Fridtjof Nansen fue un explorador del Ártico, científico, estadista y filántropo noruego. Se le concedió el premio Nobel de la Paz en 1922 por su papel en la repatriación de prisioneros de guerra en Europa y su labor de ayuda internacional en nombre de la Sociedad de Naciones.

BULGARIA — TRACIA ORIENTAL — *Mar Negro*

GRECIA — *Mar Egeo* — **Esmirna** — TURQUÍA (ANATOLIA) — ARMENIA TURCA

Mar Mediterráneo — SIRIA — KURDISTÁN TURCO

Expulsiones forzosas
EL INTERCAMBIO DE POBLACIÓN GRECO-TURCO

CLAVE

- Turquía antes de la guerra contra Grecia
- Anexionado por Turquía en 1921
- Devuelto a Turquía tras el Tratado de Lausana, 1923

Tras la caída del Imperio otomano al finalizar la Primera Guerra Mundial, Grecia intentó anexionarse zonas de la Anatolia turca para reclamar lo que consideraban su antigua patria. Sin embargo, la invasión resultó un desastre. La guerra greco-turca (1919-1922) que siguió provocó masacres en ambos bandos y dio lugar al primer intercambio obligatorio de población ratificado internacionalmente en la historia. Acordado en enero de 1923 en Lausana, Suiza, este intercambio supuso la expulsión de más de un millón de griegos cristianos ortodoxos de la recién creada República de Turquía y la expulsión de unos 350 000 musulmanes de Grecia. A la Sociedad de Naciones (*véanse* págs. 208-209) se le encomendó la supervisión del proceso.

Migraciones, evacuaciones y expulsiones

Antes del intercambio forzoso de población, cientos de miles de cristianos (sobre todo griegos y armenios) ya habían huido de Anatolia a raíz de la guerra greco-turca. En 1922, más de 250 000 refugiados cristianos habían llegado a Grecia con la intención de huir de los turcos, que estaban recuperando territorios en Anatolia. Y llegaron muchos más después de que Esmirna, ocupada por los griegos desde 1919, fuera destruida por las llamas en septiembre de 1922 (*véase* recuadro derecha). Los refugiados cristianos se hacinaban en el muelle de Esmirna, donde esperaban a que los evacuaran buques de guerra griegos, barcos mercantes y pequeñas embarcaciones de pesca para llevarlos por el Egeo hasta Grecia.

Al negociar la expulsión de los cristianos de Turquía y de los musulmanes de Grecia, los gobiernos griego y turco esperaban formalizar sus fronteras y crear estados estables y homogéneos. Sin embargo, el intercambio de población, basado en principios religiosos, no tuvo en cuenta las complejas identidades lingüísticas y étnicas de los pueblos implicados. Cristianos ortodoxos y musulmanes habían convivido en las zonas en disputa, lo que había dado lugar a una fusión de tradiciones y culturas. Muchos de los refugiados cristianos que llegaron a Grecia no hablaban el idioma y fueron condenados al ostracismo; por su parte, los musulmanes que entraban en Turquía se identificaban como griegos, por lo que los trataron como a extranjeros.

Reasentamiento forzoso

Todos los que tuvieron que reasentarse a la fuerza perdieron la nacionalidad del país que habían dejado atrás, así como sus propiedades y sus medios de vida. Muchos de los refugiados cristianos eran profesionales y empresarios de éxito que vivían bien en Turquía. Al llegar a Grecia quedaron desamparados y con pocas perspectivas. Además de que el país se había empobrecido por la guerra, cuando su población aumentó un 20 por ciento en pocos meses.

En Turquía, las condiciones de los refugiados musulmanes no fueron mucho mejores. La mayoría habían sido campesinos en Grecia, y aunque la huida, el genocidio y la expulsión de los cristianos ortodoxos de Turquía habían dejado tierras libres, muchas casas estaban destruidas u ocupadas por los lugareños antes de la llegada de los refugiados, con lo que se quedaron sin un lugar en el que cobijarse.

Este intercambio estaba casi consumado en 1926. Sin embargo, el intento de los refugiados de reconstruir su vida no había hecho más que empezar. Las promesas de compensación por las posesiones que habían dejado en sus países de origen rara vez se cumplieron, y muchos refugiados se enfrentaron a una lucha constante contra la pobreza y la discriminación.

▲ **Los movimientos de refugiados**, que habían comenzado durante la guerra greco-turca (1919-1922), finalizaron y se formalizaron con el intercambio de la población en 1923.

▼ **El Tratado de Lausana**, firmado en 1923, resolvió las reivindicaciones territoriales en la zona de los Balcanes y acordó el intercambio de cristianos, musulmanes y prisioneros de guerra entre Grecia y Turquía.

Esmirna arde

En septiembre de 1922, las fuerzas turcas arrebataron a los griegos la ciudad portuaria de Esmirna (Izmir, en turco), en Anatolia. A los cuatro días se desató un incendio descomunal. Duró nueve días y arrasó los barrios griego y armenio de la ciudad. Fallecieron miles de personas y muchas más huyeron en barco a Grecia, donde llegaron como refugiados.

▲ **Los refugiados musulmanes**, llevando consigo solo lo que podían cargar, abordaron embarcaciones en el norte de Grecia para emprender el peligroso viaje por mar hasta Turquía.

▶ **A fin de atender a los miles de refugiados** cristianos que esperaban un hogar permanente en Grecia, se crearon campamentos de refugiados y comedores benéficos en ciudades como Atenas y Salónica.

«Cuando nos necesitan dicen que somos inmigrantes, y cuando hemos recogido su cosecha, somos vagos y nos tenemos que largar».

Niño migrante del *Dust Bowl* entrevistado en 1936

Esta fotografía de 1936 de Dorothea Lange a Florence Thompson con sus hijos en un campamento californiano de recolectores de guisantes se convirtió en un símbolo de la desesperada situación de los emigrantes del *Dust Bowl*.

El *Dust Bowl*

DE LAS GRANDES LLANURAS A LA COSTA OESTE

La difícil situación de los emigrantes del *Dust Bowl* («cuenco de polvo») comenzó en la década de 1930, cuando unos 2,5 millones de personas, en su mayoría familias campesinas pobres, abandonaron la región meridional de las Grandes Llanuras. Procedían en su mayoría de Oklahoma, Nebraska, Arkansas, Misuri y Texas, y muchas de ellas viajaban a California, sobre todo a Los Ángeles y a la zona de San Joaquín.

Los problemas de las Grandes Llanuras habían comenzado con la afluencia masiva de agricultores inexpertos entre 1862 y 1910. Algunos de ellos creían en el destino manifiesto (*véanse* págs. 168-169) y recibieron concesiones de tierras estatales. La producción comenzó bien gracias a una serie de años húmedos, y los agricultores pudieron beneficiarse de la demanda de trigo en Europa. Ansiosos por aprovechar el *boom*, desbrozaron las praderas para cultivar tierras cada vez más marginales.

Del cielo al infierno

Los precios del trigo empezaron a desplomarse, cuando, a finales de la década de 1920, la Gran Depresión azotó Estados Unidos. Desesperados, los agricultores se adentraron en tierras marginales. Las lluvias cesaron en 1931 y comenzó una prolongada sequía. Se puso en evidencia que el frágil suelo de las llanuras no podría soportar los cultivos intensivos. Al quedarse las praderas sin hierba, que, con sus profundas raíces, daban consistencia al suelo, este no tardó en convertirse en polvo. Enormes tormentas de polvo, o *black blizzards* («ventiscas negras»), azotaron la región hasta el punto de enterrar granjas y transportar partículas de tierra hasta Nueva York. Las cosechas y el ganado quedaron destruidos.

Los agricultores y sus familias aguantaron hasta quedarse casi sin nada, pero al final tuvieron que emigrar. Tras empaquetar sus escasas pertenencias en viejos automóviles y camiones, las familias se dirigieron hacia el oeste, muchas por la Autopista 66. Atraídos por los prósperos relatos de amigos y familiares, muchos de estos emigrantes se dirigieron a California.

Visitas no deseadas

Muchos emigrantes, al no poder adquirir comida ni gasolina en el viaje hacia el oeste, se vieron obligados a mendigar en las granjas para conseguir trabajo o provisiones. Al llegar a California, los emigrantes descubrieron que no eran bienvenidos. Aunque en las llanuras habían sido una comunidad muy unida, muchos californianos los consideraron forasteros que suponían una amenaza para los empleos de la zona. Así, a los *okies* (muchos de ellos procedían de Oklahoma) se les prohibió el acceso a los comercios y a menudo se les obligaba a acampar en las afueras de las ciudades. Con todo, no tardaron en conformar la mayoría de los residentes de California en las zonas rurales.

La escasez de trabajo no terminó para los refugiados del *Dust Bowl* hasta después de 1941, cuando Estados Unidos entró en la Segunda Guerra Mundial: los *okies* se alistaron y cubrieron la necesidad de trabajadores en los astilleros y en las fábricas de aviones de la Costa Oeste. Además, dejaron de llegar nuevos inmigrantes a medida que la sequía comenzó a mejorar.

▲ **Los refugiados del *Dust Bowl*** procedían de una amplia zona, incluidos estados como Misuri y Arkansas, que sufrieron la sequía y los efectos de la Gran Depresión.

▼ **El temor en California** a que los inmigrantes se quedaran con los puestos de trabajo y agotaran los recursos públicos llevó a que, en 1936, se produjera el *bum blockade* («bloqueo de vagabundos»), con el que se pretendió disuadir la llegada de más colonos.

▼ *Riding the rails*, es decir, subirse a los trenes sin pagar, se convirtió en un método popular de viaje para los emigrantes sin hogar que buscaban trabajo a la desesperada.

Un mundo infernal

BÚSQUEDA DE REFUGIO EN LA SEGUNDA GUERRA MUNDIAL

La Segunda Guerra Mundial (1939-1945) supuso la implicación directa en la lucha de decenas de millones de hombres y mujeres, y arruinó la vida de gente corriente de todo el mundo. Muchos millones de europeos y asiáticos se vieron obligados a abandonar sus hogares a causa de expulsiones, deportaciones y evacuaciones masivas o como forma de escapar de las hostilidades. Algunos pudieron marcharse con tranquilidad, pero otros no.

Movimientos masivos

Si bien durante la guerra se produjeron desplazamientos de población en ambos bandos, los más catastróficos fueron los de Europa Central y Oriental, provocados por los nazis y la Unión Soviética. Fue en esta época cuando tuvo lugar el exterminio de la mayor parte de la población judía de Europa. Ante la creciente persecución que venían sufriendo los judíos alemanes ya antes de la guerra, habían organizado el *Kindertransport* («transporte de niños», *véanse* págs. 216-217) para enviar a los niños a países seguros, como Gran Bretaña. Durante la guerra, los nazis deportaron a los judíos atrapados en Europa (así como a prisioneros de guerra, romaníes, varones homosexuales, discapacitados físicos y mentales y otras personas), a los que enviaron en tren a campos de internamiento y, luego, a campos de exterminio.

Cuando los nazis invadieron Polonia, su plan no consistía solo en eliminar a los judíos, sino también en acabar con todos los polacos y sustituirlos por una población alemana. Hasta dos millones de polacos fueron expulsados de su país; además, millones más fueron conducidos a fábricas y tierras alemanas para hacer trabajos forzados. Medio millón de *Volksdeutsche* («alemanes étnicos») de toda Europa Oriental fueron trasladados a la región vaciada por el «departamento de reasentamiento» del gobierno alemán para que ocuparan las viviendas que habían dejado los polacos.

En la Unión Soviética, los alemanes del Volga, los tártaros de Crimea, los calmucos, los chechenos, los ingusetios, los coreanos y otros pueblos fueron masacrados o deportados como mano de obra forzada a Asia Central y Siberia. Isa Khashiyev, superviviente de la expulsión de los ingusetios, explicó en 2014 que a los hombres se los llevaban por separado, probablemente para asesinarlos, mientras que a las mujeres, los niños y los ancianos los hacinaban en camiones de ganado para hacer un viaje de quince días a Kazajistán sin agua ni comida. Muchos fallecieron en el trayecto.

Tras los bombardeos estadounidenses de Hiroshima y Nagasaki, el gobierno japonés aconsejó a los supervivientes que abandonaran las ciudades. Muchos no tenían adónde ir, así que construyeron cabañas en las afueras de la ciudad o durmieron en estaciones de tren.

Tras la contienda

Cuando terminó la guerra, veinte millones de personas habían sido desplazadas solo en Europa. A fin de ayudarlas a volver a casa, en 1943 se fundó la Administración de las Naciones Unidas para el Auxilio y la Rehabilitación. Entre los desplazados hubo millones de etnia polaca y alemana, desarraigados por los cambios en las fronteras de la URSS y Polonia.

«En dos días recorrimos 70 km a pie. [...] Formábamos parte de aquella colosal corriente de evacuados».

Jacques Desbonnet describe su huida de Francia como refugiado adolescente en 1940

▶ **Las migraciones forzadas** durante y después de la Segunda Guerra Mundial se produjeron sobre todo hacia el oeste, aparte de las de los rusos que regresaron a su patria desde Austria y Alemania.

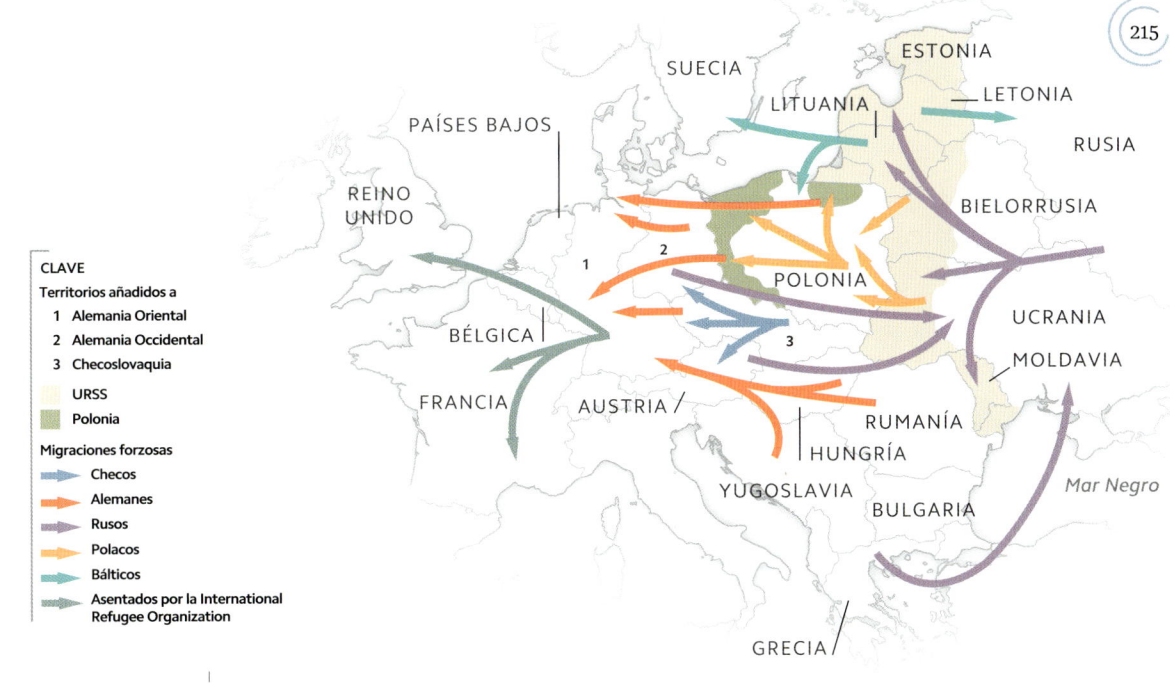

CLAVE

Territorios añadidos a
1 Alemania Oriental
2 Alemania Occidental
3 Checoslovaquia
URSS
Polonia

Migraciones forzosas
Checos
Alemanes
Rusos
Polacos
Bálticos
Asentados por la International Refugee Organization

◀ **Unos cuantos supervivientes** de los 150 refugiados alemanes que habían abandonado Łódź, Polonia, dos meses antes, en octubre de 1945, siguen las vías del tren en su intento de llegar a Berlín y encontrar refugio.

◀ **Refugiados abandonan** París en junio de 1940 ante la inminencia de la invasión alemana. Dos millones de parisinos huyeron en pocos días para sumarse a los ocho millones de refugiados franceses que ya se dirigían al sur. La fotografía está coloreada.

▼ **Refugiados japoneses** salen de sus escondites en las colinas para dirigirse a las tierras bajas de Okinawa, en las islas Ryūkyū, tras la rendición de Japón ante las fuerzas estadounidenses en septiembre de 1945.

«Éramos mil niños; ya era el segundo *Kindertransport* a Inglaterra. Mi madre me dijo: "Ve a Holanda. Desde ahí te puedes volver a pie. Súbete a un carromato, algún granjero te llevará un rato o volverás a casa andando. No podrás volver a casa si hay mar de por medio".

[...] Al principio vivimos en la costa, en Dovercourt, en un campamento de verano, con literas a cada lado. [...] Fue un invierno frío. [Era] la primera vez que nevaba en veinte años. Todos los días llegaba gente que quería llevarse a algún niño. Querían adoptar a varones rubios de hasta dos años de edad.

[...] Un día vino la señora Jacobs, de Mánchester, en busca de diez chicas a partir de catorce años. Le dije a Ilse: "Ven, vamos a esa selección canina, quizá nos acepte"».

Kitty Suschny, judía austríaca que se apuntó al *Kindertransport* con su amiga Ilse tras la *Kristallnacht* («Noche de los Cristales Rotos») de noviembre de 1938, cuando los nazis atacaron a judíos y sus propiedades (incluidos comercios y sinagogas). Suschny acabó trabajando en una oficina en Mánchester, Reino Unido, antes de regresar a Viena en 1946. Su madre falleció en el campo de exterminio nazi de Maly Trostinek, Bielorrusia, en 1943.

Niños judíos llegan a Londres en febrero de 1939 en lo que se conoce como *Kindertransport*. Entre diciembre de 1938 y mayo de 1940, unos 10 000 niños judíos fueron enviados a Reino Unido desde Alemania, Austria, Checoslovaquia, Polonia y Países Bajos.

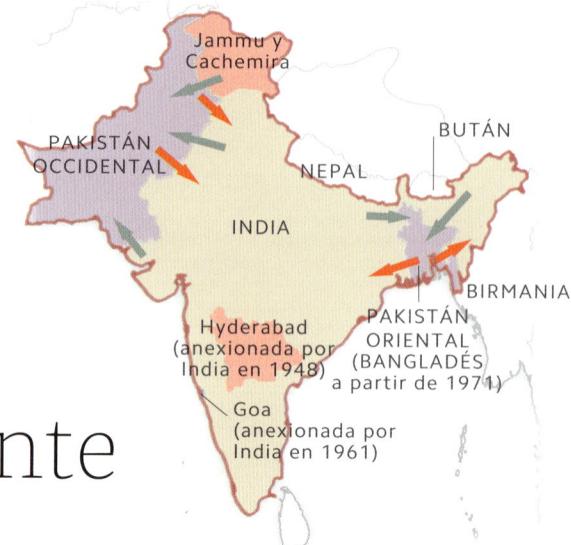

División del subcontinente

LA PARTICIÓN DE INDIA

Tras dos siglos de dominio colonial británico en el subcontinente, India obtuvo la independencia la medianoche del 14 de agosto de 1947. «Al filo de la medianoche —anunció Nehru, primer ministro del país—, cuando el mundo duerma, India despertará a la vida y a la libertad». A este discurso, titulado «Tryst with Destiny» («Cita con el destino»), le siguió un largo y tumultuoso período de tensiones entre los gobernantes británicos (de cuyo estilo de gobierno se ha dicho que fue negligente e inepto y que se basó en un incendiario sistema de divide y vencerás) y el pueblo indio, que llevaba casi un siglo haciendo campaña por la autodeterminación. Esta campaña cobró impulso tras la Primera Guerra Mundial, cuando Gran Bretaña hizo algunas concesiones para compartir el poder con India, y tras la Segunda Guerra Mundial se hizo imparable, ya que Gran Bretaña estaba casi en bancarrota.

La división de una nación

La Liga Musulmana Panindia, fundada en 1906, empezó a reclamar la independencia hacia 1913. El plan inicial era que hindúes y musulmanes convivieran en India, pero en 1940 el líder del grupo, Muhammad Ali Jinnah, temeroso de que los musulmanes vieran sus derechos mermados, empezó a hacer campaña a favor de un estado separado de mayoría musulmana. Mientras, Gandhi (hindú practicante y líder del movimiento nacionalista contra el dominio británico de India) hizo un llamamiento a la unidad hindú-musulmana y se pronunció en contra de la Partición.

En la década de 1940 se produjo una escalada de la violencia entre hindúes y musulmanes, en buena medida por las distintas ideas que manejaron ambos grupos sobre la independencia y la futura configuración del subcontinente. Como respuesta, los británicos

tomaron la precipitada y controvertida decisión de dividir India en dos naciones: India, de mayoría hindú, y Pakistán, país de mayoría musulmana que, en 1956, se convirtió en la primera república islámica del mundo. Lord Mountbatten, el último virrey de India, anunció el plan en junio de 1947 y recurrió a un juez británico, Cyril Radcliffe, que nunca había estado en India, para que trazara la frontera, que dividió dos de las provincias más potentes de India (Punjab y Bengala), que quedaron atravesadas por, respectivamente, las fronteras de India y las de los recién creados Pakistán Occidental y Oriental. Por razones políticas, la ubicación exacta de las líneas fronterizas no se reveló hasta el 17 de agosto (dos días después de la independencia).

La partición de India tuvo un efecto catastrófico en el subcontinente, ya que dejó un sangriento legado que perdura hasta nuestros días. Familiares y vecinos quedaron separados y hubo millones de desplazados: la división dio lugar a la mayor migración forzada de personas (excepto las provocadas por la guerra o el hambre) de la historia. En las provincias fronterizas muy pobladas y de mayoría musulmana, donde habían coexistido comunidades mixtas de forma pacífica durante siglos, no tardaron en diferenciarse los distritos musulmanes de los no musulmanes. La violencia se desató a una escala enorme e inédita.

Migraciones masivas

En los meses inmediatamente posteriores a la Partición, el intercambio de población entre India y Pakistán provocó una urgente crisis de refugiados. Mareas de personas entraban y salían de India y Pakistán viajando de diversas formas: en tren, barco o automóvil, en carretas de bueyes o a pie en grandes caravanas que a menudo se extendían a lo largo de 80 kilómetros.

CLAVE

➤ Movimientos de refugiados hindúes y sijes

➤ Movimientos de refugiados musulmanes

■ Unión de India

■ Pakistán (1948)

■ Grandes principados que no se incorporaron a ningún país al independizarse

□ Imperio indio británico antes de la Partición

▲ **Las regiones de Pakistán Occidental y Oriental** fueron el destino de los musulmanes, mientras que los hindúes y los sijs se dirigieron a India. El estatus de la subregión de Jammu y Cachemira quedó sin determinar y ha seguido siendo un foco de disturbios.

▼ **Miles de refugiados** musulmanes que huían de India llegaron en 1947 al recién creado Pakistán.

◄ **Los trenes repletos de personas** que se dirigían a Pakistán o a India fueron el blanco de turbas deseosas de atacar a individuos de otra religión. Estas imágenes se convirtieron en símbolo del caos de la Partición.

▼ **Caravana de emigrantes** congregados en un gran número para cruzar de una forma más segura en carretas de bueyes o a pie la provincia de Punjab tras la Partición. Estos musulmanes atraviesan el distrito de Faridkot, India, de mayoría sij.

El viaje era largo y estaba plagado de enfermedades y violencia. Se calcula que hasta un millón de mujeres, tratadas, por lo general, como símbolos del honor familiar, fueron secuestradas y violadas. La violencia callejera era habitual y los campos de tránsito solían estar bajo vigilancia armada, al igual que los trenes, que en las tres primeras semanas tras la independencia transportaron a 700 000 pasajeros a través del subcontinente. Era habitual que estos trenes llegaran a su destino cargados de cadáveres. En octubre de 1947 comenzó la primera guerra indo-pakistaní por los territorios en disputa de Jammu y Cachemira, lo que hizo que muchas más personas emigraran para huir de los combates. En 1948, unos quince millones de personas habían sido desplazadas y hasta dos millones habían fallecido como consecuencia de la Partición.

Las secuelas de la Partición

El subcontinente siguió cambiando inexorablemente y sus ciudades experimentaron drásticas transformaciones a causa de la histórica migración. En India, Calcuta y Delhi se convirtieron en asentamientos urbanos en expansión. La población refugiada de Delhi, por ejemplo, se duplicó en cuatro años, con lo que pasó de un millón de refugiados en 1947 a algo menos de dos millones en 1951. En Pakistán, las ciudades provinciales de Karachi, Hyderabad y Sukkur se reconvirtieron en grandes centros industriales.

Esta afluencia migratoria produjo un cambio radical en la diversidad, la cultura y la composición demográfica de las comunidades urbanas. Cuando los refugiados llegaban a las ciudades, se alojaban en campamentos, escuelas, barracones, templos, *gurdwaras* (lugares de culto sij), parques y aceras. Los campamentos de refugiados acabaron transformándose en barrios. El gobierno se apresuró a adquirir tierras agrícolas y bosques alrededor de las ciudades para reasentarlos.

Solo en Delhi, la rápida afluencia de medio millón de refugiados procedentes del Punjab Occidental, Sindh y la Frontera del Noroeste hizo que se construyera una ciudad satélite entera, Faridabad, a las afueras para alojarlos.

Un legado duradero

Propiciada en ambos lados por la persecución religiosa y la discriminación, la migración entre India y Pakistán continuó durante las décadas de 1950 y 1960. En 1965, la segunda guerra por los territorios en disputa de Jammu y Cachemira precedió una serie de enfrentamientos a lo largo de la Línea de Control (la frontera militar), lo que provocó una mayor emigración musulmana a Pakistán.

En la actualidad, el subcontinente sigue sufriendo tensiones entre musulmanes e hindúes.

Aunque el gobierno nacionalista de Narendra Modi permitió en 2019 que ciertos refugiados que huían de la persecución religiosa en países vecinos soicitasen la ciudadanía, no hizo mención alguna a los musulmanes. También revocó el estatus especial de Cachemira y la dividió en dos territorios de la unión. En 2021 se produjo una ofensiva contra los 40 000 musulmanes rohinyás de India (procedentes de Birmania).

La Partición, que definió el siglo XX en Asia Meridional, abrió terribles heridas. Es cierto que dio lugar al nacimiento de nuevas identidades. En las crecientes metrópolis de India y Pakistán, la población inmigrante provocó una explosión del comercio minorista y de la pequeña industria. En Nueva Delhi, los recién llegados dejaron su huella en lo cultural y lo político, lo que hizo que la ciudad pasara de ser un lugar señorial al centro emprendedor y cosmopolita que es hoy.

▲ En *Indian Households* (*Hogares indios*, 2008-2011), de M. F. Husain, figuran familias urbanas de las tres religiones principales de India: islam, hinduismo y sijismo. Antes de la Partición de India, el 25 por ciento de la población era musulmana. En 2011, este porcentaje había disminuido hasta el 15 por ciento.

◄ **Joven víctima** de la agitación sentada en los muros de un campamento de refugiados en Delhi tras la Partición. Las condiciones de estos campamentos, donde muchos refugiados permanecían meses o incluso años, eran deplorables.

La guerra de Bangladés

En marzo de 1971, las fuerzas pakistaníes pusieron en marcha una violenta campaña con objeto de reprimir el levantamiento de las masas bengalíes en Pakistán Oriental. Los bengalíes luchaban por conservar su identidad cultural y su lengua, ya que Pakistán Occidental quería que adoptaran el urdu. En diciembre de 1971, Pakistán Oriental se independizó y pasó a llamarse Bangladés. Unos diez millones de bengalíes huyeron a India para escapar de la guerra.

Vínculos que cambian

MIGRACIONES POSCOLONIALES

A mediados del siglo XX, el mundo empezó a entrar poco a poco y de forma desigual en la era poscolonial. Tras la Segunda Guerra Mundial, diversos países de Asia y África reclamaron su independencia del dominio colonial europeo, para lo cual recurrieron a la diplomacia, a la fuerza o a una combinación de ambas estrategias. Con todo, los vínculos entre muchas antiguas colonias y sus colonizadores no se rompieron del todo. En algunos casos, las antiguas colonias optaron por convertirse en territorios autónomos de ultramar en lugar de en Estados independientes, y la emigración entre dichas colonias y los países colonizadores no fue infrecuente. De hecho, esta es una de las formas en las que el legado del colonialismo sigue ejerciendo una poderosa influencia económica, política y cultural.

Guerras de independencia

Las fuerzas poscoloniales dieron forma a la migración mundial (tanto voluntaria como forzada) durante décadas. Las guerras de independencia provocaron grandes movimientos de población, como también lo hicieron las fronteras que se habían trazado de forma precipitada. Cuando India se independizó de Reino Unido, en 1947, el país quedó dividido en dos: India, de mayoría hindú, y Pakistán, de mayoría musulmana (*véanse* págs. 218-221).

Dos años más tarde, Indonesia obtuvo su independencia tras una guerra contra Países Bajos, que había gobernado el país, de una forma u otra, durante casi 350 años. A raíz de ello, unos 300 000 neerlandeses e indo-neerlandeses emigraron de Indonesia a Países Bajos, entre ellos 12 500 habitantes de las islas Molucas, que forman parte de Indonesia. En su mayoría antiguos soldados y sus familias, habían decidido luchar en el bando neerlandés en el conflicto. En las décadas posteriores, la mayoría

del resto de la población neerlandesa de Indonesia siguió su ejemplo y se marchó a Países Bajos. En 1962, Argelia ganó su guerra de independencia contra Francia tras un crudo conflicto que duró ocho años y que estuvo marcado por las atrocidades cometidas por ambas partes. Tras la contienda, se permitió viajar a Francia a 60 000 harkis (argelinos que habían luchado en favor de los franceses). Sin embargo, los harkis no eran ciudadanos franceses, y las autoridades los consideraron refugiados y los obligaron a vivir en campos de internamiento. Han padecido racismo, marginación y pobreza durante décadas. Además, Francia adoptó la polémica decisión de abandonar a decenas de miles de harkis a su suerte en Argelia, donde sus compatriotas los consideraban traidores. Estos harkis y sus familias sufrieron violentas represalias, y muchos fueron asesinados. Además, unos 800 000 colonos franceses y del resto de Europa abandonaron Argelia para marcharse a Francia. Estos últimos, conocidos como *pieds noirs* (pies negros), habían emigrado a Argelia durante la dominación francesa, a menudo como obreros y agricultores, y, aunque muchos de ellos nunca habían estado en Francia, poseían la ciudadanía francesa. Al igual que los harkis, estos colonos no fueron bien recibidos en Francia, aunque les concedieron algunas ayudas públicas y viviendas.

Fomento de la migración

El conflicto no fue la única fuerza que provocó la migración poscolonial. Tras la devastación que supuso la

▲ **Muchos países obtuvieron su independencia** en las décadas de 1950 y 1960, aunque conservaron vínculos con sus antiguos gobernantes coloniales. Fue habitual que los residentes de las antiguas colonias emigrasen al país colonizador para trabajar, estudiar o buscar mejores oportunidades.

▼ **Niña argelina harki** en el campamento de refugiados de Rivesaltes, en el sur de Francia, en 1962, tras haber huido con su familia de la Argelia recién independizada.

▼ **Isleños de las Molucas,** que habían luchado con los neerlandeses contra los nacionalistas indonesios, llegan como refugiados a Países Bajos en 1951.

«Estamos aquí
porque vosotros
estuvisteis allí».

Ambalavaner Sivanandan,
director del Institute of Race
Relations, Londres, 2008

◀ **Migrantes de Asia Meridional**
que han encontrado trabajo en
una fundición cerca de Bradford
tras haber sido invitados a Reino
Unido para ayudar a paliar
la escasez de mano de obra
en la década de 1960.

▲ **Niños sijes** descendientes de inmigrantes indios celebran el Vaisakhi, el comienzo del Año Nuevo sij, el 13 de abril de 1983 en Toronto. Ese día también se conmemora la masacre de Amritsar de 1919, cuando las tropas británicas mataron a cientos de nacionalistas desarmados, un momento decisivo en la lucha de India por su independencia de Reino Unido.

Segunda Guerra Mundial, los países europeos se enfrentaron a grandes proyectos de reconstrucción y a una grave escasez de mano de obra. Recurrieron a sus colonias (o antiguas colonias) en busca de ayuda, para lo cual a menudo redujeron las restricciones a la inmigración y, en algunos casos, facilitaron la obtención de la ciudadanía. Desde Reino Unido se fomentó la migración procedente de, entre otros lugares, el Caribe, Asia Meridional, África, Hong Kong y Chipre. Estos inmigrantes, en busca de mayores oportunidades y la posibilidad de trabajar y estudiar, desempeñaron funciones cruciales en el Servicio Nacional de Salud (NHS, por sus siglas en inglés), el transporte público, las industrias textiles y muchos otros ámbitos de la sociedad británica. Sin embargo, también se enfrentaron a una retórica política incendiaria, a la discriminación racial y a la violencia. Pese a que el número de británicos que habían emigrado durante aquel período superaba al de inmigrantes que habían entrado en Reino Unido, muchos políticos y ciudadanos exigieron controles más estrictos de la inmigración.

Las personas de ascendencia negra y asiática lucharon por sus derechos. La materialización de protestas de gran repercusión, como el boicot a los autobuses de Bristol en 1963, desempeñó un papel clave en la aprobación de la Ley de Relaciones Raciales de 1965, la primera norma legislativa con la que se abordó la discriminación racial en Reino Unido. El primer carnaval de Notting Hill se celebró en 1966 tras una serie de ataques por motivos raciales contra la población negra del oeste de Londres. El carnaval, además de una muestra de rebeldía, fue también un intento de unir a la comunidad y de celebrar la cultura y las tradiciones caribeñas.

Otras formas de migración

A finales del siglo xix y principios del xx, miles de personas emigraron de la India controlada por los británicos a las colonias británicas de África Oriental, al principio como obreros en régimen de servidumbre y, más adelante, en oleadas como comerciantes, mercaderes y administradores. Tras independizarse a principios de la década de 1960, países como Kenia y Tanzania pusieron en marcha políticas de «africanización», lo que provocó que se marcharan muchos residentes de ascendencia asiática, sobre todo a Reino Unido. En 1972, el dictador Idi Amin ordenó la expulsión de los asiáticos de Uganda (*véanse* págs. 244-245). Huyeron decenas de miles de personas que no pudieron llevarse consigo gran cosa. En torno a la mitad tenía pasaporte británico y acabó instalándose en Reino Unido.

Muchos de los inmigrantes que se habían asentado en Europa intentaron llevarse con ellos a sus cónyuges, hijos y padres. La migración familiar, «migración en cadena», lo permitía, aunque con el paso de las décadas la oposición aumentó, y, en Reino Unido y Francia, los gobiernos aprobaron, en, respectivamente, 1971 y 1974, leyes que restringían la inmigración procedente de sus antiguas colonias.

Efectos en Europa

La migración poscolonial remodeló los países de Europa al dar lugar a sociedades multiculturales y cosmopolitas que hoy resultan evidentes en ciudades como Londres, París, Ámsterdam y Lisboa.

Retornados portugueses

En 1975, tras largas guerras de independencia, Angola y Mozambique pusieron fin al dominio colonial portugués. Se calcula que 500 000 personas, en su mayoría colonos portugueses, huyeron de las guerras civiles posteriores. Aunque la mayoría de ellos regresaron a Portugal, a muchos les resultó difícil asentarse y llevar una nueva vida.

Como el gobierno keniano fue dificultando cada vez más a los descendientes de asiáticos el acceso a los negocios y al trabajo, en 1968 se produjo un éxodo masivo de familias asiáticas a Reino Unido. El Parlamento aprobó a toda prisa un proyecto de ley mediante el cual las llegadas anuales se limitaban a 1500 titulares de permisos y las personas a su cargo.

INFLUENCIAS CULTURALES

Mercaderes armenios

La comunidad armenia en Ámsterdam se remonta a los comerciantes textiles y de especias del siglo xiv. No representaron una gran comunidad hasta que, en 1920, aumentaron los que huían de la persecución en el Imperio otomano. Los inmigrantes prosperaron gracias al comercio de alfombras, tabaco y diamantes. En la imagen, comerciantes armenios en la plaza Dam.

Iglesia luterana

La Ronde Lutherse Kerk (iglesia Luterana Redonda), en el canal Singel, atendió a los luteranos de la ciudad desde 1671. Como el calvinismo fue la principal forma de protestantismo en Países Bajos, la comunidad luterana siempre fue pequeña y estuvo constituida por inmigrantes de Alemania y Escandinavia, donde esta fe era la predominante.

Refugiados judíos

A partir de los siglos xvi y xvii llegaron a Ámsterdam refugiados judíos a los que se les había denegado la residencia en otras ciudades neerlandesas, como Middleburg. Los primeros inmigrantes fueron judíos sefardíes de España y Portugal, quienes fundaron, en 1675, la sinagoga portuguesa (en la imagen). Más adelante llegaron judíos asquenazíes de Alemania y Polonia.

Ámsterdam

LA VENECIA DEL NORTE

▲▲ **La comunidad marroquí** de Ámsterdam celebra su legado participando en el desfile anual del Orgullo LGBTQ+ del Canal.

▲ **El mural de la Estación Central de Ámsterdam** se inspira en las técnicas de vidriado de azulejos con estaño que los artesanos flamencos introdujeron en el siglo XVI.

◀ **Las famosas casas estrechas del canal de Ámsterdam**, como las que figuran en esta pintura de Faisal Khouja de 2008, se construyeron para los comerciantes durante los siglos XVI y XVII. Los vínculos que establecieron estos mercaderes con los puertos comerciales atrajeron a muchos más inmigrantes a la ciudad.

La historia de Ámsterdam ha estado marcada por el agua: su red de canales y su prosperidad como puerto la convirtieron en un destino migratorio desde sus inicios como pueblo pesquero en el siglo XIII. Los habitantes del lugar sumaron fuerzas para erigir una presa con la que controlar las vías fluviales, y, bajo la jurisdicción de los condes de Holanda, se les concedió un fuero en 1306. Desde allí zarpaban barcos hacia el mar Báltico y se estableció una próspera red comercial. Además, su ambiente cooperativo y liberal ofrecía un refugio a quienes huían de las revueltas políticas y religiosas: a los protestantes que evitaron la opresión española en el sur de Países Bajos en la década de 1560, a los judíos sefardíes que huyeron de la intolerancia en España y Portugal en la década de 1630 y a los hugonotes que abandonaron Francia en la década de 1680 (*véanse* págs. 134-135).

Migración colonial y laboral

En su apogeo en los siglos XVII y XVIII, el Imperio neerlandés (*véanse* págs. 136-137) llevó nuevos inmigrantes a Ámsterdam. Cuando el imperio se derrumbó tras la Segunda Guerra Mundial, miles de personas de ascendencia indo-neerlandesa abandonaron las antiguas Indias Orientales Neerlandesas rumbo a Países Bajos. Su número aumentó con los inmigrantes de las Antillas Neerlandesas y Surinam, de donde llegaron a Ámsterdam muchos indostanos, que habían emigrado allí a finales del siglo XIX para trabajar en las plantaciones.

La reconstrucción de la ciudad, que sufrió graves daños durante la Segunda Guerra Mundial, atrajo a miles de trabajadores de Europa Meridional, Turquía y África del Norte. La Ley de Reagrupación Familiar neerlandesa de 1974 propició una segunda ola migratoria procedente de estos lugares. Desde la década de 1980, Ámsterdam también ha acogido a refugiados de países como Siria y Afganistán. En la actualidad, casi un tercio de los habitantes de la ciudad son de origen no europeo.

> «Tengo suerte de haber llegado a Ámsterdam. [...] Ahora tengo que recuperar el tiempo perdido».
>
> Mohammed Al Masri, inmigrante sirio y guía turístico en Ámsterdam, 2017.

Trabajadores inmigrantes chinos

La comunidad china de Ámsterdam se remonta a alrededor de 1910, cuando los marineros de los barcos que comerciaban con las colonias neerlandesas de Asia Oriental se asentaron en torno a la Binnen Bantammerstraat. Pronto surgieron restaurantes, farmacias y mercados para atenderlos en un barrio chino que, además, alberga templos como el Fo Guang Shan He Hua.

Mesas de arroz indonesias

Tras independizarse de Países Bajos, en 1949, Indonesia vio partir a muchos de sus habitantes, entre ellos 30 000 molucos que habían luchado en el bando neerlandés durante la guerra de independencia de Indonesia (1945-1949). Su legado incluye el *rijstaffel* («mesa de arroz»), un bufé indo-neerlandés que se sirve con muchas guarniciones.

Celebraciones surinamesas

Las ropas de gala de los inmigrantes de Surinam son una mezcla de las culturas nativa americana, caribeña e india que llevaron a Ámsterdam tras la independencia de su país, en 1975. En Países Bajos residen más de 400 000 surinameses.

Los niños de los kibutz de Palestina recibían cuidados colectivos. La gente vivía unida en asentamientos agrícolas en los que se repartían todos los ingresos y las obligaciones. A principios del siglo XXI había más de 250 de estos asentamientos en Palestina.

«Palestina es nuestra inolvidable patria histórica».

Theodor Herzl, sionista austrohúngaro, en *El Estado judío* (1896)

Una patria judía

MIGRACIÓN A ISRAEL

Durante la Edad Media, las comunidades de judíos en Palestina eran pequeñas. Sin embargo, el movimiento sionista del siglo XIX, que buscaba la creación de un estado judío, hizo que aumentara cada vez más la emigración hacia aquella zona. La creación de Israel en 1948 y el desplazamiento forzoso de los palestinos transformaron la demografía de la región.

Aliá sionista

Aunque se habían fundado pequeños asentamientos como Rishon Le Zion en 1882, en Palestina hubo relativamente pocos colonos judíos hasta que el fundador del sionismo moderno, Theodor Herzl, hizo un llamamiento en 1897 para crear un hogar para el pueblo judío en Eretz Israel (la tierra de Israel). Durante la primera ola migratoria a Palestina, o aliá («ascenso»), llegaron miles de inmigrantes judíos cuando ciertos benefactores judíos del extranjero adquirieron tierras para asentamientos agrícolas. Miles más llegaron en 1904 durante la segunda aliá, ya que muchos huyeron de la persecución en Europa Oriental y el Imperio ruso. El primer kibutz («reunión») —asentamientos comunales agrícolas fundados por sionistas socialistas— se estableció en 1909 en Degania, y aquel mismo año, cerca de Jaffa, se fundó Tel Aviv, que se convirtió en un importante centro comercial en la década de 1920 y contó con periódicos judíos y empresas.

La afluencia a Palestina se aceleró tanto por el creciente antisemitismo en Europa como por las esperanzas creadas por la Declaración Balfour, publicada por el Gobierno británico en 1917 y en la que se prometía al movimiento sionista apoyo para crear «un hogar nacional para el pueblo judío» en Palestina. Allí, la población judía, de unas 60 000-100 000 personas en 1914 (10-15 por ciento del total), aumentó durante el Mandato británico

a más de 400 000 (un 30 por ciento del total) en 1939. Muchos eran refugiados de la Alemania nazi.

La migración y el Holocausto

Mientras las comunidades árabes palestinas se oponían a los asentamientos sionistas, los británicos aplastaban cualquier levantamiento. También surgieron conflictos entre británicos y sionistas en cuanto a la inmigración, ya que los británicos internaron a decenas de miles de refugiados tras su llegada a Palestina. En febrero de 1942, el vapor *Struma*, que transportaba a casi ochocientos judíos que escapaban del Holocausto, fue hundido por un torpedo soviético frente a la costa de Estambul. Sin embargo, entre 1933 y 1948, entraron «de forma ilegal» más de 100 000 judíos, muchos de los cuales consideraban que el único refugio seguro sería un estado judío.

En mayo de 1948, tras la propuesta de las Naciones Unidas de 1947 de dividir Palestina, los dirigentes sionistas declararon el nacimiento del Estado de Israel. En las décadas siguientes, países de Oriente Próximo como Marruecos, Irak y Yemen se convirtieron en la principal fuente de inmigración judía en Israel, que, en la década de 1990, se nutrió de inmigrantes de la antigua Unión Soviética. El sionismo sigue motivando la emigración judía a Israel, aun cuando las tensiones con los palestinos siguen sin resolverse.

CLAVE

☐ Frontera del plan de división de Palestina propuesto por la ONU en 1947

☐ Estado judío

☐ Estado árabe

☐ Jerusalén

▲ **En este mapa** figura la partición propuesta por las Naciones Unidas en 1947. En él se ve un estado judío y otro árabe, y Jerusalén funciona como zona internacional.

▼ **Inmigrantes judíos** llegan a Haifa, Israel, y ondean la futura bandera del Estado de Israel. A partir de 1947 llegaron miles de ellos por barco.

▼ **Mujeres judías etíopes** rezan durante la festividad del Sigd en una colina con vistas a Jerusalén. Los sionistas ayudaron a los judíos etíopes a emigrar a Israel desde principios del siglo XX.

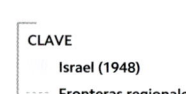

Un pueblo en el exilio

LA MIGRACIÓN PALESTINA

CLAVE

Israel (1948)

- - - Fronteras regionales

Los palestinos son un grupo árabe constituido por más de trece millones de personas, de las cuales en torno a la mitad vive fuera de su patria original (el actual Israel y los territorios palestinos ocupados). Desde 1948, cuando entre 700 000 y 800 000 fueron expulsados o huyeron de lo que se convirtió en Israel, los palestinos se han diseminado por todo el mundo. Muchos viven en Siria, Jordania y Líbano. La emigración judía a Palestina que tuvo lugar durante las décadas de 1920 y 1930 (*véanse* págs. 228-229) alteró el equilibrio demográfico. Tras la propuesta de 1947 de las Naciones Unidas de dividir Palestina, la violencia se intensificó. Grupos armados sionistas se apoderaron del territorio para establecer un estado y, en mayo de 1948, los estados árabes vecinos enviaron tropas para detenerlos.

Campamentos de refugiados de larga duración

Más del 80 por ciento de los palestinos que vivían en lo que pasó a ser territorio israelí se vieron desplazados a la fuerza y cuatrocientos pueblos quedaron destruidos en lo que se conoce como la Nakba («catástrofe») de 1948. La mayoría se marchó a Cisjordania, a la Franja de Gaza (fronteriza con Egipto) o al Líbano. Cientos de miles de refugiados más se vieron desplazados a causa de la guerra que libraron Israel y sus vecinos árabes en 1967. En los campamentos de refugiados, las tiendas de campaña temporales pronto dieron paso a refugios más duraderos. Tres generaciones han vivido ya en los campos bajo los auspicios del Organismo de Obras Públicas y Socorro de las Naciones Unidas para los Refugiados de Palestina en el Cercano Oriente (OOPS), creado en 1948 para proporcionar ayuda inmediata.

En países como Líbano, para no alterar el equilibrio entre sus grupos religiosos, se negó la ciudadanía a los palestinos. En Jordania, la mayoría tiene la ciudadanía y solo una minoría vive en campos. Tras la Nakba, algunos palestinos optaron por la resistencia armada y, más adelante, formaron grupos como la Organización para la Liberación de Palestina (OLP). En la actualidad, los palestinos siguen apoyando de forma generalizada el derecho al retorno, y se remiten a la resolución 194 de la ONU. Los acuerdos alcanzados entre Israel y la OLP en la década de 1990 establecieron una autonomía palestina limitada en partes de Cisjordania y en la Franja de Gaza, pero los territorios siguen bajo ocupación israelí, y el progreso político general, incluida una solución a la difícil situación de los refugiados palestinos, sigue siendo una perspectiva lejana.

La diáspora palestina

Los refugiados palestinos que pudieron buscarse una vida mejor en el extranjero estaban entre la población mejor formada del mundo árabe, y algunos encontraron trabajo en los países del golfo Pérsico. Otros han emprendido migraciones secundarias al salir de los países en los que buscaron refugio, de modo que en la actualidad hay más de 250 000 personas de ascendencia palestina en Estados Unidos, unas 60 000 en Brasil y más de 80 000 en Alemania. Aunque las implicaciones de la Nakba han conllevado su movilidad, el sueño y la exigencia del retorno permanecen.

▲ **La Nakba** provocó desplazamientos masivos de palestinos. Algunos huyeron hacia el oeste, hacia Gaza; otros lo hicieron hacia el este, hacia el río Jordán. Muchos emigraron a países árabes cercanos, como Líbano.

▼ **La refugiada Kamleh Kadada**, de 76 años, enseña la llave de su antigua casa en 2008, cuando vivía en el campamento de refugiados de Shati, en la ciudad de Gaza. Cientos de miles de palestinos fueron desplazados en 1948 a raíz de la guerra árabe-israelí.

▼ **Durante la guerra civil libanesa** (1975-1990), el campamento de Burj Barajneh, en Beirut, quedó en parte destruido, lo que agravó las malas condiciones de vida de los refugiados palestinos.

«No tuvimos tiempo de hacer las maletas, lo único que teníamos era la ropa que llevábamos puesta, y nos rodeaba por todos sitios el sonido de los lamentos de las mujeres y las explosiones de los morteros israelíes».

Zarifa Atwan, refugiada palestina, 2012

Mujeres y niños abandonan su aldea para dirigirse a Cisjordania, con todo lo que pueden cargar, durante una tregua entre las fuerzas israelíes y árabes en junio de 1948.

John Hazel, Harold Wilmot y John Richards (en esta imagen coloreada de los muelles de Tilbury en junio de 1958) fueron de los primeros pasajeros del *Windrush* de los más de 500000 ciudadanos de la Commonwealth que llegaron a Gran Bretaña.

«Te dicen que es la madre patria [pero] cuando vienes aquí te das cuenta de que eres extranjero».

John Richards (superior derecha), pasajero del *Windrush*, en una entrevista de 1998

Muelles de Tilbury, Reino Unido

EUROPA

NORTEAMÉRICA

Tampico,
México

Bermudas

Kingston, Jamaica

ÁFRICA

Trinidad y Tobago

La generación Windrush

DEL CARIBE A REINO UNIDO

▲ **Los esperanzados emigrantes** partieron de Trinidad, Jamaica, México y Bermudas rumbo a Reino Unido.

Entre 1948 y 1973, casi medio millón de personas procedentes de las Indias Occidentales abandonó sus hogares para vivir en Gran Bretaña. Dada la gran escasez de mano de obra tras la Segunda Guerra Mundial, el gobierno británico invitó a sus ciudadanos de la Commonwealth a ayudar a reconstruir la nación con la promesa de puestos de trabajo seguros y mejores perspectivas para sus hijos. Muchos de los primeros inmigrantes procedían de Jamaica, que había quedado devastada hacía poco por un huracán. Algunos pretendían trabajar durante un tiempo, ahorrar algo de dinero y regresar a casa. Otros querían reincorporarse a las Fuerzas Armadas, mientras que algunos de ellos solo buscaban aventuras.

La generación Windrush

Los primeros inmigrantes (unos mil) llegaron en el *Empire Windrush*, que, procedente de Jamaica, atracó en Essex en 1948 tras un viaje de veintidós días. Muchos de los que llegaron lo hacían solos, pues sus familiares les habían dado sus ingresos para que adquiriesen un billete, que costaba entre 28 y 48 libras. A estos, y a los migrantes procedentes de Jamaica, Barbados y Trinidad que les siguieron hasta 1973, se les llamó «generación Windrush».

Aunque algunos consiguieron encontrar un lugar donde vivir y trabajar, otros tuvieron dificultades. Los caseros británicos solían negarse a alojar a caribeños. Los inmigrantes se enfrentaron al racismo y la discriminación. A pesar de ser trabajadores muy cualificados en sus países de origen, era habitual que solo obtuvieran empleos no cualificados. Sin embargo, otros se incorporaron al recién creado Servicio Nacional de Salud y a la red de transportes de Londres (el London Transport), instituciones en las que

pasaron a ser una pieza clave. A lo largo de las tres décadas siguientes, medio millón de caribeños emigraron a Reino Unido y se asentaron por todo el país, desde Mánchester y Birmingham hasta Bristol y Plymouth. Crearon organizaciones y eventos, como el carnaval de Notting Hill, con el fin de cohesionar sus comunidades. Algunos recién llegados abrieron cafeterías y clubes en las ciudades, con lo que llevaron sus culturas a estas zonas. Sin embargo, en 1971 se aprobó la Ley de Inmigración, que restringió el número de personas que podían entrar en Reino Unido. Como resultado, la migración a gran escala de caribeños cesó al año siguiente.

Escándalo y reparaciones

En 2018, los inmigrantes de la generación Windrush salieron a la luz pública gracias a un informe que señalaba que el gobierno británico había negado sus derechos a bastantes inmigrantes caribeños (a muchos los amenazaron con la deportación y a otros los deportaron). Si bien algunos recibieron indemnizaciones en 2020, otros siguen luchando por sus derechos. Cada 22 de junio se celebra el Día de Windrush para rendir homenaje a esta generación.

▼ **El *Empire Windrush*** cargado de pasajeros del Caribe. Cuando el barco atracó para recoger a militares en Kingston, Jamaica, muchos, seducidos por la perspectiva de una vida mejor, decidieron emprender también el viaje.

▼ **Un conductor** y un revisor de autobús caribeños en una cochera de autobuses del sur de Londres. La red de transporte de Londres inició una campaña de contratación directa en el Caribe en 1956.

«Los jamaicanos somos gente orgullosa. Nos gusta llamar a las cosas por su nombre. No creemos que nadie sea superior a nosotros. Por aquel entonces éramos en gran medida respetuosos con la ley, feligreses que respetaban a los demás, honrábamos a la reina y la patria, y éramos más británicos que los ingleses en muchos sentidos. Gran Bretaña supuso un auténtico choque cultural para muchos de nosotros, que habíamos terminado la enseñanza secundaria y habíamos ido a trabajar o a ampliar nuestros estudios.

[...] Muchas mujeres contrajimos matrimonios muy inadecuados, formamos una familia, nos vimos obligadas a aceptar trabajos mal remunerados, nos separamos de nuestros maridos y nos encontramos atrapadas durante décadas [...].

Verona Franceta Pettigrew (de soltera Bennett), jamaicana que emigró a Reino Unido en 1956; de sus memorias, *The Daybook of Mrs Pettigrew*.

Aficionados de las Indias Occidentales esperan ante el campo de críquet del Oval, en el sur de Londres, para ver el último *test match* de la serie entre Inglaterra y las Indias Occidentales en agosto de 1963. El críquet cobró importancia para las comunidades caribeñas de Reino Unido, que crearon sus propios clubes, los cuales se convirtieron en importantes centros sociales.

Nuevas vidas en el *Down Under*

LA «POLÍTICA DE LA AUSTRALIA BLANCA»

En 1901, el 78 por ciento de los inmigrantes de Australia, que se conoce como *Down Under* («ahí abajo»), procedía de Reino Unido. En 2001, los británicos representaban alrededor del 25 por ciento de los colonos, y el resto procedía de diversos países europeos y asiáticos, entre ellos China, Filipinas e India. Este cambio a lo largo de un siglo hizo que Australia pasase de ser un puesto de avanzada cultural británico a convertirse en una nación verdaderamente multicultural, y fue el resultado de las nuevas políticas de inmigración tras la Segunda Guerra Mundial, impulsadas por la economía, la política y diversas cuestiones internacionales.

La política de la Australia blanca

En la primera mitad del siglo XX, la inmigración estuvo determinada por las leyes promulgadas por el primer gobierno australiano tras la federación de 1901, cuando se unieron las distintas colonias de Australia. Esta legislación, que incluía la Ley de Restricción de la Inmigración de 1901, intentó limitar la inmigración no europea (sobre todo la asiática) ante el temor de que los trabajadores chinos atraídos por la fiebre del oro australiana hicieran descender los salarios y se quedaran con los puestos de trabajo. Estas leyes reflejaban el deseo de que Australia siguiera siendo sobre todo británica, y constituyeron la base de lo que se conoció como «la política de la Australia blanca». Así, se prohibió la entrada a determinadas etnias y se crearon sistemas de evaluación que impedían casi toda la inmigración no europea. Uno de los métodos que usaron fue realizar una prueba de dictado a los inmigrantes, en la que se les pedía que escribieran cincuenta palabras en una lengua

europea elegida por el funcionario de aduanas que presidiera el tribunal; casi todos los inmigrantes suspendían. Esta actitud hacia los inmigrantes no empezó a cambiar hasta después de la Segunda Guerra Mundial. El gobierno de Australia, deseoso de resolver **la escasez de mano de obra de la posguerra y conseguir**

> «[...] Australia debería estar abierta a todas las nacionalidades. Nosotros hacemos Australia. Todos somos australianos».
>
> Nick Kalogeropoulos, emigrado de Grecia en 1976

más personas para defender el país de posibles ataques, lanzó un programa para aumentar la población. Se siguió fomentando la migración británica: los programas de pasaje asistido atrajeron a muchos *ten pound poms* («ingleses de diez libras», apodados de este modo por el coste del billete subvencionado), pero se necesitaban más inmigrantes.

Un nuevo multiculturalismo

En 1947, el gobierno australiano acordó reasentar como mínimo a 12 000 refugiados al año procedentes de los campamentos que albergaban a los europeos desplazados por la Segunda Guerra Mundial. A estos refugiados (en su mayoría procedentes de países de Europa Oriental, como Polonia y Yugoslavia) se les unieron, en las décadas de 1950 y 1960, inmigrantes de Oriente Próximo y un número cada vez mayor de Europa Meridional. Atraídos por los viajes subvencionados por el gobierno australiano y la perspectiva de una vida mejor, los inmigrantes italianos y griegos, en particular, establecieron grandes comunidades en ciudades como Melbourne.

El modelo de inmigración volvió a cambiar en la década de 1970, cuando se abandonó oficialmente la política de la Australia blanca y se introdujeron nuevos criterios con los que se evaluaban las aptitudes, no tanto la raza y la etnia. Por primera vez se dio la bienvenida a inmigrantes asiáticos, sobre todo de Vietnam, Laos y Camboya, que huían de la pobreza y la persecución tras la guerra de Vietnam. El flujo migratorio hacia Australia procedente de Asia ha seguido aumentando, y en la actualidad los países que más contribuyen son China e India. Australia se ha convertido en una sociedad genuinamente diversa y multicultural en la que inmigrantes de todo tipo participan en el mercado laboral y aportan valor añadido a la economía.

▲ **Refugiados vietnamitas** en el Westbridge Migrant Hostel, Sídney, en 1984. La guerra de Vietnam provocó la llegada de más de 50 000 solicitantes de asilo entre 1975 y la década de 1980.

▶ **La inmigración a Australia** tras la Segunda Guerra Mundial pasó de ser sobre todo británica a incluir a inmigrantes de Europa Oriental y Meridional y, más adelante, del sudeste asiático, China e India.

A través del archipiélago

EL PROGRAMA DE TRANSMIGRACIÓN DE INDONESIA

◀ **Las plantaciones de palma aceitera** han sustituido la selva tropical en amplias zonas de Sumatra, cultivadas por transmigrantes de Java asentados en la isla desde la década de 1980. En la imagen, ejemplares jóvenes de estas plantas se están rociando con pesticida.

▼ **El desmonte de tierras para la agricultura** y la construcción de viviendas en Sumatra está arrasando la selva tropical y poniendo en peligro especies autóctonas. Además, la tierra es difícil de cultivar, ya que el suministro de agua es inadecuado.

Indonesia, con sus más de 17 000 islas, es el mayor archipiélago del mundo. Sin embargo, alrededor del 60 por ciento de la población del país reside en la isla de Java. En 1905, cuando el país estaba bajo dominio colonial neerlandés, se puso en marcha el *transmigrasi*, o programa de transmigración, que continuó el gobierno indonesio tras la independencia del país, en 1949. Muchos habitantes de las superpobladas islas interiores vivían en la pobreza, y el plan pretendía cambiar esta situación a base de desarrollar las zonas rurales y llevar a la población a las islas exteriores, menos pobladas.

El programa vivió su apogeo en las décadas de 1970 y 1980, bajo el régimen del presidente Suharto. Entre mediados de la década de 1970 y la de 1990, más de 3,5 millones de indonesios transmigraron de las islas centrales de Java, Madura, Bali y Lombok a las periféricas, como Sumatra, Célebes, Borneo, Papúa y Timor Oriental. La mayoría eran campesinos sin tierra a los que les atraía la promesa de una vida mejor en una nueva zona del país.

Para fomentar la transmigración, el gobierno indonesio ofreció a cada familia emigrante una casa, tierra (por lo general, unas dos hectáreas de bosque recién talado), dinero y herramientas para montar una pequeña granja. Lo cierto es que lo habitual era que estas supuestas tierras de cultivo de las islas exteriores fueran inadecuadas para la agricultura y que los sistemas de riego resultasen insuficientes. Muchos transmigrantes recurrieron a otros trabajos para obtener ingresos, y aunque algunos encontraron empleos lucrativos como el cultivo del caucho, la mayoría no salieron de la pobreza.

Choques culturales

El programa causó problemas tanto a los transmigrantes como a las poblaciones autóctonas de las islas exteriores. Así, por ejemplo, muchos transmigrantes de Java acabaron en Sumatra Meridional, donde lo habitual era que conservaran su lengua, su cultura y sus prácticas religiosas y no se integrasen en las comunidades autóctonas, que los veían como una amenaza para su modo de vida. Lo mismo sucedió en otras regiones que recibieron transmigrantes. Como lo habitual era que a las poblaciones autóctonas afectadas por las nuevas urbanizaciones para transmigrantes no se les consultase ni compensase, el resentimiento hacia los inmigrantes, a veces con consecuencias violentas, fue creciendo a medida que lo hacía el número de desplazados.

En 1996 y 1997, así como en 2001, miles de emigrantes de la isla de Madura fueron brutalmente asesinados por los dayak (indígenas de Borneo Occidental y Central). Los supervivientes permanecieron desplazados tras huir de sus hogares.

¿Ha funcionado la transmigración?

El programa de transmigración fue un fracaso. Tuvo poco impacto en la superpoblación de las islas centrales y provocó problemas medioambientales y sociales en las islas exteriores. Además de talarse selva tropical para crear tierras de cultivo, al hacerlo fue habitual que se ignorasen los derechos territoriales de los indígenas. El programa se ralentizó tras la dimisión del presidente Suharto, en 1998, pero, a pesar de las críticas a los esfuerzos anteriores, Indonesia reintrodujo la *transmigrasi* en 2019 con un plan con el que transformar 52 lugares de transmigración en nuevas ciudades.

▲ **Los residentes más pobres de Yakarta** viven peligrosamente cerca del agua, contaminada con residuos. La capital de Indonesia, en la isla de Java, se está hundiendo, y cerca del 40 por ciento de su territorio se encuentra hoy en día por debajo del nivel del mar.

▼ **Las islas grandes de Indonesia** están muy pobladas, mientras que las pequeñas siguen sin desarrollarse. Las políticas gubernamentales han fomentado el traslado de habitantes de Java a otras islas más pequeñas.

CLAVE

→ Ruta transmigratoria

Densidad de población en km²

■ Más de 1000

■ 116-1000

□ 0-115

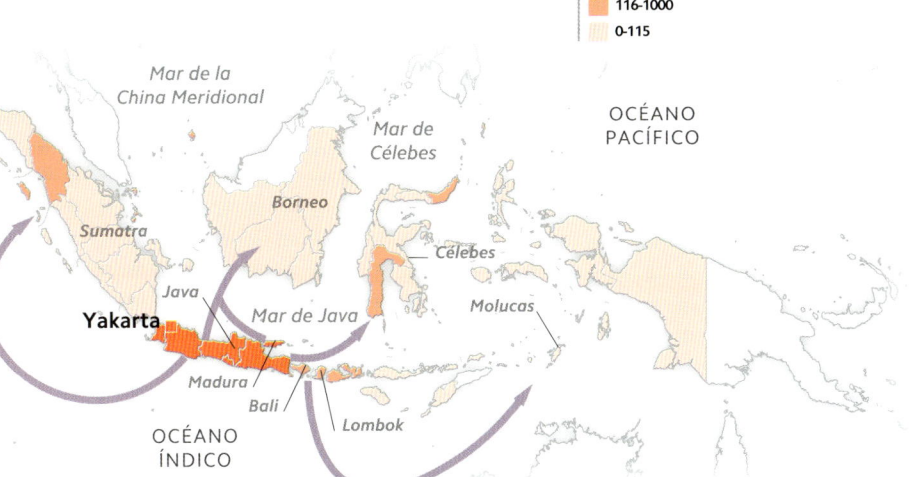

Mar de la China Meridional

Mar de Célebes

OCÉANO PACÍFICO

Borneo

Sumatra

Célebes

Java

Yakarta

Mar de Java

Moluccas

Madura

Bali

Lombok

OCÉANO ÍNDICO

Evacuación de un piloto de helicóptero survietnamita junto con su familia durante la Operación Frequent Wind, en abril de 1975. Durante dos días, Estados Unidos evacuó a más de siete mil personas de Saigón en helicóptero.

«[...] la fuerza y la determinación para seguir adelante [...] es más fuerte que el dolor y las dificultades por las que han pasado».

Tony Le Nguyen, refugiado vietnamita en 1979

TAILANDIA
a Europa
a Estados Unidos y Canadá
MALASIA
SINGAPUR
INDONESIA

Hong Kong
a Japón
FILIPINAS
a Nueva Zelanda
a Australia

CLAVE
Vietnam
Número de refugiados vietnamitas
0-50 000
50 000-100 000
más de 100 000

Guerra y genocidio

LA CRISIS DE LOS REFUGIADOS DE INDOCHINA

En 1954, tras el final de la primera guerra de Indochina entre los gobernantes coloniales franceses y el Viet Minh (movimiento independentista comunista), Vietnam se escindió en la República Democrática de Vietnam (RDV), en el norte, y la República de Vietnam (RV), en el sur. Con el Viet Minh al mando del norte, unas 800 000 personas, en su mayoría católicas, huyeron para unirse al sur, no comunista.

Aunque esta división iba a ser temporal, estalló la guerra entre la RV, apoyada por Estados Unidos, y la RDV, comunista. En 1965, la participación estadounidense se había intensificado, y, a finales de la década de 1960, diez millones de survietnamitas habían emigrando dentro y fuera de Vietnam.

Evacuaciones caóticas

En abril de 1975, las fuerzas estadounidenses comenzaron a retirarse de Vietnam. Estados Unidos evacuó a su personal y a civiles vietnamitas de la RV en la Operación Viento Frecuente, o Frequent Wind, que fue una evacuación masiva en helicóptero.

A esta le siguieron una serie de éxodos caóticos. En el marco de la Operación New Life, o Nueva Vida, unos 140 000 evacuados se trasladaron a alojamientos provisionales de Guam antes de reasentarse en Estados Unidos y otras zonas del mundo. En la Operación Babylift, o Rescate de Bebés, Estados Unidos evacuó a miles de niños vietnamitas (algunos soldados estadounidenses) de la RV, a los que adoptaron familias de Estados Unidos y otros países occidentales. Miles de refugiados más huyeron a países cercanos.

Aquel mismo año, los comunistas se hicieron con el control de Camboya y Laos. Entre 1975 y 1979, cerca de dos millones de personas fallecieron en el genocidio camboyano perpetrado por Pol Pot y los Jemeres Rojos

(el Partido Comunista de Kampuchea). Alrededor de 50 000 camboyanos huyeron a Tailandia y 150 000 se dirigieron a Vietnam. Tras la caída del régimen de los Jemeres Rojos, hubo miles de refugiados más.

Boat people vietnamitas

La cifra de refugiados que huían de Vietnam por mar, conocidos como *boat people* («gente de los botes»), siguió aumentando. Fueron hasta 400 000 los que viajaron en pequeñas embarcaciones abarrotadas, donde fueron víctimas del hambre y las enfermedades. Los ataques que sufrieron estos barcos por parte de los piratas del golfo de Tailandia se incrementaron en la década de 1980. De los supervivientes, muchos se asentaron en las cercanas Malasia, Singapur, Tailandia y Hong Kong.

Los *boat people* siguieron emigrando durante dos décadas, de 1975 a 1995, lo que provocó una crisis de refugiados y la intervención de las Naciones Unidas. El Orderly Departure Programme, o Programa de Salida Ordenada, de 1979, permitió a los vietnamitas emigrar de forma segura a otros países. Además, las nuevas medidas contra la piratería y de salvamento marítimo reforzaron la protección de los refugiados.

Se calcula que 2,5 millones de personas encontraron un nuevo hogar en todo el mundo, desde Canadá y Estados Unidos hasta Reino Unido y Australia. Los vietnamitas llevaron consigo su cultura.

▲ **Los refugiados vietnamitas** fueron trasladados, primero, a campos en Guam, Hong Kong, Tailandia y Malasia. Después se instalaron en Australia, Nueva Zelanda, Estados Unidos, Canadá y ciertas zonas de Europa Occidental.

▼ **Una madre lleva a dos de sus hijos** y sus pertenencias en cestas durante una evacuación de Vietnam en 1967. Unas 10 000 personas hicieron este viaje.

▼ *Boat people* **vietnamitas** llegan a Hong Kong. Se calcula que unos 200 000 refugiados huyeron a Hong Kong a finales de la década de 1970 y en la de 1980.

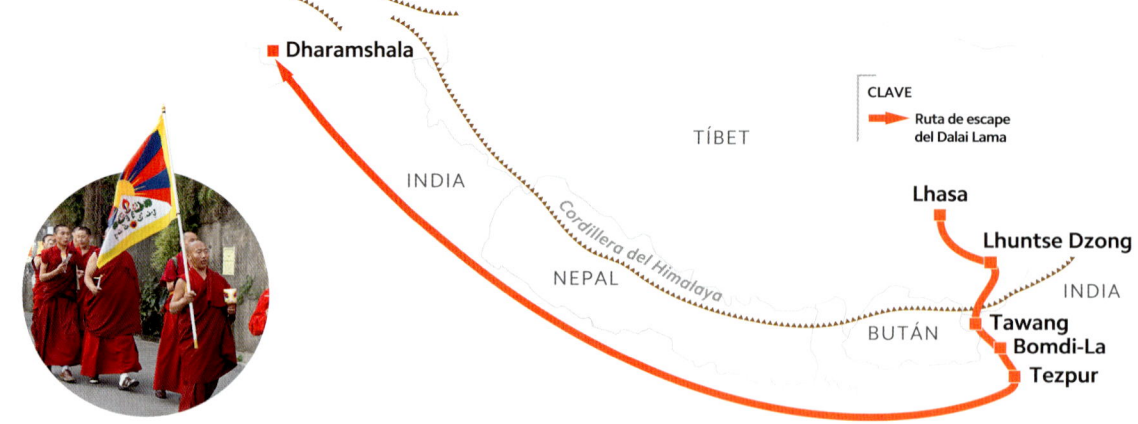

CLAVE
Ruta de escape
del Dalai Lama

Abandonar «el techo del mundo»

TIBETANOS EN EL EXILIO

El pueblo tibetano apenas había tenido contacto con el resto del mundo hasta la invasión china de su país, en 1950. Hasta entonces, Tíbet había sido una nación budista independiente con una cultura y un modo de vida propios. Después de que el gobierno comunista chino tomara el control, suprimiera el budismo y restringiera otras libertades, le siguieron años de agitación. Las tensiones y el sentimiento antichino culminaron en 1959 con un gran levantamiento tibetano desencadenado por rumores de que el gobierno chino planeaba secuestrar, arrestar o matar al decimocuarto dalái lama, líder espiritual y político de Tíbet por aquel entonces. El Oráculo del Estado, asesor del dalái lama, lo instó a huir. Jawaharlal Nehru, primer ministro indio, concedió al dalái lama el estatus de refugiado y le permitió establecer un gobierno en el exilio —conocido como Administración Central Tibetana (CTA, por sus siglas en inglés)— en Dharamshala, en el norte de India.

Huida a través del Himalaya

Entre 1959 y 1970, unos 80 000 refugiados tibetanos cruzaron el Himalaya para reunirse con su líder en India. Los primeros inmigrantes tibetanos fueron bien recibidos en India, cuyo gobierno les concedió tierras para levantar asentamientos en Dharamshala y sus alrededores. Les permitieron profesar su religión y otras tradiciones culturales. Además, a los tibetanos les concedieron permisos de residencia, lo que les permitió trabajar. En 1962, el ejército indio creó la Fuerza Especial Fronteriza (SFF, por sus siglas en inglés), constituida, sobre todo, por refugiados tibetanos, con objeto de proteger la frontera del Himalaya frente a China.

Mientras, en Tíbet, los chinos siguieron reprimiendo el budismo tibetano y destruyeron la mayoría de los seis mil monasterios tibetanos durante la Revolución Cultural, que tuvo lugar entre 1966 y 1976. Miles de monjes y monjas fueron encarcelados y ejecutados durante este período.

Otra ola migratoria procedente de Tíbet llegó a India en la década de 1980, cuando los chinos introdujeron una política que permitió una mayor libertad de circulación. En 1994, las autoridades chinas volvieron a imponer restricciones a la cultura y las actividades religiosas tibetanas, lo que provocó otra ola de refugiados, entre ellos monjes y monjas que huían.

La vida en exilio

A los tibetanos que llegaron a India en las décadas de 1980 y 1990 no les dispensaron la misma acogida que a los que lo habían hecho antes, y a muchos se les denegó el permiso de residencia. Además, los tibetanos asentados en India no deseaban integrarse con los recién llegados por estar «contaminados» por los chinos. Por ello, los primeros refugiados y los relativamente nuevos inmigrantes suelen vivir en distintas comunidades.

Tras la represión de China en 2008 y la intensificación de las restricciones a la circulación de tibetanos en los últimos años, la cifra de refugiados ha disminuido de forma drástica. En India, las limitaciones de los derechos de los tibetanos a viajar, buscar trabajo y tener propiedades siguen siendo controvertidas. Sin embargo, en 2014, introdujo la Política de Rehabilitación de Tíbet, que dio a los refugiados tibetanos acceso a los mismos planes de beneficios que a los ciudadanos indios.

△ **En este mapa figura la ruta de huida** que tomó el dalái lama en 1959 para ir de Tíbet a India. Muchos refugiados han seguido sus pasos.

▽ **Monjes tibetanos** que viven en el exilio en McLeod Ganj, donde reside el dalái lama en India, marchan en protesta por las violaciones chinas de los derechos humanos en Tíbet.

▽ **Rebeldes tibetanos** abandonan el palacio de Potala, en Lhasa, en 1959, obligados a rendirse ante los chinos tras un duro levantamiento. El palacio lleva siendo la residencia invernal del dalái lama desde el siglo VII.

«Si regresamos ahora, aunque se ha conservado mucho, será un nuevo Tíbet. Shangri-La está destruido y ya no existe».

Ngawang Tsultrim, miembro del Consejo de Educación Tibetano, 1985

◀ **Huyendo de su país** tras la ocupación china de 1950, esta refugiada tibetana emprende el largo y peligroso viaje a pie por el Himalaya hasta India para escapar de la persecución religiosa y cultural.

▲ **Ugandeses asiáticos esperan junto a ugandeses negros** en una parada de autobús frente a un centro comercial de Kampala en 1972. A los pocos meses, Amin expulsó a los primeros.

◀ **Ugandeses asiáticos llegan** a Reino Unido. Llevaban poco dinero, con una asignación de tan solo 55 libras en metálico (unos 743 euros actuales).

«Tuvimos que dejar todo aquello que no podíamos llevarnos. No era el momento de vender nuestra casa ni nuestro negocio. Simplemente había que irse».

Zebun Hirji, refugiada ugandesa india

Una expulsión repentina

UGANDA EXPULSA A LOS SUDASIÁTICOS

En 1972, unas 50 000 personas de ascendencia sudasiática se vieron obligadas a abandonar Uganda, acusadas por su nuevo líder, Idi Amin, de «llevarse el dinero de Uganda». Estas personas se quedaron sin nada.

Tras el reparto de África (*véanse* págs. 190-191) entre 1894 y 1896, se creó el Protectorado de Uganda, que formó parte del Imperio británico. En 1896 se iniciaron las obras del ferrocarril de Uganda, que unía Mombasa (hoy en día parte de Kenia) con Uganda. Para su construcción, los británicos contrataron a trabajadores en régimen de servidumbre (*véanse* págs. 182-183), en su mayoría procedentes de Asia Meridional. Aunque los obreros estaban obligados a trabajar durante un tiempo determinado, al terminar el ferrocarril, en 1901, muchos se quedaron en Uganda.

Otros sudasiáticos emigraron para trabajar como administradores y comerciantes coloniales. Muchos montaron empresas tras haber recibido el apoyo de los británicos para conseguir empleo, lo que dio lugar a que buena parte de la población ugandesa asiática conformara una clase media urbana, mientras que gran parte de la mayoría africana permaneció como clase baja en entornos tradicionales y agrícolas.

Trabajadores migrantes

Uganda se independizó de Gran Bretaña en 1962 y, a continuación, el auge de las políticas de «africanización» hizo que los ugandeses negros adquirieran un mayor control sobre las infraestructuras económicas y políticas. Asimismo, creció el sentimiento antiasiático. Aunque los ugandeses asiáticos representaban un 1 por ciento de la población, poseían hasta el 90 por ciento de las empresas del país. Cuando Idi Amin, excomandante del ejército, derrocó al presidente de Uganda en un golpe militar en 1971, no tardó en ordenar la expulsión de los ugandeses asiáticos con la idea de que «el control económico de Uganda estuviera a manos de los ugandeses».

Volver a empezar

Unos 27 000 ugandeses asiáticos emigraron a Reino Unido tras haber obtenido la ciudadanía británica después de la independencia de Uganda. Otros emigraron a naciones cercanas como Kenia, se trasladaron a India o fueron más lejos, incluso a Canadá. Pese a estar cualificados, muchos tuvieron dificultades para encontrar empleo en Reino Unido. No fue fácil: las familias tuvieron que buscar trabajo y escolarizar a sus hijos, para lo cual tuvieron que enfrentarse a barreras lingüísticas y culturales. Algunos británicos los recibieron con frialdad y les advirtieron que no había sitio para ellos. Pese a todo, gracias al trabajo duro, muchos crearon empresas y llegaron a ocupar altos cargos en la política y los medios de comunicación.

En 1986, Yoweri Museveni tomó el poder en Uganda e invitó a los ugandeses asiáticos exiliados a regresar. Hoy en día, aunque representan menos del 1 por ciento de la población, desempeñan un importante papel en la economía del país.

▼ Esta viñeta británica de 1972, titulada *Departheid*, representa a Idi Amin «echando a patadas» de Uganda a los asiáticos, que pasaron de la prosperidad a la falta de empleo y vivienda.

▼ Unos 50 000 asiáticos abandonaron Uganda en 1972, la mayoría rumbo a Reino Unido, Canadá, India y Kenia. Pakistán, Malaui, Estados Unidos y Alemania recibieron mil inmigrantes cada uno. Solo pudieron quedarse los ciudadanos ugandeses.

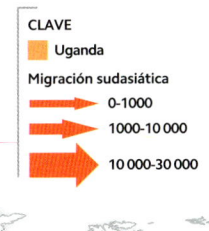

CLAVE
■ Uganda

Migración sudasiática
→ 0-1000
→ 1000-10 000
→ 10 000-30 000

CANADÁ

ESTADOS UNIDOS

RU

ALEMANIA

PAKISTÁN

INDIA

KENIA

MALAWI

Un pueblo muy diseminado

LA DIÁSPORA LIBANESA

La guerra civil libanesa que tuvo lugar de 1975 a 1990 provocó la migración de casi un millón de personas (alrededor del 40 por ciento de la población total de Líbano antes de la guerra). Los refugiados, que huían de las luchas que destruyeron cientos de miles de hogares y negocios, así como de las masacres de las sectarias milicias, escaparon a países de todo el mundo. Muchos se unieron a la ya asentada diáspora libanesa, que había ido creciendo desde mediados del siglo XIX.

Olas migratorias

En Líbano hay una compleja y excepcional mezcla cultural y religiosa. Los musulmanes son mayoría, pero más de un tercio de la población es cristiana (es, con diferencia, la mayor población cristiana de Oriente Próximo). En ambos casos, la población está dividida en muchas confesiones. El pequeño pero poderoso grupo religioso de los drusos comenzó como un movimiento dentro del islam, pero se convirtió en una religión independiente. Estas divisiones han sido una fuente frecuente de tensiones a lo largo de los siglos, y la ubicación de Líbano lo sitúa en medio de muchos de los conflictos en Oriente Próximo.

La primera gran ola migratoria de Líbano comenzó entre 1860 y 1880, tras las luchas entre cristianos y drusos. El factor económico también fue un importante motor de la emigración en aquella época, ya que muchos buscaban la prosperidad en las pujantes economías de Norteamérica y Sudamérica. La emigración se detuvo en la Primera Guerra Mundial (1914-1918), pero se reanudó tras el fin de la contienda. Esta segunda ola migratoria contó con nuevos destinos, como Australia y África Occidental.

Tras la Primera Guerra Mundial, el Imperio otomano se desintegró y los franceses obtuvieron un mandato para gobernar Líbano, lo cual disgustó a muchos libaneses musulmanes. La situación mejoró en 1943, cuando Líbano obtuvo al fin su independencia. Sin embargo, no tardó en volver la agitación política tras la crisis de Suez (1956), la guerra árabe-israelí (1967), la guerra civil libanesa y la invasión israelí de Líbano (1982). Muchos se dirigieron a los países del golfo Pérsico, donde se necesitaba mano de obra debido al «boom del petróleo», o a Estados Unidos, Canadá y Europa en busca de una mejor educación.

Casa y patria

En la década de 1980, la diáspora libanesa era una red mundial bien establecida y con una gran influencia en la vida en Líbano y en el extranjero. La persistencia de los lazos con la patria ayudó a mantener viva la cultura libanesa en ciudades como São Paulo, Brasil, mientras que el apoyo financiero fluyó en la dirección contraria. Sin embargo, el colapso del gobierno libanés ha sumido a Beirut en una crisis civil y ha dejado a su población sin los servicios básicos de electricidad y medicinas, con lo que muchos emigrados no quieren regresar.

▲ **La emigración libanesa** a todos los continentes, en especial a Norteamérica y Sudamérica (sobre todo a Brasil), ha dado lugar a una población de la diáspora mucho mayor que la que hay en Líbano.

▼ **Las familias de Beirut, capital de Líbano**, asediada por las fuerzas israelíes en 1982, ya vivían en una ciudad destruida por los años de bombardeos continuos. Muchas huyeron del país para escapar del conflicto.

Detroit árabe

En Dearborn, cerca de Detroit, hay muchos libaneses: pueden verse carteles en árabe y hay muchos restaurantes e institutos culturales libaneses. Los primeros inmigrantes llegaron en la década de 1880. Otros lo hicieron en la de 1920 para trabajar en la industria automovilística de Detroit y, en la de 1970, para huir de la guerra civil. También viven allí personas de otros países árabes, que conforman la mayor comunidad musulmana de Estados Unidos.

▲ **Personas que huyen** de una invasión cristiana de un enclave musulmán en Beirut durante la guerra civil. La ciudad quedó dividida por motivos religiosos y étnicos, y las milicias se hicieron con el control de varias zonas.

◄ **Refugiados de la guerra civil** desembarcan de un navío de la marina estadounidense en El Pireo, Grecia, en 1976. A medida que la lucha se fue intensificando, más países de todo el mundo empezaron a admitir a inmigrantes libaneses por razones humanitarias.

Chongqing, con una población de dieciséis millones de habitantes, está llamada a crecer a medida que la campaña Go West (Marcha al Oeste) del gobierno chino siga atrayendo a más empresas al oeste de China.

«Los agricultores de zonas reconvertidas no cambian tan rápidamente, [ya que siguen] aferrándose [...] a los hilos que los atan al ayer».

Maciej Leszczynski, «Life inside China's megacity Chongqing», en thespaces.com, 2018

The map at top right shows:

Jinxi · Shenyang
Beijing · Dalian
Tianjin
Zhengzhou · Xuzhou
Xi'an · Nanjing
Nanchong · Nanyang · Shanghái
Chengdu · Wuhan · Hefei · Hangzhou
Chongqing · · Ningbo
Changsha · Wenzhou
Nanchang · Fuzhou
Dongguan · Xiamen
Nanning · Shenzhen
Hong Kong
Guangzhou

CLAVE
Migración neta en %

Más de 5,0 de pérdida	5,0-10,0 de ganancia
0,0-5,0 de pérdida	Más de 10,0 de ganancia
0,1-4,9 de ganancia	

A las ciudades

LA URBANIZACIÓN DE CHINA

La rápida urbanización de China comenzó en 1958 con la campaña del Gran Salto Adelante, lanzada por el presidente Mao Zedong con el objetivo de superar a las mayores economías del mundo a base de aumentar la producción agrícola e industrial mediante la utilización de mano de obra en lugar de invertir en fábricas y maquinaria.

Aquel mismo año, el gobierno formalizó el sistema *hukou*, por el que clasificaba a cada residente como «agrícola» o «no agrícola» y le asignaba un lugar de residencia en una zona rural o urbana. Los que tenían un *hukou* no agrícola recibían prestaciones más beneficiosas. Además, era casi imposible pasarse del campo a la ciudad.

El gobierno chino obligó a millones de personas con *hukou* agrícola a trasladarse a comunas rurales por todo el país y, además, encomendó a antiguos agricultores la tarea de fundir chatarra en pequeños hornos de traspatio para producir acero. Los productos eran de mala calidad y la desviación a gran escala de la mano de obra agrícola hacia la pequeña industria resultó catastrófica. La falta de producción alimentaria provocó una hambruna masiva.

La política de puertas abiertas

China llevaba mucho tiempo cerrada a la economía mundial cuando, en 1978, el nuevo líder, Deng Xiaoping, inició las reformas económicas que abrieron el país a las empresas extranjeras. A fin de atraer inversiones de los numerosos fabricantes de la vecina Hong Kong, estableció cuatro zonas económicas especiales, la primera de las cuales fue Shenzhen. El gobierno sacó a los trabajadores de los campos para acomodar el rápido desarrollo de la ciudad y relajó el sistema *hukou*. A lo largo de la década de 1980, millones

de emigrantes rurales de toda China acudieron a Shenzhen, que había sido un pueblo de pescadores de 30 000 habitantes, para trabajar en sus pujantes fábricas y obras de construcción. Cuando Deng abrió más ciudades en la década de 1990, la población urbana de China siguió creciendo.

Desigualdad en las ciudades

Mientras que las grandes ciudades ofrecían oportunidades laborales, muchos emigrantes de zonas rurales experimentaban malas condiciones de vida debido a la superpoblación y al impacto medioambiental de la industrialización. Además, seguían teniendo un *hukou* agrícola, por lo que no gozaban de las mismas prestaciones que quienes vivían de forma permanente en las ciudades. Los niños inmigrantes no recibían la misma educación que los de las ciudades donde la educación era mejor. Las generaciones mayores que perdieron sus tierras de cultivo en favor de las ciudades también experimentaron dificultades para adaptarse a la vida urbana.

Desde 1980, casi quinientos millones de chinos de zonas rurales se han trasladado a las ciudades, y el porcentaje de los que viven en zonas urbanas ha aumentado de forma significativa, al pasar del 19 al 63 por ciento. Hay, como mínimo, quince ciudades chinas con más de diez millones de habitantes. Es muy probable que se produzcan nuevos movimientos masivos de las zonas rurales a las urbanas. En 2014, China lanzó su nuevo plan de urbanización, en el que establece sus objetivos para optimizar la urbanización, y en 2019 flexibilizó las restricciones del *hukou* a fin de hacer frente a la desigualdad y propiciar una mayor emigración del campo a la ciudad.

▲ **El gobierno chino clasificó las ciudades costeras** de Shenzhen, Zhuhai, Shantou y Xiamen como zonas económicas especiales, y se abrieron a los trabajadores inmigrantes en las décadas de 1980 y 1990.

▼ **El pasaporte y el permiso de residencia temporal** son imprescindibles para todos los inmigrantes con *hukou* agrícola que tengan previsto trabajar en ciudades de China.

▼ **Muchos trabajadores inmigrantes** vivieron hacinados en dormitorios como este en Shenzhen en la década de 1980. La gente se marchó a las ciudades en busca de mejores oportunidades laborales.

La búsqueda de la seguridad

CRISIS DE LOS REFUGIADOS EN CENTRO Y SUDAMÉRICA

El factor económico por lo general ha empujado a los emigrantes de los países de Centro y Sudamérica hacia naciones más ricas, como Estados Unidos y España, cuyas economías les pueden ofrecer más puestos de trabajo y oportunidades. Pero, sobre todo desde la década de 1980, la búsqueda de seguridad ha adquirido prioridad, ya que los inmigrantes se han convertido en refugiados que huyen de guerras civiles, tumultos políticos, violencia relacionada con las drogas, catástrofes naturales y crisis climáticas (*véanse* págs. 260-261).

Inestabilidad y guerra

Las guerras civiles y la revolución que se han producido entre las décadas de 1960 y 1990 en El Salvador, Guatemala y Nicaragua iniciaron un período de extrema violencia y agitación política y económica. El legado de estos conflictos (y de la constante «guerra contra las drogas» de Estados Unidos) es la corrupción sistémica, la pobreza y la proliferación de armas y bandas. En este clima de violencia, cientos de miles de refugiados del norte de Centroamérica huyen cada año de las guerras de bandas, las amenazas y las violaciones de los derechos humanos (detenciones arbitrarias, censura, violencia sexual e intimidación por parte de las autoridades, etc.). Las catástrofes naturales, como el huracán Mitch, que devastó la región en 1998, y el impacto de la crisis climática han incrementado este flujo.

Huida y desplazamiento

Muchos refugiados han huido hacia el norte, a México, a menudo enfrentándose a secuestradores y cárteles de la droga, con la esperanza de obtener asilo en Estados Unidos. En torno a otro medio millón de personas han buscado seguridad en países latinoamericanos vecinos, sobre todo Panamá, Belice y Costa Rica, con la esperanza de empezar una nueva vida en lugares con una cultura y un idioma comunes.

El desplazamiento interno también ha alcanzado niveles de crisis, sobre todo en Colombia, país en el que el conflicto entre fuerzas gubernamentales, paramilitares, guerrillas y cárteles de la droga ha desplazado a más de 4,9 millones de personas y ha afectado sobre todo a las comunidades indígenas y negras, que se ven obligadas a abandonar sus tierras para dar paso a cultivos lucrativos y reciben escasa protección una vez desplazadas. Y, aun así, Colombia es también un destino migratorio. Con el empeoramiento de la situación en la vecina Venezuela, más de 5,6 millones de venezolanos han huido de la violencia, la represión, la hiperinflación y la escasez de productos básicos. Un tercio de estos emigrantes han ido a Colombia.

Más oportunidades

En otros países latinoamericanos, como Belice, Panamá y Costa Rica, los inmigrantes tienen acceso a atención sanitaria de urgencia, educación básica y ayuda para buscar vivienda. Sin embargo, no se les suelen reconocer sus credenciales, con lo que muchos bregan por conseguir un trabajo acorde con sus capacidades. Otros también tienen dificultades para obtener un estatus legal permanente. Sin embargo, los países latinoamericanos en general han dado muestras de solidaridad a la hora de acoger una migración a tan gran escala en tan breve período de tiempo.

▲ **Los refugiados huyen** de muchos estados de Centro y Sudamérica, y la mayoría busca asilo en los países cercanos.

▼ **Cuando se reabrió un paso fronterizo** en 2016 entre Venezuela y Colombia, miles de venezolanos cruzaron para adquirir alimentos y medicinas.

▶ **Civiles nicaragüenses huyen** de su barrio en junio de 1979 mientras la aviación nacional amenaza con tomar represalias contra los rebeldes opositores de la zona.

▶**Aldeanos peruanos se reúnen** para recibir alimentos y suministros médicos en una zona afectada por la guerra civil instigada por el grupo terrorista Sendero Luminoso.

«Salimos de Venezuela por el hambre. Mi bebé y yo estábamos desnutridos, y yo estaba intentando darle el pecho».

Mariángel Blanco, inmigrante venezolana, 2019

«Vivimos en un mundo nuevo».

Mijaíl Gorbachov, presidente de la URSS, en el momento de su dimisión, el 25 de diciembre de 1991

▲ **Miles de personas esperan para solicitar visados** de salida y pasaportes. Tras décadas de restricciones a los viajes al extranjero, la URSS aprobó, en mayo de 1991, una ley por la que a los ciudadanos se les concedía el derecho a viajar y emigrar con libertad.

◄ **Desde el colapso** de la URSS, Rusia ha experimentado una afluencia de cientos de miles de inmigrantes procedentes de países asiáticos, como Vietnam. El aumento de la migración no solo procede de la antigua Unión Soviética.

CLAVE

☐ URSS
▣ Estados bálticos
▣ Repúblicas de Asia Central

Antigua Unión Soviética

1	Estonia	8	Armenia
2	Letonia	9	Azerbaiyán
3	Lituania	10	Uzbekistán
4	Bielorrusia	11	Turkmenistán
5	Ucrania	12	Tayikistán
6	Moldavia	13	Kirguistán
7	Georgia	14	Kazajistán

El colapso de la URSS

MIGRACIÓN TRAS LA DISOLUCIÓN DE LA UNIÓN SOVIÉTICA

Cuando la Unión Soviética (URSS) se desmoronó en 1991, unos sesenta millones de personas, que representaban el 20 por ciento de la población, residían fuera de sus países de origen, como los kazajos étnicos, que vivían fuera de Kazajistán. Estaban distribuidos por más de veinte naciones, desde Letonia, Estonia y Lituania, en el noroeste, hasta Kazajistán y Kirguistán, en Asia Central. Más de veinticinco millones eran rusos étnicos.

Traslado y reasentamiento de la población

Durante la era soviética (1922-1991), las autoridades habían desplazado a la población por todo el país para promover el desarrollo, aumentar el control y «rusificar» a las minorías étnicas a base de presionarlas para que adoptaran la lengua y la cultura rusas. Por ejemplo, en 1954, el primer ministro de la URSS, Jruschov, lanzó su Campaña de Tierras Vírgenes para enviar a cientos de miles de «voluntarios» de etnia rusa a cultivar las llamadas zonas «sin usar» de Kazajistán, a pesar de que la ganadería era, desde hacía siglos, una actividad económica clave en este país. En 1959, los kazajos se habían convertido en minoría en su propia región al representar menos de un tercio de la población. Movimientos similares se produjeron en otras zonas, como Ucrania. A fin de evitar que los no rusos conformaran una masa crítica, las autoridades desplazaron las fronteras de muchas repúblicas autónomas.

Cuando se desintegró la URSS, los millones de personas que vivían en su país se alegraron de obtener la independencia. Sin embargo, para aquellos que se hallaban lejos de casa el futuro era incierto. Las deportaciones forzosas habían dejado millones de desplazados internos, refugiados y migrantes, muchos de ellos desesperados por reunirse con amigos,

familiares y sus antiguos hogares. Sin embargo, se encontraron con fronteras y muchos obstáculos en su camino. Pese a ello, los inmigrantes llegaron a Rusia desde la antigua Unión Soviética, muchos empujados por conflictos armados y tensiones étnicas.

Repúblicas postsoviéticas

El colapso de las estructuras de gobierno de la antigua URSS dejó al principio un vacío de poder que abrió el camino a la delincuencia, la corrupción y los conflictos. Las disputas fronterizas entre Armenia y Azerbaiyán por el Alto Karabaj siguen causando estragos, y el hecho de que Rusia le haya arrebatado Crimea a Ucrania ha provocado agitación. También existen grandes diferencias económicas, lo que hace que personas de Asia Central y Siberia emigren a Moscú. Sin embargo, muchas naciones de las que estuvieron bajo dominio soviético están empezando a prosperar. En Europa Central y Oriental se ha producido uno de los mayores crecimientos económicos del mundo, aunque muchas antiguas repúblicas de la URSS están perdiendo una generación de jóvenes que prefieren buscar fortuna en Occidente (*véanse* págs. 254-255).

▲ **La URSS** se escindió en quince nuevos estados individuales en 1991. La creación de estas nuevas fronteras provocó migraciones dentro y fuera de la antigua URSS.

▼ **Los tanques** entraron en la plaza Roja de Moscú en agosto de 1991 para reprimir un golpe de estado que había organizado la línea dura comunista con objeto de derrocar al presidente Gorbachov. Este había dimitido a finales de año y la URSS se había desintegrado, lo que desencadenó la migración en la antigua Unión Soviética.

Aliá soviética

En 1989, el presidente Gorbachov permitió que los judíos emigraran. Entre 1989 y 2006, alrededor de 1,6 millones de judíos soviéticos y sus familias no judías emigraron de la antigua Unión Soviética en su mayoría a Israel, aunque también a Estados Unidos y Alemania.

Libertad de circulación

MIGRACIÓN EN LA UNIÓN EUROPEA

El Tratado de Maastricht, firmado en 1993, supuso el nacimiento de la Unión Europea (UE), la cual congregó al principio a doce naciones unidas mediante una asociación económica. Uno de los principios rectores de la UE fue la libertad de circulación; es decir, que las personas pudieran desplazarse sin necesidad de visado. Esto se hizo realidad en 1995 con el Acuerdo de Schengen, un pacto entre Bélgica, Francia, Alemania, Luxemburgo, Países Bajos, España y Portugal gracias al cual se suprimieron las fronteras entre estos países y se armonizaron los visados.

El espacio Schengen ha seguido ampliándose hasta abarcar muchos estados miembros de la UE, además de otros como Noruega, Islandia y Suiza. Más de cuatrocientos millones de ciudadanos pueden ahora viajar, vivir y trabajar sin visado desde Portugal, en el sudoeste, hasta Estonia, en el nordeste.

Ponderar las ventajas

Para un reducido porcentaje de europeos, la supresión de las fronteras interiores ha resultado liberador. Dos millones de personas trabajan en un país Schengen distinto de su país de origen, y más de 3,5 millones cruzan a diario fronteras Schengen para trabajar. Los estudiantes también se han beneficiado de la integración europea, ya que les ha permitido estudiar en otros países de la UE en el marco del programa Erasmus. Quienes optan por permanecer en su país de origen tal vez sientan que la libertad de circulación tiene pocas repercusiones, aparte de facilitarles los viajes durante las vacaciones. Sin embargo, la mezcla de culturas y la circulación de personas es importante y no deja de crecer.

Los aspectos positivos de la eliminación de los controles fronterizos tienen como contrapartida el hecho de que también se facilita el libre acceso de potenciales delincuentes y terroristas a los países de la UE. En fechas recientes, el movimiento de refugiados y solicitantes de asilo también ha sido objeto de debate. Los beneficios de la libre circulación tampoco son iguales para todos: algunos ganan y otros pierden.

Empuje y atracción

Las desigualdades dentro de la UE han hecho que los países más grandes y ricos, como Alemania, hayan actuado a menudo como imanes de talentos, mientras que los más pequeños del este, como Letonia y Bulgaria, han vivido un éxodo de jóvenes y adultos muy cualificados. Algunos países, como Letonia, han puesto en marcha programas gubernamentales para atraer a sus jóvenes. Estonia ha ampliado el concepto de identidad europea al ser pionera en la residencia electrónica (o *e-residency*), una forma de ciudadanía digital que permite a los no residentes crear empresas registradas en Estonia desde cualquier parte del mundo. Ya sea en persona o de forma digital, los esfuerzos de estos países europeos siguen fomentando la migración y la supervivencia del principio de libre circulación.

CLAVE

1	Bélgica	9	Eslovaquia
2	Luxemburgo	10	República Checa
3	Suiza	11	Países Bajos
4	Italia	12	Lituania
5	Austria	13	Letonia
6	Eslovenia	14	Estonia
7	Croacia	15	Dinamarca
8	Hungría		

En Schengen, pero no en la UE

Tasas de migración neta

Número elevado de inmigrantes

Número bajo de inmigrantes

Más emigrantes que se van que inmigrantes que llegan

▲ **Las tasas de migración** neta indican qué países de la UE y Schengen ganan inmigrantes y cuáles los pierden. En este mapa se manejan datos de 2017, por lo que se ha incluido Reino Unido.

▼ **Bruselas, Bélgica**, «capital» de la UE, alberga una de las mayores poblaciones de inmigrantes comunitarios, y es donde tiene su sede la Comisión Europea.

El Brexit

Después de que Reino Unido votara a favor de abandonar la UE en 2016, muchos británicos salieron a las calles. Los manifestantes, temerosos de nuevas restricciones a la circulación de personas, bienes y mercancías, exigían una revisión de esta decisión. Con todo, esta se ratificó y Reino Unido abandonó de forma oficial la UE el 31 de enero de 2020.

«El plan era trabajar dos años para luego regresar y comprar una casa».

Marcin Poltorak, inmigrante polaco que llegó a Reino Unido en 2004. En 2021 seguía viviendo allí.

◄ **Un trabajador** procedente de Europa Oriental cosecha brócoli en Escocia. A la hora de procesar sus cosechas, muchos agricultores recurren a temporeros que viajan por la UE.

◄ **La ciudad de Tallin,** Estonia, ha impulsado un sector tecnológico digital en expansión con la esperanza de atraer a expatriados, nuevos inmigrantes e inversiones de toda la UE.

Una familia huye de la aldea de Khanabad, en el norte de Afganistán, en 2001, después de que Estados Unidos lanzara ataques aéreos contra posiciones talibanes cercanas.

Huir de los talibanes

CRISIS DE LOS REFUGIADOS AFGANOS

Los afganos llevan más de cuarenta años viéndose obligados a abandonar sus hogares. En la actualidad, más de 2,6 millones de los refugiados registrados proceden de Afganistán. La crisis de los refugiados afganos comenzó a finales de la década de 1970, cuando quienes huían de la violencia de los gobiernos comunistas de línea dura de Taraki y Amin empezaron a cruzar la frontera con Pakistán. Tras la invasión que llevó a cabo la Unión Soviética en 1979 en un intento de prolongar el régimen comunista en el país, la cifra de refugiados aumentó.

La retirada de las fuerzas soviéticas de Afganistán en 1989 propició el regreso de algunos refugiados, aunque no tardó en estallar una guerra civil que obligó a muchos a exiliarse de nuevo. El conflicto terminó en 1995 con la toma de Kabul por parte de los talibanes, un régimen fundamentalista islámico que impuso una estricta interpretación de la *sharía*, reprimió con brutalidad a la oposición y limitó los derechos de las mujeres.

La vida como refugiado

En 2000, más de seis millones de afganos habían emigrado a los vecinos Irán y Pakistán. En este último, muchos siguen en campamentos de refugiados, y como el país carece de acuerdos internacionales relacionados con los refugiados, tienen una situación legal precaria. Además de tener un acceso limitado a la educación, la sanidad y otros derechos básicos, resulta difícil encontrar trabajo.

La situación en Pakistán tocó fondo en 2014, cuando una célula talibán de la que formaban parte dos afganos masacró a 132 escolares en Peshawar. Como respuesta, Irán y Pakistán comenzaron a repatriar a los refugiados: 365 000 se vieron obligados a abandonar Pakistán en 2016. La mayoría de los repatriados, incluido el medio millón al que el organismo de la ONU para los refugiados ayudó a regresar, estaban en peligro. Aunque la coalición liderada por Estados Unidos arrebató en 2001 el poder a los talibanes, estos se reagruparon y, en agosto de 2021, capturaron Kabul, derrocaron al gobierno respaldado por Estados Unidos y desencadenaron una nueva oleada de refugiados.

Un estado incierto

La ONU calcula que en 2018 más de la mitad de la población afgana se había visto desplazada al menos dos veces a la fuerza a causa de la violencia. Tras la caída de Kabul, en 2021, los gobiernos occidentales se apresuraron a evacuar a los afganos que habían trabajado para ellos o para organizaciones de ayuda extranjeras, mientras que otros refugiados tuvieron que buscarse la vida. Unos 9000 huyeron a Pakistán durante el mes siguiente. Irán, por su parte, cerró las fronteras a los afganos. Desde entonces, otros países han intervenido para ayudar, como Reino Unido y Canadá, que se han comprometido a realojar a 20 000 personas cada uno, y Uganda. Pero tanto para los afganos en el exilio como para los que están en casa, el futuro sigue siendo incierto.

▲ **Desde finales de la década de 1970**, muchos afganos desplazados por la violencia y la guerra se han refugiado en los países vecinos de Irán y Pakistán, o incluso más lejos, en Europa y Norteamérica.

▼ **Refugiados afganos** amontonados en una furgoneta rumbo a Pakistán en 1982, mientras la guerra soviético-afgana seguía haciendo estragos en las comunidades rurales.

◄ **Algunos niños afganos**, como estos de Peshawar, Pakistán, en 2001, no han vivido fuera del campamento de refugiados en el que nacieron.

Un mundo de migrantes

GLOBALIZACIÓN E INFRAESTRUCTURA MODERNA

Las personas llevan siglos intercambiando bienes e ideas a través de las fronteras nacionales; así, en el siglo XVII, ya se podían hacer negocios a escala mundial. A finales del siglo XX se inició una nueva era de globalización, propiciada por las innovaciones de la tecnología digital, una mayor libertad de circulación de bienes y servicios y el surgimiento de megacorporaciones transnacionales que operan en muchos países y superan el poder de cualquier nación para regularlas. Este rápido crecimiento de la conectividad mundial ha tenido su reflejo en la migración.

Récord migratorio

El número de personas que, atraídas por las oportunidades económicas o empujadas por la guerra o las catástrofes naturales, han cambiado de país no ha dejado de aumentar desde la década de 1980. Las revoluciones en el transporte y la tecnología de la información han facilitado en gran medida tanto la llegada a un nuevo país como el mantenimiento de los vínculos con el anterior. En 2020, unos 272 millones de personas vivían fuera de su país de origen, lo que supone un aumento de más de cien millones desde 2000 y el mayor incremento migratorio en la historia de la humanidad.

Dos tercios de los migrantes viven en países de renta alta, donde el envejecimiento de la población y las lagunas en los mercados laborales generan una demanda constante de mano de obra. Europa y Estados Unidos acogen a 141 millones de inmigrantes. Hay sectores, como el Servicio Nacional de Salud británico, que dependen de los inmigrantes. Para los países de origen de los inmigrantes, su trabajo también reviste importancia: así, más del 85 por ciento de los filipinos que ejercen la enfermería acaban haciéndolo en el extranjero, y estos, junto con quienes trabajan como empleados domésticos, enviaron, en 2020, casi 26 170 millones de euros en giros, dinero que ayudó a familias y comunidades económicamente frágiles en Filipinas. Por otra parte, los trabajadores cualificados en el extranjero se han beneficiado de las oportunidades que brindan la mejora de las comunicaciones y de las conexiones entre los mercados, mientras que las redes migratorias establecidas en los países receptores han facilitado que otros les sigan.

Barreras y oportunidades

Sin embargo, el creciente número y la diversidad de los migrantes también han provocado tensiones. Por ejemplo, la decisión de la canciller alemana Angela Merkel de acoger a cientos de miles de refugiados sirios en 2015 contribuyó a alimentar el auge de partidos contrarios a la inmigración, como Alternativa para Alemania (AfD, por sus siglas en alemán). E incluso los inmigrantes muy cualificados, a menudo favorecidos por programas gubernamentales de inmigración por puntos, suelen vérselas con actitudes negativas por parte de la opinión pública. Aunque la globalización no ha ayudado a los desplazados por guerras o catástrofes naturales, del mismo modo que tampoco ha resuelto las vulnerabilidades de los inmigrantes que pueden verse explotados en sectores informales, ha brindado nuevas oportunidades. La educación es una de ellas: desde la década de 1970, el número de personas que estudian en instituciones fuera de su país de origen se ha triplicado, lo que aporta a los estudiantes más familiaridad con otras culturas.

▲ **En este mapamundi** figura el porcentaje de inmigrantes que tiene cada país según un estudio de la ONU de 2019.

▼ **En esta ilustración de 1960 de Dean Ellis** se celebra la evolución del transporte a lo largo de los siglos, ya que ha permitido que personas y mercancías viajen por todo el mundo a gran velocidad.

Nómadas digitales

La mejora de la tecnología permite que los profesionales del sector digital, como «Chris the Freelancer», autor de un blog con consejos sobre el trabajo remoto, puedan desempeñar su oficio desde cualquier parte del mundo en vez de estar anclados a un único lugar.

▲ **Manifestantes en Londres, Reino Unido**, intentan persuadir al gobierno británico para que relaje su postura respecto a la inmigración y acepte más refugiados durante la crisis migratoria que se vivió en Europa en 2016.

◀ **El colectivo de trabajadores inmigrantes filipinos**, del que forman parte estas mujeres, que están en su día libre, constituye en la actualidad la minoría étnica más numerosa en Hong Kong. La mayoría son empleadas domésticas que trabajan muchas horas y envían gran parte de sus ingresos a casa.

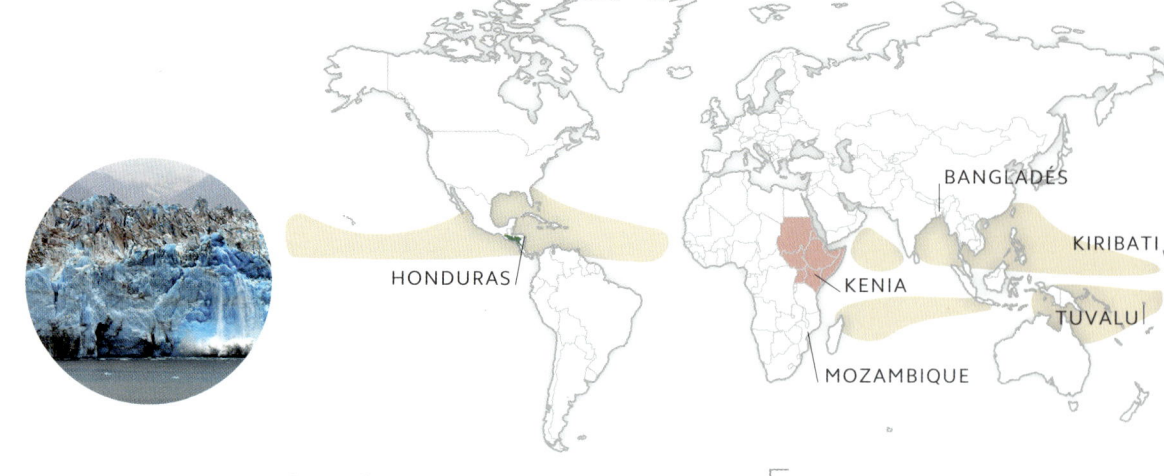

BANGLADÉS
KIRIBATI
TUVALU
HONDURAS
KENIA
MOZAMBIQUE

CLAVE
Cuerno de África
Corredor Seco Centroamericano
Zonas en las que se suelen formar tormentas tropicales

Cuando ocurre el desastre

MIGRACIONES CLIMÁTICAS

La crisis climática es posible que se convierta en la principal causa de la migración mundial. La actividad humana está haciendo que asciendan las temperaturas (los diez años más calurosos registrados han tenido lugar desde 2005), lo que, a su vez, propicia un clima más extremo, catástrofes naturales y escasez de alimentos y agua, y esta crisis mundial está provocando el desplazamiento de personas. Hasta ahora, la mayor parte de la migración es interna, ya que la gente suele trasladarse de zonas costeras o rurales inundadas a pueblos y ciudades en el interior del mismo país, y a menudo permanece allí solo de forma temporal. Sin embargo, es probable que esto cambie a medida que la crisis se vaya intensificando.

Inundaciones del litoral

El ascenso del nivel del mar, la erosión costera y las inundaciones son algunos de los problemas más graves que ya están obligando a muchas personas a desplazarse. En torno al 10 por ciento de la población mundial (más de seiscientos millones de personas) vive en zonas costeras situadas a menos de diez metros sobre el nivel del mar, lo que supone un riesgo de inundación. Bangladés, densamente poblado, de escasa altitud y propenso a las inundaciones, es uno de los países más vulnerables. Se calcula que si sube el nivel del mar podría desencadenar olas migratorias desde las zonas costeras que afectarían a 1,3 millones de bangladesíes de aquí a 2050. Países insulares del Pacífico de escasa altitud, como Kiribati y Tuvalu, corren el riesgo de quedar sumergidos, al menos en parte. Muchos países han elaborado planes para reubicar a sus comunidades más amenazadas y hacer frente a la pérdida de tierras de cultivo.

Una crisis global

En otras zonas del mundo, las sequías y la escasez de agua, exacerbadas por el cambio climático, están provocando movimientos de población más generalizados. Millones de personas del Corredor Seco Centroamericano (una zona árida que se extiende desde el sur de México hasta Guatemala, El Salvador, Honduras y Nicaragua) han sufrido importantes pérdidas en sus cosechas debido a las sequías y a la irregularidad de las precipitaciones. Las prolongadas sequías en el Cuerno de África (Somalia, Etiopía, Eritrea y Yibuti) han obligado a cerca de 1,8 millones de personas a abandonar sus hogares en los últimos años. La mayoría vive ahora hacinada en campamentos.

Además, la crisis climática está relacionada con tormentas más frecuentes e intensas. Por ejemplo, dos ciclones tropicales (Idai y Kenneth) azotaron Mozambique en un breve período de 2019, lo que desplazó a unos 2,2 millones de personas.

La Convención sobre el Estatuto de los Refugiados de 1951 no considera refugiados a las personas que se ven obligadas a abandonar sus hogares a causa de las condiciones meteorológicas extremas. Sin embargo, en 2020, la ONU afirmó que es ilegal que los gobiernos devuelvan a quienes soliciten asilo desde países donde la crisis climática amenaza sus vidas, lo cual sentó un importante precedente.

▲ Diversas catástrofes climáticas amenazan a la población mundial. En este mapa figuran algunas de las principales zonas de preocupación.

▼ El deshielo de los casquetes polares provoca el ascenso del nivel del mar, lo que causa inundaciones, erosión de los litorales y aumento de la frecuencia de los huracanes.

▼ Muchos migrantes, en su mayoría hondureños, han sido expulsados de sus hogares por los huracanes y las inundaciones. Los que figuran en esta fotografía se dirigen a Estados Unidos.

Tormenta de polvo en un campamento de refugiados de Dadaab, Kenia, en 2011. Los refugiados somalíes huyeron tras una terrible sequía que afectó al Cuerno de África. Se calcula que la vida de doce millones de personas corrió peligro.

«Antes éramos agricultores, pero luego apareció la sequía. [...] Al final no nos quedó nada».

Hadija Kiona, agricultor de la región del río Tana, Kenia, 2011

«Me fui [de Tuvalu] en 2010. Al regresar, advertí la diferencia al instante. El calor ahora es a veces insoportable y la erosión también es tremenda. Algunos de mis lugares favoritos ya no existen.

Siento que [Tuvalu] forma parte de lo que soy y que no debería huir aunque esté desapareciendo. Marcharme en un momento como este, cuando está sufriendo, no me parece correcto. No creo que pueda hacerlo».

Tapua Pasuna, natural de Tuvalu, país insular del Pacífico, y Miss Tuvalu en 2019. Pasuna es, además, embajadora que trabaja para proteger el mar y concienciar sobre el cambio climático.

Varias personas nadan entre las aguas que han inundado parte de la isla de Kiribati, situada en el Pacífico. Al igual que en Tuvalu, los habitantes de Kiribati se enfrentan a la posibilidad de que el ascenso del nivel del mar destruya sus hogares. Los gobiernos de estas islas, que se están hundiendo, han animado a sus habitantes a «emigrar con dignidad», pero muchos se resisten a marcharse y prefieren recurrir a medidas como los diques temporales para mantener la isla a flote.

▶ **En este mapa** figuran las que, según el Africa Center for Strategic Studies, fueron las principales rutas migratorias dentro y fuera de África en 2019.

El África independiente

MIGRACIONES INTRAAFRICANAS

▼ **Lagos, Nigeria**, es una de las escasas «megalópolis» de África. A causa de la afluencia constante de inmigrantes de toda Nigeria y los estados cercanos, es una de las ciudades del mundo que crece con mayor rapidez.

Desde la década de 1960, tras la independencia de muchas naciones africanas, la migración en el interior y exterior del continente, influida por una serie de factores económicos, sociales y medioambientales, ha experimentado un gran incremento. Aunque la pobreza, la sequía y los conflictos violentos han sido fuerzas motrices en algunos casos, los estudios indican que la mayoría de los africanos se desplaza para conseguir una vida mejor a través de, por ejemplo, la educación superior y el empleo. La idea de que la emigración africana se debe, en esencia, a la pobreza se ha puesto en tela de juicio por el hecho de que la mayoría de los inmigrantes procede de los países relativamente más ricos de África del Norte y de la costa occidental africana, mientras que los estados subsaharianos más pobres registran niveles de emigración más bajos.

Migraciones en el interior de África

La migración intraafricana no ha dejado de aumentar desde que los países africanos se independizaron del dominio colonial. Esta migración pasó de los seis millones de personas en 1960, a ser, en 2017, de unos 19,5 millones. Según estudios realizados en 2019, el 53 por ciento de los migrantes nacidos en África vivían en un país del continente distinto al de origen. La evolución económica y social del continente ha propiciado mejoras en la educación, los recursos materiales y el acceso a los medios de comunicación (incluido internet); además, la mejora de las infraestructuras y los transportes ha hecho que viajar sea más fácil y seguro que nunca.

▶ **La presa Gibe III** en Etiopía ha duplicado la producción eléctrica del país. Sin embargo, los grupos indígenas, que dependían de la crecida estacional del río para cultivar, han tenido que desplazarse para sobrevivir.

Uno de los principales «factores de atracción» de la migración interna africana es la demanda de mano de obra que genera el desarrollo de industrias en determinados países. Sudáfrica, con sus industrias de agricultura, servicios financieros, telecomunicaciones, minería y construcción, es un destino clave. Otros países africanos con una importante afluencia migratoria intracontinental son Nigeria, principal productor de petróleo de África, y Costa de Marfil, que atrae a emigrantes estacionales.

Uno de los tipos de migración intraafricana más transformadores ha sido el desplazamiento de las zonas rurales a las urbanas, el cual ha acelerado la urbanización y el crecimiento de África (son varias las ciudades africanas que figuran entre las mayores y de más rápido crecimiento del mundo).

Nuevos destinos

Los patrones migratorios africanos llevan mostrando signos de cambio desde finales de la década de 1980. Aunque la migración intraafricana sigue siendo elevada, la intensidad migratoria ha disminuido, tal vez como consecuencia del creciente nacionalismo y la demarcación de fronteras, factores que limitan la libre circulación. Además, se ha constatado un aumento sustancial de la emigración de África a otros continentes. Si bien en décadas anteriores los africanos solían emigrar a destinos europeos (por lo general, antiguos colonizadores, como Reino Unido y Francia), las crecientes restricciones migratorias de estos países han llevado a muchos emigrantes a buscar otros destinos. En la actualidad, la emigración crece hacia nuevos destinos, como Estados Unidos y Canadá, donde las concesiones de visado dependen de la cualificación y la formación, y a las economías de rápido crecimiento de Asia.

▲ **El genocidio de Ruanda** (1994) provocó el éxodo masivo de más de dos millones de ruandeses a los países vecinos. Estos refugiados esperan para cruzar la frontera con la República Democrática del Congo (antiguo Zaire).

Johannesburgo

LA CIUDAD DE ORO

▲▲ **En la Lesedi Cultural Village**, a las afueras de la ciudad, se fabrican y venden abalorios que permiten a los visitantes entrar en contacto con las culturas pedi, zulú, xhosa, basotho y ndebele.

▲ **La comunidad hindú de Sudáfrica** celebra el Diwali en un templo de Johannesburgo. Muchos de sus antepasados fueron trabajadores en régimen de servidumbre en el siglo XIX.

▶ **Estos murales de una central eléctrica** de Soweto fueron creados por artistas sudafricanos para celebrar la diversidad cultural del país. En este, que alude a la historia local negra, figuran el Soweto String Quartet, un típico *township* negro y el expresidente Nelson Mandela.

Johannesburgo es una ciudad joven situada en una zona con una larga historia: algunos de los esqueletos de homínidos más antiguos jamás descubiertos (entre ellos uno que data de hace 3,67 millones de años) proceden del sistema de cuevas de Sterkfontein, al noroeste de la ciudad. Desde la Edad de Piedra, la región estuvo habitada por cazadores-recolectores de la etnia san, y hacia 1100 d. C., pueblos de habla bantú se asentaron en la zona para fundar poblados y dedicarse a la minería.

En la década de 1830, los colonos de habla neerlandesa, conocidos como «bóeres», llegaron durante la Gran Marcha (*véanse* págs. 162-163), se apoderaron de tierras y desplazaron a la fuerza a los pueblos indígenas. Johannesburgo se fundó en 1886 tras descubrirse oro en una granja de la región, por aquel entonces conocida como República Sudafricana o de Transvaal. Al poco tiempo se desató la mayor fiebre del oro del mundo, lo cual atrajo a gentes de todas partes. En una década, Johannesburgo contaba con más de 100 000 habitantes y ya se la llamaba Ciudad de Oro.

Superar la segregación

Tras la victoria en la guerra de los bóeres (1899-1902), los británicos llevaron a miles de trabajadores chinos en régimen de servidumbre para paliar la escasez de mano de obra en las minas. Más adelante, las políticas racistas de los blancos obligaron a los chinos a marcharse, y estos se sustituyeron por inmigrantes negros. La segregación racial, la opresión y el dominio de la minoría blanca se afianzaron aún más en Johannesburgo durante el *apartheid* (1948-1994), época en la que los grupos raciales se mantuvieron separados por ley. La ciudad ha seguido creciendo, en parte debido a inmigrantes de países como Zimbabue, Nigeria, Malaui y Tanzania. Pese a la violencia xenófoba que experimentan, los inmigrantes son el 6,7 por ciento de la población de la ciudad.

> «Todos los caminos conducen a Johannesburgo. Tanto si eres blanco como si eres negro, llevan a Johannesburgo. Si se estropean las cosechas, en Johannesburgo hay trabajo».
>
> Alan Paton, *Llanto por la tierra amada*, 1948

INFLUENCIAS CULTURALES

Trashumantes sotho-tswana

En esta ilustración figuran tanto los campos de los pastores trashumantes sotho-tsuana del siglo XI como sus métodos agrícolas tradicionales. Estos pueblos de lengua bantú se desplazaron hacia el oeste entre los años 1100 y 1300 a. C. a lo que hoy es Gauteng, la provincia que rodea Johannesburgo. Construyeron grandes asentamientos rodeados de murallas de piedra, muchos de los cuales se descubrieron en el siglo XIX.

Asentamientos *voortrekker*

Los colonos neerlandeses emigraron al interior de Sudáfrica en la década de 1830 tras las tensiones con los británicos. Esta migración, la Gran Marcha, condujo a la fundación de varias repúblicas bóer, entre ellas la de Transvaal. En Constitution Hill (inferior) había un fuerte prisión erigido por colonos bóer en 1892.

Mineros de África del Sur

Los inmigrantes acudieron a las minas de Transvaal tras el descubrimiento de ingentes reservas de oro en Witwatersrand en la década de 1880. Todos ellos, procedentes del sur del continente, se enfrentaron a salarios bajos, racismo y segregación. Todavía hoy existen minas en los alrededores de Johannesburgo, y, para huir de la pobreza, muchos han recurrido a la minería ilegal, practicada en condiciones peligrosas.

Colonizadores británicos

El edificio del Tribunal Supremo, creado con simetría y elementos ornamentales grecorromanos, como las columnas, es un ejemplo de arquitectura *beaux-art*. Este grandioso edificio se construyó bajo el dominio colonial británico. Estas estructuras monumentales marcaron el nuevo estatus de la ciudad como puesto de avanzada del Imperio británico tras la victoria británica en la guerra de los bóeres (1902).

Migrantes zimbabuenses

En la década de 1980, muchos ndebele llegaron a la ciudad procedentes de Zimbabue tras huir del Gukurahundi (una serie de masacres perpetradas por motivos étnicos). La crisis económica y política que tuvo lugar a partir de 2000 llevó a muchos más zimbabuenses a cruzar la frontera. En la imagen figura Lovemore Kupeta, artista zimbabuense refugiado, colgando su obra en una valla en el barrio de Sandton, Johannesburgo.

Cristianos etíopes

Misa de Navidad en la iglesia tewahedo de la Santísima Trinidad de Johannesburgo a la que asisten cristianos ortodoxos etíopes. Personas que han huido de conflictos, solicitantes de asilo e inmigrantes han construido una comunidad en la ciudad y han llenado de tiendas y restaurantes etíopes el barrio de Jeppestown, conocido como «la Pequeña Etiopía».

Un Golfo de oportunidades

INMIGRANTES SUDASIÁTICOS

CLAVE

Estados del Golfo

Los países de Oriente Próximo que dan al golfo Pérsico, en los que abunda el petróleo, acogen a buena parte de los trabajadores inmigrantes del mundo. La región se enriqueció, cuando, en la década de 1970, los precios del petróleo se dispararon. Los países del Golfo empezaron a mejorar las infraestructuras y a construir escuelas, hospitales y viviendas, y la demanda de mano de obra aumentó de forma espectacular.

Limitados por su escasa población, estos países trataron de atraer tanto a expertos cualificados como a trabajadores de la construcción. Atraídos por los lucrativos salarios en el extranjero, hombres de Asia Meridional comenzaron a llegar a Oriente Próximo, primero desde India y Pakistán, y luego desde Sri Lanka, Nepal y Bangladés. Muchos salieron para huir de la pobreza de sus países. El trabajo en el Golfo solía verse como un seguro contra la pérdida de cosechas o una forma rápida de saldar deudas familiares. En la década de 1980, los hogares del Golfo se habían enriquecido y demandaban empleadas domésticas, puestos que desempeñaron las mujeres asiáticas.

Un camino muy transitado
En la actualidad, los trabajadores de Asia Meridional representan 15 de los 35 millones de inmigrantes que viven en los países del golfo Pérsico, Líbano y Jordania. Para conseguirlo, muchos pagan cantidades exorbitantes a las agencias de contratación, que suelen ofertar empleos muy distintos de los que acaban desempeñando. Aun así, la promesa de salarios más elevados sigue siendo atractiva: en Arabia Saudí y los Emiratos Árabes Unidos, los obreros indios poco cualificados pueden ganar un 50 por ciento más que en su país. Los inmigrantes suelen enviar la mayor parte de su salario a sus familias. Solo en 2018, los giros enviados

desde los países del golfo Pérsico a Asia Meridional ascendieron a unos 72 000 millones de euros.

Condiciones laborales precarias
Aunque los salarios pueden ser más altos en Oriente Próximo, el trabajo suele ser difícil, peligroso y, a veces, mortal. Durante la década de preparativos para la Copa Mundial de Fútbol de 2022 en Catar, fallecieron más de 6500 inmigrantes. Las jornadas laborales son largas, y las condiciones de vida, malas.

Muchos culpan de las malas condiciones y del elevado número de muertes al sistema de *kafala* («patrocinio») que existe en los países del golfo Pérsico, Jordania y Líbano. Según este sistema, la residencia de los trabajadores inmigrantes está vinculada a su empleador o patrocinador. A los trabajadores se les suele confiscar el pasaporte y no pueden cambiar de trabajo ni salir del país sin permiso de su patrocinador, de ahí que haya quienes equiparan este sistema con la esclavitud moderna. La situación reviste una especial gravedad en el caso de los trabajadores domésticos, por lo general mujeres, que están aislados en las casas en las que trabajan.

Para asegurarse de que los trabajadores extranjeros desempeñen los trabajos menos cualificados, Jordania y Líbano restringen las opciones profesionales, prohibiéndoles profesiones como la ingeniería y la medicina. Estas normas se aplican no solo a los trabajadores de Asia Meridional, sino también a las poblaciones de refugiados desplazados de otros lugares de Oriente Próximo.

▲ **Desde la década de 1970**, un flujo constante de trabajadores ha abandonado los países de Asia Meridional, entre ellos India y Nepal, para dirigirse a Oriente Próximo. El origen y el destino de estos migrantes pueden averiguarse rastreando el flujo de giros remitidos.

▼ **Estos inmigrantes, trabajando a gran altura** y bajo un intenso calor, están construyendo la estructura de acero de un edificio en el distrito financiero de Dubái.

▼ **Los campamentos para trabajadores** construidos ex profeso, como este de Dubái, Emiratos Árabes Unidos, suelen albergar a inmigrantes. La mayoría son obreros no cualificados que proceden de entornos pobres y que trabajan largas jornadas.

«Me arrepiendo de haber venido, pero ¿qué otra cosa podía hacer? Nos vimos obligados a venir si queríamos ganarnos la vida».

Trabajador inmigrante nepalí, Catar, 2013

▲ **Muchos de los rascacielos** más emblemáticos del Golfo los han erigido obreros extranjeros, quienes, a menudo, no pueden permitirse regresar a su país una vez finalizados sus contratos.

Inmigrantes nepalíes

Muchos de los inmigrantes que hay en los países del Golfo proceden de Nepal. La mayoría son hombres que trabajan en la construcción. Envían buena parte de su salario a casa, lo que beneficia a la economía nepalí. Las pocas mujeres que emigran de Nepal suelen trabajar como empleadas domésticas. Sin embargo, en un intento de protegerse contra los abusos y la explotación, Nepal prohibió en 2017 a sus ciudadanos viajar a estos países para realizar trabajos domésticos.

«Creíamos que había llegado nuestra hora. Pero no queríamos morir. Y decidimos marcharnos».

Sahar, refugiada siria en Líbano, 2021

Un niño sirio intenta refrescarse en un campamento de refugiados de Idlib, Siria. Las temperaturas diurnas pueden alcanzar los 43 °C.

Budapest
a Europa Occidental
HUNGRÍA
SERBIA
CROACIA
Belgrado
BULGARIA
MONTENEGRO
Sofía
MACEDONIA
ALBANIA
Lesbos
TURQUÍA
GRECIA
Atenas
Quíos
Samos
Cos
CRETA
CHIPRE
SIRIA
Mar Mediterráneo
Beirut
Damasco
LÍBANO
Bengasi
ISRAEL
IRAQ
Alejandría
JORDANIA
LIBIA
El Cairo
EGIPTO

Escrito en la pared

LA CRISIS DE LOS REFUGIADOS SIRIOS

A partir de 2010, una serie de protestas prodemocráticas, conocidas como «la Primavera Árabe», recorrieron Oriente Próximo y África del Norte. Un año después, inspirado por los cambios de régimen en Túnez y Egipto, un adolescente sirio garabateó «Le toca, doctor» en una pared de la ciudad siria de Deraa. Este grafiti, dirigido al presidente sirio Bashar al-Asad, llevó al adolescente y a sus amigos a la cárcel, donde los torturaron. Cuando los pacíficos manifestantes salieron a las calles de Deraa, las fuerzas de seguridad abrieron fuego.

Guerra civil y desplazamiento

Después, se produjeron enormes manifestaciones en toda Siria. La respuesta de Al-Asad fue matar a cientos de manifestantes y encarcelar a muchos más. Por otra parte, desertores del ejército formaron el Ejército Libre Sirio en un intento de derrocar al gobierno. La violencia se intensificó hasta desembocar en una guerra civil.

El conflicto acentuó las divisiones existentes y que se disputaran el poder las distintas ramas del islam (suníes, chiíes y alauíes), así como kurdos y yihadistas. Estados Unidos le pidió a Al-Asad que dimitiera, mientras que Rusia y China vetaron las resoluciones en las que la ONU pretendía condenar las acciones de este. Hasta la fecha, la guerra civil (que comenzó de forma oficial en marzo de 2011) ha matado a unas 500 000 personas, 55 000 de ellas niños.

Además, la guerra ha obligado a una cifra récord de individuos a abandonar sus hogares. Unos 6,7 millones se han visto desplazados dentro de Siria, y los que permanecen en el país viven situaciones desesperadas: alrededor del 95 por ciento carece de una asistencia sanitaria adecuada y el 70 por ciento no tiene acceso regular al agua potable. Además, la economía está hecha trizas: el 80 por ciento de los sirios viven hoy en día en la pobreza.

Otros 6,6 millones de personas han huido del país. De estas, unos 5,6 millones han permanecido en Oriente Próximo o se han marchado a países cercanos de África del Norte. Hay unos 3,6 millones en Turquía, casi 1 millón en Líbano, más de 600 000 en Jordania y 250 000 en Irak. Más de 150 000 se asentaron en países de África del Norte, como Egipto y Libia. En total, más de la mitad de la población siria se ha visto desplazada.

Movimiento a Europa

Muchos de los refugiados sirios que estaban en Oriente Próximo anhelaban regresar a casa, pero perdieron la esperanza al ver que la violencia seguía desgarrando su país. Con la idea de partir de cero, más de un millón de refugiados sirios emigraron a Europa. Algunos llegaron por tierra, para lo cual cruzaron la frontera de Turquía con Bulgaria, pero la mayoría lo hizo en barco, tanto por el mar Egeo desde Turquía a Grecia como por el Mediterráneo desde Libia a Italia.

Al existir pocas rutas legales abiertas, muchos refugiados no tuvieron más remedio que recurrir

▲ **En 2011, los refugiados sirios** se dirigieron a los países vecinos de Turquía, Líbano, Jordania, Irak, Egipto y Libia. Desde allí, fueron miles los que se trasladaron a Europa, muchos a Grecia, Italia y Bulgaria.

▼ **Miles de sirios** congregados en la capital, Damasco, para mostrar su apoyo al presidente Bashar al-Asad, que se enfrentó a una ola de disidencia en 2011.

▼ **Kurdos sirios** cruzan la frontera con Turquía para huir de los ataques del Estado Islámico en 2014.

a contrabandistas. En este costoso y peligroso viaje, grandes grupos de personas viajaron hacinados en pequeñas lanchas neumáticas y precarios barcos de madera. En abril de 2015, ochocientas personas fallecieron en el mayor naufragio de refugiados del que se tiene constancia. Muchos refugiados sufrieron abusos y explotación por parte de los contrabandistas, y algunos fueron tomados como rehenes, a los que solo liberaron cuando sus familias pagaron cuantiosos rescates. Además, tanto las fuerzas turcas como las griegas mataron a refugiados sirios en sus fronteras.

En 2021, más del 70 por ciento de los refugiados sirios en Europa se habían asentado en dos países: Alemania (con casi 600 000) y Suecia (con 115 000). Otros 100 000 llegaron a Canadá y Estados Unidos.

Campamentos de refugiados

En 2021, alrededor del 8 por ciento de los refugiados sirios vivía en campamentos, muchos de los cuales están gestionados por la ONU, a menudo son enormes y carecen de financiación suficiente. El mayor campamento de refugiados sirios es Zaatari, en el norte de Jordania, a solo 12 kilómetros de la frontera con Siria. Dada la continuidad de la guerra, el regreso a casa parece poco probable para la mayoría de los residentes: lo que comenzó como una solución temporal se está convirtiendo en un asentamiento permanente. En el punto álgido del conflicto, Zaatari albergaba a 150 000 sirios, lo que hizo de ella la cuarta ciudad más poblada de Jordania. Aunque la población ha disminuido desde entonces, en 2021 aún vivían allí unos 80 000 sirios. Sin embargo, menos del 20 por ciento de quienes residen en Zaatari tiene permiso de trabajo, por lo que muchos se ven obligados a trabajar de forma ilegal o a sobrevivir con escasos recursos. Uno de esos residentes fue Bassam Alhamden, que huyó a Jordania junto con su familia en 2013 para escapar de los ataques aéreos, que los dejaron sin electricidad, agua ni alimentos. Sin embargo, la vida en los campamentos no fue sencilla: no había electricidad, alimentos frescos ni escuelas.

Mientras, la política migratoria de la UE, que restringe la entrada de refugiados, ha dejado a muchos sirios atrapados en campamentos de refugiados europeos. Uno de ellos es el de Moria, en la isla griega de Lesbos. Antes de que ardiera, en 2020, Moria fue el mayor campamento de Europa. Las condiciones de vida en él eran atroces.

La vida fuera de los campamentos

Para los refugiados que viven fuera de los campamentos, la vida también suele ser difícil y precaria. Es habitual

que las familias compartan alojamientos en los que viven hacinadas, a veces en estructuras no residenciales. Muchas viven en la más absoluta miseria y carecen de los mínimos servicios. Aunque muchos de los refugiados tienen un alto nivel de formación (el 38 por ciento de los refugiados sirios en Europa posee un título universitario), a muchos les cuesta encontrar un empleo.

Pese a las grandes dificultades que han vivido y viven, los refugiados sirios se han aferrado a su cultura, lo que a muchos les está ayudando a recuperarse. Así, hoy en día hay varias ciudades europeas en las que ya existen restaurantes sirios. Imad Alarnab es uno de estos restauradores refugiado de éxito: tras huir de Damasco en 2015, se dirigió a Calais, donde cocinó para otros refugiados; después se trasladó a Londres, y, con el tiempo, abrió su propio restaurante.

▲ **Refugiados llegan sanos y salvos** a la isla de Lesbos en octubre de 2015 tras haber navegado por el mar Egeo desde Turquía. Aunque más de 400 000 refugiados, en su mayoría sirios y afganos, huyeron a Grecia en 2015, decenas de ellos se ahogaron durante el trayecto.

BMW y los refugiados

Este refugiado sirio (derecha), en la imagen junto a su mentor, se incorporó al programa WORK HERE! de BMW en 2015. La empresa vio una oportunidad para cubrir puestos vacantes en un momento de escaso desempleo y diseñó el programa para ayudar a que quinientos refugiados cualificados se integrasen en el mercado laboral alemán.

Alrededor de un millón de refugiados sirios han emigrado a Líbano. Un tercio se encuentra en campamentos del valle de la Becá, en la frontera con Siria. Las condiciones de vida son básicas, y los inviernos, extremadamente fríos.

«La brutalidad de la guerra civil obligó a mi familia a abandonar [nuestra] casa y emprender el viaje como refugiados».

Shafaq, refugiada en el campamento libanés del valle de la Becá, 2017

▲ **Durante los duros inviernos de Mongolia Occidental**, los nómadas kazajos utilizan águilas reales para cazar zorros, gatos monteses, liebres y lobos, animales de los que usan su piel. El ancestral arte de la cetrería se transmite de generación en generación.

◄ **Romaníes de Turquía** celebran la llegada de la primavera con la fiesta del Kakava, que incluye carreras de caballos, bailes y música. Los participantes saltan sobre la hoguera para protegerse del mal de ojo.

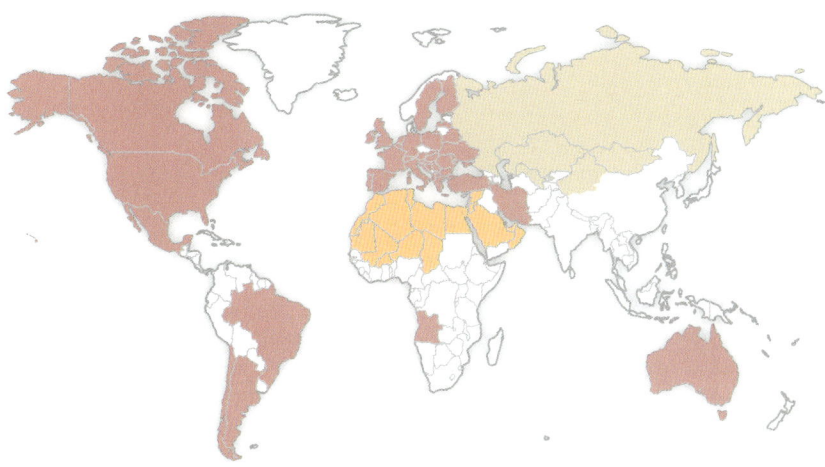

Vida en movimiento

COMUNIDADES NÓMADAS MODERNAS

Para algunas culturas, como la beduina, la migración es una forma de vida y siempre lo ha sido. Para otras, incluidas muchas comunidades romaníes, sinti y nómadas, desplazarse de un lugar a otro es una cuestión de supervivencia frente a la discriminación, la hostilidad y, a menudo, la violencia de la sociedad en general. Sin embargo, a pesar de la perspectiva de verse marginadas, cada vez más personas optan por la vida nómada.

Desde que los humanos formaron los primeros asentamientos agrícolas, hace unos 10 000 años, solo unas cuantas culturas han mantenido un estilo de vida nómada. De ellas, el pueblo gitano constituye la minoría étnica nómada más numerosa de Europa. Descendientes de pueblos que emigraron del norte de India ya en el siglo VI (*véanse* págs. 92-93), hablan una misma lengua, aunque cada subgrupo tiene su propio dialecto. Los nómadas irlandeses, que tienen su origen en Irlanda hacia el siglo XII y emigraron después a Gran Bretaña y Estados Unidos, también hablan su propia lengua, conocida como «shelta».

Para las comunidades romaníes, sinti y nómadas, la vida gira en torno a su extensa familia y su jerarquía, y sus miembros suelen casarse jóvenes. Aunque lo tradicional era que se desplazasen, y algunos aún lo hacen, las políticas gubernamentales y los años de opresión han hecho que muchos vivan en comunidades asentadas. Aun así, los desalojos forzosos siguen siendo habituales, como en el caso de los que se produjeron en 2011 en Dale Farm, Essex, Reino Unido, cuando ochenta familias nómadas tuvieron que abandonar sus hogares por infringir la legislación urbanística.

Vida al límite

En Oriente Próximo y el norte de África, los beduinos (del árabe «habitantes del desierto») llevan miles de años viviendo como nómadas. Al igual que las comunidades romaníes, sinti y nómadas, muchos beduinos viven hoy en día en aldeas, pueblos y ciudades, mientras que otros conservan el modo de vida trashumante y arrean camellos y cabras por zonas desérticas en busca de pastos. Por su parte, en la remota Mongolia Occidental, los nómadas kazajos trasladan sus rebaños hasta seis veces al año y levantan campamentos temporales cada vez que se reubican. Pero estas comunidades nómadas, muchas de las cuales se han trasladado a las ciudades, están cada vez más amenazadas por el clima extremo y por las enfermedades del ganado.

Neonómadas

Puede que el estilo de vida nómada no resulte fácil, pero muchas personas deciden adoptarlo. Los avances tecnológicos han permitido a muchos convertirse en «nómadas digitales» (personas que trabajan a distancia).

Otros se ven obligados a vivir como nómadas. Lo inasequible de las viviendas, la inseguridad laboral, las pensiones bajas, las elevadas facturas médicas, etc. han llevado a muchos estadounidenses a mudarse a automóviles, autocaravanas y casas rodantes. Estas personas, a menudo mayores, se han convertido en una mano de obra nómada que recorre Estados Unidos para realizar trabajos estacionales y mal remunerados, como se narra en el oscarizado filme *Nomadland* (2020).

▲ **En la actualidad solo existen unas cuantas culturas nómadas**. Las comunidades romaníes, sinti y nómadas están repartidas por todo el mundo, mientras que los nómadas beduinos y kazajos se han mantenido en sus feudos tradicionales.

▼ **Beduinas cruzan una carretera** de la ciudad de Be'er Sheva, Israel, montadas en burro. Muchos nómadas se han visto desplazados desde que el gobierno israelí promulgó unas leyes mediante las cuales se restringen los asentamientos beduinos en el desierto del Néguev.

«Convertirse en nómada consiste, para muchos de nosotros, en atravesar la oscuridad del túnel en busca de una luz al otro lado».

Bob Wells, nómada estadounidense, 2021

ÍNDICE

Los números de página en **negrita** hacen referencia a las entradas principales

AGRADECIMIENTOS

DK desea dar las gracias a Anna Fischel por su ayuda editorial; a Katie Cavanagh por su ayuda en el diseño; a Alexandra Beeden por la corrección de pruebas del original; a Helen Peters por la elaboración del índice; a Subhashree Bharati por la cartografía, y a Mrinmoy Mazumdar por la asistencia técnica. Este título se ha creado con el apoyo de la comunidad de Diversidad, Equidad e Inclusión de la editorial. Hemos de dar las gracias de forma especial a Pamela Afram y Abigail Mitchell por haber ideado este título.

La editorial agradece, asimismo, a las siguientes personas e instituciones la cortesía al permitir reproducir sus fotografías:

Hulton Archive / Fox Photos / Woolnough (id). **147 4Corners:** Lisa Linder (iiz). Alamy Stock Photo: Nathaniel Noir (id). **Getty Images:** Anadolu Agency / Tolga Akmen (s); Mirrorpix / *Daily Mirror*(ic). **148 Rare Books and Special Collections, University of Sydney Library. 150 Alamy Stock Photo:** Chronicle (iiz). **Getty Images:** Universal Images Group / Universal History Archive (id). **151 Nueva Vision Co. Ltd:** Francisco Hsu Chung Mao (id). **State Library of New South Wales:** (iiz). **152 Alamy Stock Photo:** PWB Images (sc); SuperStock (id). **153 Getty Images:** Universal Images Group / Universal History Archive (s); Universal Images Group / Photo 12 (i). **154-155 State Library of New South Wales. 154 Sydney Living Museums:** (sc). **155 State Library of New South Wales. 156 Rare Books and Special Collections, University of Sydney Library. 157 Alamy Stock Photo:** Design Pics Inc / Hawaiian Legacy Archive / Pacific Stock (ic). **The New York Public Library:** The Miriam and Ira D. Wallach Division of Art, Prints and Photographs / Frank Coxhea (sd). **158 Alamy Stock Photo:** MediaServicesAP / Hugh Peterswald (cra); The Print Collector (iiz). **Getty Images:** Mondadori Portfolio / Mario De Biasi (id). **Shutterstock.com:** marcobrivio.photo (ic); Michael Xiaos (sd). **159 Getty Images:** Fairfax Media Archives / Steve Christo (ic); Brook Mitchell (iiz); Lisa Maree Williams (id). **Unsplash:** Photoholgic / @photoholgic (s). **160 Alamy Stock Photo:** Art Collection 3 (iiz); Lebrecht Music & Arts (sc). **161 Getty Images:** Universal Images Group / Universal History Archive. **162 akg-images:** Africa Media Online / Iziko Museum (iiz). **Alamy Stock Photo:** Chronicle (sc). **163 Alamy Stock Photo:** Chronicle. **164 Getty Images:** Anadolu Agency / Suryanto (sc); Corbis Historical / Hulton Deutsch (iiz). **165 Nueva Vision Co. Ltd:** Francisco Hsu Chung Mao. **166 Chris Wolf Edmonds:** (sc). **167 Johnnie Diacon:** (s). **Oklahoma Historical Society:** (i). **168 Alamy Stock Photo:** Everett Collection Inc. **169 Alamy Stock Photo:** North Wind Picture Archives (id). **Getty Images:** Archive Photos / Nawrocki / ClassicStock (sc); Hulton Archive / General Photographic Agency (ciz). **170-171 Alamy Stock Photo:** Granger Historical Picture Archive, Nueva York. **172 Museum of Fine Arts, Houston:** adquisición financiada por la Buddy Taub Foundation, Dennis A. Roach y Jill Roach, director (sc). **Photo Scala, Florencia:** Smithsonian American Art Museum / Art Resource / William H. Johnson (id). **173 Getty Images:** Archive Photos / Cincinnati Museum Center (i). **Photo Scala, Florencia:** Smithsonian American Art Museum / Art Resource / Newell, James Michael (s). **174 Alamy Stock Photo:** Contraband Collection (sc). **Getty Images:** Hulton Archive / Francis Guy / Sean Sexton (id). **175 Getty Images:** Hulton Archive / Edwin Levick. **176-177 Getty Images:** Universal Images Group / Universal History Archive. **176 Library and Archives Canada:** George F. Ridsdale collection / a12265 (iiz). **177 Library of Congress, Washington D.C.:** LC-DIG-nclc-04146 / Hine, Lewis Wickes (s). **178-179 Getty Images:** Bettmann. **180 Alamy Stock Photo:** The Granger Collection (iiz). **Sanna Dullaway:** Library of Congress (ic). **The New York Public Library:** The Miriam and Ira D. Wallach Division of Art, Prints and Photographs / Berenice Abbot (id). **Shutterstock.com:** NurPhoto / Deccio Serrano (s). **181 Alamy Stock Photo:** Artepics (siz). **Da Ping Luo:** (ciza). **Getty Images:** Hulton Archive / BIPS (ic); Michael Ochs Archives (iiz); LightRocket / Erik McGregor (id). **182-183 Getty Images:** Popperfoto / Paul Popper (i). **182 AF Fotografie. 183 Getty Images:** Hulton Archive / Archive Farms (cd). **184 Alamy Stock Photo:** Everett Collection Inc. **185 Alamy Stock Photo:** David Grossman (sc). **Getty Images:** Bettmann (id). **186 Alamy Stock Photo:** Historic Images (sc). **187 Dreamstime.com:** Pablo Hidalgo (sd). **Shutterstock.com:** The LIFE Picture Collection / John Phillips (i). **188 Alamy Stock Photo:** CPA Media Pte Ltd / Pictures From History (sc). **188-189 Alamy Stock Photo:** Everett Collection Historical (s). **189 Getty Images:** Bettmann (sc). **190 Alamy Stock Photo:** Chronicle (i); World History Archive (s). **191 Alamy Stock Photo:** CPA Media Pte Ltd / Pictures From History (sc). **192 Getty Images:** LightRocket / Gerhard Joren. **194 Bridgeman Images:** © Look and Learn (iiz). **Getty Images:** Hulton Archive / Central Press (id). **195 Getty Images:** AFP / Dimitar Dilkoff (id); Corbis Historical / Gregory Smith (iiz). **196 Alamy Stock Photo:** Shawshots (sc). **Getty Images:** Archive Photos / Buyenlarge (c). **197 Alamy Stock Photo:** North Wind Picture Archives (ic). **Bridgeman Images:** © Archives Charmet (d). **198 Getty Images:** Archive Photos / FPG / Paul Thompson (sc). **199 Alamy Stock Photo:** Scherl / Süddeutsche Zeitung Photo (sd). **Shutterstock.com:** The LIFE Picture Collection (i). **200-201 Getty Images:** Universal Images Group / Windmill Books / Robert Hunt. **201 Alamy Stock Photo:** CPA Media Pte Ltd / Pictures From History (sd). **202 Getty Images:** Archive Photos / Afro Newspaper / Gado (id). **Library of Congress, Washington D.C.:** LC-USF33-020600-M3 / Delano, Jack (sc). **203 Bridgeman Images:** © Chicago History Museum / © Herederos de Archibald John Motley Jr. Todos los derechos reservados, 2021 (i). **Library of Congress, Washington D.C.:** LC-DIG-fsa-8c02701 / Delano, Jack (s). **204 Getty Images:** Corbis Historical / Hulton Deutsch. **205 Bridgeman Images:** © Archives Charmet (sc). **The President Elpido Quirino Foundation:** (cd). **206 Getty Images:** Bettmann (sc); Bettmann (id). **207 Shutterstock.com.** The LIFE Picture Collection / J R Eyerman (i). **208 Bridgeman Images:** © Usis-Dite (i). **Getty Images:** Gamma-Keystone / Keystone-France (s). **209 Getty Images:** Corbis Historical / Library of Congress / Underwood & Underwood (id); Hulton Archive / Heritage Images / Fine Art Images (sc). **210 Bridgeman Images:** © Look and Learn (id). **Getty Images:** Gamma-Keystone / Keystone-France (sc). **211 Benaki Museum Athens:** Stephanos Xouzaios (i). **ICRC ARCHIVES (ARR) / International Committee of the Red Cross:** V-P-HIST-02493-14 (s). **212 Library of Congress, Washington D.C.:** LC-DIG-fsa-8b29516 / Lange, Dorothea. **213 John Aster Archive:** (sc). **Getty Images:** ullstein bild Dtl. (id). **214 Getty Images:** Hulton Archive / Fred Ramage (sc). **214-215 Sanna Dullaway:** FPG / Hulton Archive / Getty Images (ic). **215 Getty Images:** Hulton Archive / Central Press (id). **216-217 Getty Images:** Gamma-Keystone / Keystone-France. **218 Getty Images:** Popperfoto (sc). **219 Bridgeman Images:** © Look and Learn (s). **Shutterstock.com:** The LIFE Picture Collection / Margaret Bourke-White (i). **220-221 Getty Images:** Universal Images Group / Photo 12. **221 Alamy Stock Photo:** Dinodia Photos (id). **V&A Images / Victoria and Albert Museum, Londres:** imagen *copyright*de MF Husain Estate (s). **222 Getty Images:** STF / AFP (sc). **Shutterstock.com:** The LIFE Picture Collection / Cornell Capa (id). **223 Shutterstock.com:** The LIFE Picture Collection / Terence Spencer. **224 Getty Images:** Paris Match Archive / Jean-Claude Deutsch (id); Toronto Star / Colin McConnell (s). **225 Getty Images:** Hulton Archive / Ted West. **226 Alamy Stock Photo:** www.BibleLandPictures.com / Zev rad (id). **Amsterdam Museum:** (iiz). **Bridgeman Images:** © Faisal Khouja (s). **Getty Images:** De Agostini / DEA / Biblioteca Ambrosiana (ic). **227 Alamy Stock Photo:** Jussi Puikkonen (ic); Reuters / Michael Kooren (siz). **Dreamstime.com:** Dennis Van De Water (ciza). Getty Images / iStock: Sjo (iiz). **Shutterstock.com:** Dutchmen Photography (s). **228 Getty Images:** Gamma-Keystone / Keystone-France. **229 Alamy Stock Photo:** UPI / Debbie Hill (id). **Shutterstock.com:** The LIFE Picture Collection / Dmitri Kessel (sc). **230 Getty Images:** AFP / Mohammed Abed (sc); Hulton Archive / Tom Stoddart Archive (id). **231 Getty Images:** Bettmann. **232 www.mediadrumworld.com:** Tom Marshall. **233 Getty Images:** Hulton Archive / Central Press (id); SSPL / Daily Herald Archive (sc). **234-235 Getty Images:** Hulton Archive / Fox Photos / William Vanderson. **236 Alamy Stock Photo:** Shawshots (sc). **Getty Images:** Corbis Historical / Hulton

Deutsch (i). **237 Getty Images:** Fairfax Media Archives / Peter Kevin Solness (sd). **238 Getty Images:** UniversalImagesGroup (sc); UniversalImagesGroup (iiz). **239 Getty Images:** LightRocket / Jonas Gratzer. **240 Getty Images:** Archive Photos / PhotoQuest. **241 Getty Images:** LightRocket / Gerhard Joren (id). **Shutterstock.com:** AP / Henri Huet (sc). **242 Getty Images:** Bettmann (id); Universal Images Group / Education Images (sc). **243 Getty Images:** Corbis Historical / Hulton Deutsch. **244 Getty Images:** Hulton Archive / Daily Express / P. Felix (i); Popperfoto / Rolls Press (s). **245 Getty Images:** Mirrorpix / Daily Mirror (sc). **246 Getty Images:** Anthony Lanzilote (id); Sygma / Alain Nogues (sc). **247 Getty Images:** Hulton Archive / Keystone (i); Sygma / Claude Salhani (s). **248 Dreamstime.com:** Sean Pavone. **249 Alamy Stock Photo:** Lou Linwei (sc); Top Photo Corporation (id). **250 Getty Images:** AFP / George Castellanos (sc). **251 Getty Images:** Corbis Historical / Gregory Smith (s); Sygma / John Giannini (i). **252 Alamy Stock Photo:** Chuck Nacke (s). **Getty Images:** Hulton Archive / Laski Diffusion (i). **253 Getty Images:** AFP / Dima Tanin (sc); AFP / Sven Nackstrand (ic). **254 Alamy Stock Photo:** Paul Brown (id). **Getty Images:** Stone / Buena Vista Images (sc). **255 Alamy Stock Photo:** Iain Masterton (s). **Getty Images:** Cavan Images (i). **256 Getty Images:** Sion Touhig. **257 Getty Images:** AFP / Marwan Naamani (ic); Gamma-Rapho / Michel Baret (sc). **258 Getty Images:** Hulton Archive / GraphicaArtis (sc); julief514 (id). **259 Alamy Stock Photo:** Steve Vidler (i); ZEN - Zaneta Razaite (s). **260 Getty Images:** AFP / Carlos Alonzo (id); TCYuen (sc). **261 Getty Images:** Oli Scarff. **262-263 Getty Images:** LightRocket / Jonas Gratzer. **264 Getty Images / iStock:** E+ / peeterv (sc). **264-265 Getty Images:** AFP / Jenny Vaughan (i). **265 Getty Images:** Corbis Historical / Howard Davies (sd). **266 Alamy Stock Photo:** Jeffrey Isaac Greenberg 20+ (siz). **Bridgeman Images:** © Look and Learn (iiz). **Dreamstime.com:** Richtphoto Smile (ic). **Getty Images:** Anadolu Agency / Ihsaan Haffejee (ciza); Royal Geographical Society (id). **267 Alamy Stock Photo:** Hemis.fr / Bertrand Rieger (s); imageBROKER / Peter Schickert (iiz). **Getty Images:** Anadolu Agency / Ihsaan Haffejee (id). **Shutterstock.com:** EPA / Jon Hrusa (ic). **268 Alamy Stock Photo:** Reuters / Anwar Mirza (s). **Getty Images:** Hulton Archive / Construction Photography / Avalon / Adrian Greeman (sc). **269 Getty Images:** AFP / Karim Sahib (s); AFP / Prakash Mathema (ic). **270 Getty Images:** Anadolu Agency / Muhammed Said. **271 Getty Images:** AFP / Anwar Amro (sc); AFP / Bulent Kilic (id). **272 Getty Images:** AFP / Dimitar Dilkoff (sd); Joerg Koch (id). **273 Alamy Stock Photo:** Reuters / Thaier Al-Sudani (id). **274 Alamy Stock Photo:** Pacific Press Media Production Corp. / Piero Castellano (i). **Getty Images:** Barcroft Media / Joel Santos (s). **275 Getty Images:** Uriel Sinai (sc). **288 Shutterstock.com:** AP / Henri Huet (c).

Todas las demás imágenes © Dorling Kindersley